JILPT 第3期プロジェクト研究シリーズ *No.4*

日本的雇用システムの ゆくえ

労働政策研究・研修機構 編

まえがき

　近年、長期雇用慣行、年功的処遇制度、内部労働市場、企業別労使関係、正規・非正規労働者の分離、などを内容とするわが国の雇用労使関係（いわゆる日本的雇用システム）は、社会・経済・産業の大規模な構造変化や産業技術の目覚ましい革新の中に置かれて、それらの影響を受けてきた。また、それら環境変化に対応して政府の労働政策が活発に行われて、相当数の労働立法に結実し、日本的雇用システムの様相や仕組みへの補強や改革の働きかけとなってきた。

　私ども労働政策研究・研修機構は、以上のような環境変化や政策的働きかけによって影響を受けてきた日本的雇用システムの現在の姿と今後の方向を探るプロジェクトを、部門横断的な基礎的労働研究として 2014 年度より実施してきた。これまでは、その第一段階として、(1)既存の統計データや資料を総合的に分析検討することによって、日本の雇用システムの現状を要素ごとに、かつ全体的に把握し、その今後の動向や政策課題を探るプロジェクトと、(2)日本的雇用システムの形成や変遷の歴史的経路を、明治維新以来の経済社会の変化の中で繰り広げられてきた、労働市場、人事労務管理、組合運動、労使関係、労働政策等の相互に関連した営みとして、全体的に描き出す文献研究プロジェクトとに従事してきた。本書は、上記のうちの(1)のプロジェクトに関する当面の成果である。

　私どもは、労働政策が多岐に行われていく時代には、政策内容の具体的検討も重要であるが、日本の雇用社会の全体像と其の変化を科学的観察、歴史的照査、国際比較などによって客観的に明らかにする基礎研究が、政策を的確な方向に導き、機能させるために必要と考えている。今後とも、わが国の雇用システムの基礎研究プロジェクトを継続していきたい。

2017 年 12 月

　　　　　　　　　　　独立行政法人　労働政策研究・研修機構
　　　　　　　　　　　理事長　　菅　野　和　夫

JILPT 第3期「雇用システムと法プロジェクト」
参加者一覧

（プロジェクト発足時点）

プロジェクトチーム

座長	菅野	和夫	労働政策研究・研修機構	理事長
副座長	草野	隆彦	同	相談役
	山越	敬一	同	理事
	野村	孝太郎	同	理事
	浅尾	裕	同	研究所所長
	小山	浩一	同	研究所副所長
	田中	誠二	同	総務部長
	千葉	登志雄	同	研究調整部長
	荻野	登	同	調査・解析部長
	石原	典明	同	情報統計担当部長
	天瀬	光二	同	国際研究部長

研究会メンバー

草野	隆彦	労働政策研究・研修機構	相談役
浅尾	裕	同	研究所所長
小山	浩一	同	研究所副所長
永田	有	同	統括研究員
藤本	真	同	副主任研究員
池田	心豪	同	副主任研究員
高橋	康二	同	研究員
西村	純	同	研究員

(平成 26 年度)

研究会メンバー

草野　隆彦	労働政策研究・研修機構	相談役
浅尾　裕	同	特任研究員
小山　浩一	同	前 研究所所長
濱口　桂一郎	同	主席統括研究員
永田　有	同	統括研究員（企業と雇用部門）
田原　孝明	同	統括研究員（総合政策部門）
金崎　幸子	同	統括研究員（人材育成部門）
亀島　哲	同	統括研究員（キャリア支援部門）
尾形　強嗣	同	総務部長
千葉　登志雄	同	研究調整部長
荻野　登	同	調査・解析部長
天瀬　光二	同	国際研究部長
下村　英雄	同	主任研究員（キャリア支援部門）
小野　晶子	同	副主任研究員（総合政策部門）
堀　有喜衣	同	副主任研究員（人材育成部門）
藤本　真	同	副主任研究員（人材育成部門）
池田　心豪	同	副主任研究員（企業と雇用部門）
高橋　康二	同	研究員（総合政策部門）
西村　純	同	研究員（企業と雇用部門）

（肩書きは平成 27 年 3 月時点）

(平成 27 年度)

研究会メンバー

草野　隆彦	労働政策研究・研修機構	相談役
浅尾　裕	同	特任研究員
金崎　幸子	同	研究所所長
濱口　桂一郎	同	主席統括研究員

永田　有	同	統括研究員（企業と雇用部門）
田原　孝明	同	統括研究員（総合政策部門）
亀島　哲	同	統括研究員（キャリア支援部門）
尾形　強嗣	同	前 総務部長
藤枝　茂	同	総務部長
村松　達也	同	研究調整部参事
荻野　登	同	調査・解析部長
天瀬　光二	同	国際研究部長
下村　英雄	同	主任研究員（キャリア支援部門）
小野　晶子	同	主任研究員（総合政策部門）
堀　有喜衣	同	主任研究員（人材育成部門）
藤本　真	同	副主任研究員（人材育成部門）
池田　心豪	同	副主任研究員（企業と雇用部門）
高橋　康二	同	副主任研究員（総合政策部門）
西村　純	同	研究員（企業と雇用部門）

（肩書きは平成 28 年 3 月時点）

（平成 28 年度）

研究会メンバー

草野　隆彦	労働政策研究・研修機構	客員研究員
浅尾　裕	同	特任研究員
金崎　幸子	同	研究所所長
濱口　桂一郎	同	主席統括研究員
永田　有	同	統括研究員（企業と雇用部門）
田原　孝明	同	統括研究員（総合政策部門）
藤枝　茂	同	前 総務部長
村松　達也	同	総務部長
石水　喜夫	同	研究調整部参事
荻野　登	同	主席統括調査員
天瀬　光二	同	調査部長

下村　英雄	同	主任研究員（キャリア支援部門）
堀　有喜衣	同	主任研究員（人材育成部門）
藤本　真	同	主任研究員（人材育成部門）
池田　心豪	同	主任研究員（企業と雇用部門）
山崎　憲	同	主任調査員（調査部）
奥田　栄二	同	副主任調査員（調査部）
高橋　康二	同	副主任研究員（総合政策部門）
西村　純	同	研究員（企業と雇用部門）

（肩書きは平成 29 年 3 月時点）

目　次

まえがき

JILPT第3期「雇用システムと法プロジェクト」参加者一覧

目　次

序　章　問題設定と概要······················1

高橋　康二

第1節　研究の目的·······················1

第2節　研究の枠組み······················3

第3節　本書の構成と各章の概要···············9

第1章　総論──基礎的指標による日本的雇用システムの概観·······20

高橋　康二

第1節　雇用社会の環境変化··················20

第2節　長期雇用慣行·····················29

第3節　年功的賃金・昇進···················41

第4節　OJTを中心とした幅広い教育訓練···········50

第5節　協調的労使関係····················56

第6節　非正規雇用の動向···················63

第7節　労使の規範意識と国民からの支持···········73

第8節　「失われた20年」を経た日本的雇用システム·······86

第2章　若者のキャリア──学校から職業への移行における変化·······95

堀　有喜衣

第1節　はじめに──本稿のねらい··············95

第2節　1990年代以降の学校から職業への移行の概況·······97

第3節　若者の高校・大学別の学校から職業への移行の変化···103

第4節　日本の雇用システムにおける若者···········112

目　次

第3章　雇用システムと高年齢者雇用 ・・・・・・・・・・・・・・・・・・・・・・・・・・・・115

浅尾　　裕

第1節　長期雇用システムと高年齢者雇用・・・・・・・・・・・・・・・・・・115

第2節　高齢化を背景とした定年延長・雇用継続の課題化とその進展・・・122

第3節　多様化する高齢期の就業と課題・・・・・・・・・・・・・・・・・・132

第4節　雇用システムの中への高年齢者包摂の課題・・・・・・・・・141

付　論　中堅・中年期の転職の課題——三方得の「排出と次なる包摂」戦略・・・・・・・・・・・・・・・・・・・・・・・・・・・・・・・・・・・・・142

第4章　日本的雇用システムと女性のキャリア——管理職昇進を中心に ・・146

池田　心豪

第1節　はじめに・・・・・・・・・・・・・・・・・・・・・・・・・・・・・・・・・・・・・・146

第2節　女性の働き方と日本的雇用システムの諸相・・・・・・・・・148

第3節　女性管理職割合と女性昇進者割合・・・・・・・・・・・・・・・・151

第4節　人事管理と女性の課長昇進・・・・・・・・・・・・・・・・・・・・・154

第5節　両立支援と女性の管理職昇進・・・・・・・・・・・・・・・・・・・164

第6節　まとめ・・・・・・・・・・・・・・・・・・・・・・・・・・・・・・・・・・・・・・・173

第5章　雇用ポートフォリオと正社員の賃金管理 ・・・・・・・・・・・・・・176

荻野　　登・高橋　康二

第1節　正社員・非正社員割合と正社員の雇用方針・・・・・・・・・176

第2節　正社員の賃金体系・賃金制度の動向・・・・・・・・・・・・・・182

第3節　雇用区分の再編の動き——JILPT調査から見た雇用ポートフォリオの現状と展望・・・・・・・・・・・・・・・・・・・・190

第4節　まとめ・・・・・・・・・・・・・・・・・・・・・・・・・・・・・・・・・・・・・・・200

vii

第6章　日本企業における能力開発・キャリア管理········204

　　　　　　　　　　　　　　　　　　　　　　　　藤本　真

　第1節　はじめに···204

　第2節　日本企業におけるキャリア管理の流れ···············206

　第3節　日本企業の能力開発・キャリア管理──現状と展望···211

　第4節　企業経営における取組みと育成・能力開発、キャリア
　　　　　管理···218

　第5節　職場集団内における能力開発·······················221

　第6節　職場管理職による指導・能力開発支援···············223

　第7節　職場の状況と管理職による育成・能力開発支援·······226

　第8節　要約と結論···228

第7章　職場におけるキャリア形成支援の動向·············235

　　　　　　　　　　　　　　　　　　　　　　　　下村　英雄

　第1節　2000年代前半のキャリアコンサルティング制度の整
　　　　　備過程···236

　第2節　企業内キャリアコンサルティングの普及状況·········240

　第3節　日本の企業内キャリアコンサルティングに伴う論点···242

　第4節　日本的雇用システムとの接点①──キャリアコンサル
　　　　　ティング導入率の背景·····························249

　第5節　日本的雇用システムとの接点②──中小企業における
　　　　　導入の要因···252

　第6節　日本的雇用システムとの接点③──職場の上司・管理
　　　　　者による相談支援·······································257

　第7節　職場におけるキャリア形成支援と日本的雇用システ
　　　　　ム···262

目　次

補　論　高度専門人材の人事管理──個別企業の競争力の視点を中心に
　　　　・・267
　　　　　　　　　　　　　　　　　　　　　　山崎　憲・奥田栄二
　　第1節　はじめに・・・・・・・・・・・・・・・・・・・・・・・・・・・・・・・・・267
　　第2節　日本企業における高度専門人材の人事管理──高度専
　　　　　　門職を中心に・・・・・・・・・・・・・・・・・・・・・・・・・・・269
　　第3節　アメリカ企業における高度専門人材の人事管理──中
　　　　　　核人材を中心に・・・・・・・・・・・・・・・・・・・・・・・・・281
　　第4節　まとめ・・・・・・・・・・・・・・・・・・・・・・・・・・・・・・・・・295

終　章　結論と次の研究課題・・・・・・・・・・・・・・・・・・・・・・・・・・302
　　　　　　　　　　　　　　　　　　　　　　　　　高橋　康二
　　第1節　日本的雇用システムの持続と変化──長期雇用の持続・・・302
　　第2節　新たな問題・・・・・・・・・・・・・・・・・・・・・・・・・・・・・・308
　　第3節　次の研究課題・・・・・・・・・・・・・・・・・・・・・・・・・・・・311

索　引・・321
執筆者略歴・・・・・・・・・・・・・・・・・・・・・・・・・・・・・・・・・・・324

※参考文献は、各章末にある。

ix

序章　問題設定と概要

第1節　研究の目的

1　日本的雇用システムのゆくえを見通す

　今後の労働法制、労働政策のあり方を考える上で、日本の雇用システムの現在と未来についての的確な理解が欠かせない[1]。そのような認識の下、本研究は、この約20年間の雇用を取り巻く環境の変化にも目を配りつつ、日本の雇用システムの中でも、特に「日本的雇用システム」のゆくえ（＝持続していくもの、変化していくもの、新たな問題）を見通すことを目的とする。

　その際、本研究では、日本的雇用システムを前もって「改革すべきもの」あるいは「維持すべきもの」と決めて議論の俎上に乗せることはしない。あくまで実証研究に基づいて、そのゆくえを見通し、今後の労働法制、労働政策のあり方を考える上での基礎資料とすることを期している。

2　なぜ日本的雇用システムなのか

　本研究では、日本的雇用システムを、「主に高度経済成長期以降の大手・製造企業に典型的に見られた、成員に対する長期的な生活保障・能力開発を図る雇用・労働の仕組み」と定義する[2]。それでは、労働政策の立案等に寄与することを旨とする労働政策研究・研修機構（以下、JILPT）が、なぜそのような雇用システムのゆくえに注目する必要があるのか。それには、いくつかの理由がある。

　第1に、大局を見据えた政策形成を可能にするからである。もちろん、日本的雇用システムを扱わない調査研究であっても、政策対象に関するエビデンスの提供を通じて政策形成に寄与しうる。しかし、何よりも日本的雇用システムは、日本の雇用社会の中心にあることから[3]、そのゆくえを見通すこ

1

とは、日本の雇用社会の基本的な変化の方向性、日本の雇用社会が今後直面する可能性がある大きな課題を認識することにつながる。すなわち、日本的雇用システムのゆくえに関する情報を提供することは、個別の政策対象に関するエビデンスを提供することと補完し合いながら、政策形成の質を高めることにつながると言える。

　第2に、重要な労働法制と密接不可分の関係にあるからである。今日の日本の労働法制の重要な部分は、日本的雇用システム（特に長期雇用慣行）を前提として形成され、その労働法制が日本的雇用システムの普及を促してきたという側面がある（菅野 2014）。個別の労働政策についても、日本的雇用システムの長所を認識し、その機能の有効な発揮を企図しているものが少なくない。それゆえ、労働法制や労働政策の一貫性・整合性を保ちつつ、それらを時代に合わせてメンテナンスしていくためには——もちろん、不要な修正を防ぐためにも——、いま日本的雇用システムがどうなっているのかを、絶えず確認する必要がある。

　第3に、人事労務管理・労使関係諸制度の現状と変化を総体的に把握できるからである。雇用システムの構成要素は相互に補完し合っており、雇用システムのある部分の変化は他の部分の変化を惹起する。逆に、ある部分が不変であれば、他の部分を変えようとしてもなかなか変わらない。このこと自体は昔も今も変わらないが、労働研究が専門化・細分化するとともに、個別の政策目標・数値目標の達成が重視される中で、研究者においても政策担当者においても、そうした視点が失われる傾向にある[4]。そして、そういった総体的把握こそが、いま JILPT に求められている[5]。

　第4に、海外に向けた情報発信力を高められるからである。海外に情報を発信する際に肝となるのは、重要な事柄を簡潔に説明する力である。その観点から、日本的雇用システムのゆくえを明らかにすることで、日本の雇用社会の中心部の現状と変化をコンパクトにパッケージ化して伝えるメリットは大きい。海外への情報発信力の向上は、言うまでもなく JILPT における労働政策研究のグローバル化にも貢献するだろう。

序章　問題設定と概要

第2節　研究の枠組み

1　日本的雇用システムにかかわる研究略史

　本研究で問題とするような、成員に対する長期的な生活保障・能力開発を図る（≒長期志向の）雇用・労働の仕組みが注目されるきっかけとなったのが、ジェームス・アベグレンの著作であることは、広く知られている。後進国の企業経営の効率化を図る目的から、フォード財団の支援を受けて1950年代半ばに日本の大企業で聞き取り調査を行ったアベグレンは、そこに「会社は、最悪の窮地においこまれた場合を除いて、一時的にせよ、彼を解雇することはしない。彼は、どこか他の会社に職を求めてその会社を離れることはしない」という「終身関係（lifetime commitment）」の存在を見出す（Abegglen 1958 = 1958：17）。そして、「欧米の工場と日本の工場における個人の役割の相違——彼が動機づけられる方法、責任と権限が個人別に割り当てられる範囲、提供される報酬の種類、報償を受ける行為——は、その二つの文化的背景の間の相違と密接な関係がある」と結論づけた（同：183）。

　その後、他国に例を見ない高度経済成長を続ける日本において、その雇用制度の現状と課題を分析したOECDは、日本企業に見られた「生涯雇用」、「年功賃金制度」、「企業別労働組合主義」といった制度・慣行を総称して「日本的雇用制度」と名付けた（OECD 1972）。その際、OECDは、日本的雇用制度は必ずしも文化的背景に還元できるものではないという立場を取っている。しかし、同書に序文を記した当時の労働事務次官・松永正男が「三種の神器」という比喩を用いたこともあり、日本的雇用制度を、日本の歴史と文化に根差すものとして受け止めた読者も少なくなかった。いずれにせよ、用語の異同はあれ、本研究で問題とするような長期志向の雇用・労働の仕組みの「発見」には、海外の眼が深くかかわっていた。

　しかし、当然ながら、日本企業のすべてに長期志向の雇用・労働の仕組みが備わっているわけではない。今日では、本研究で問題とするような長期志向の雇用・労働の仕組みは、日本の一部の企業において、ある時代に形成さ

3

れ、普及したという理解が一般的である。たとえば久本憲夫は、「日本の雇用システム」と「日本的雇用システム」を概念的に峻別した上で、日本の雇用システムは時代により、また企業により異なっていることを指摘している。そして、「高度経済成長期に形成され、多くの中核企業に特徴的な雇用システム」を日本的雇用システムと呼んでいる（久本 2008）。もちろん、その形成時期をめぐってはこれ以外にも様々な議論があるが、本研究では、久本が提示するように、高度経済成長期以降の中核企業に特徴的という理解に従う。

　また、長期志向の雇用・労働の仕組みは、必ずしも日本に固有のものとも限らない。たとえば、ロナルド・ドーアは、日本とイギリスの電機工場の雇用制度を比較して、「（両者の）相違はかなりの一貫性を保持しており、それらを異なった二つの雇用システムと呼んでもおかしくはない」と考える。そして、それらの雇用システムの相違の起源を説明するだけではなく、「その基礎にある組織原理の違い」について考察し、「組織志向型」（日本）と「市場志向型」（イギリス）という2つの組織原理を見出す（Dore 1973 = 1987：292-310）。その上で、むしろ通説とは逆に、西欧の雇用制度が「組織志向型」に収斂する可能性についても検討している（Dore 1990 = 1993：213-236）。

　同様に、青木昌彦は、雇用システムだけでなく、広く国の経済のあり方を対象として「日本経済の発展能力と適応力の鍵は何であろうか。優秀な産業を運営していく日本独特のやり方があるのだろうか。あるとすれば、それは文化的に独自なものなのか、それとも、その気になれば、西洋的環境のなかでも真似できるものなのか」という問いを立てる（Aoki 1988 = 1992：4）。そして、日本企業をJ企業、アメリカ企業をA企業と記号で概念化した上で、どちらの行動原理も（青木が拡張した）ミクロ経済学のメカニズムによって説明できる合理的なものであることを示すとともに、「日本流の組織化のいくつかの側面は、望むならば西洋でも取り入れることができる」と結論づける（同：311）。

　他方、米国の経営学者ピーター・キャペリは、1980年以前の米国の大企業における伝統的な雇用慣行と、1980年代以降に台頭する新しい雇用慣行

とを、「オールドディール」と「ニューディール」として概念化し、対比させる（Cappelli 1999 = 2001）。その際、「オールドディール」の特徴として挙げられているのは、雇用保障、定期昇進、安定賃金、企業内育成、相互交換や長期的コミットメントに基づく行動原理である。このことは、本研究で問題とするような長期志向の雇用・労働の仕組みが、かつて米国にも存在したこと、そして1980年代以降に衰退していったことを示唆している[6]。

② 日本的雇用システムの定義と構成要素

本研究では、日本的雇用システムを、先述の通り「主に高度経済成長期以降の大手・製造企業に典型的に見られた、成員に対する長期的な生活保障・能力開発を図る雇用・労働の仕組み」と定義する。ここで「成員」とは、言うまでもなく正社員のことを指す。

そして、日本の雇用システムが、1990年代半ばから今日にかけてどのように変化したかを明らかにし、さらに、そのゆくえを見通すこととする。1990年代半ばを出発点とする理由は、それ以後、日本的雇用システムの変化を跡づける研究が急減するとともに[7]、企業や政府において、その「改革」を主張する声が高まってきたからである[8]。また、本書が刊行される2017年は、北海道拓殖銀行、山一證券の経営破綻から20年の節目にあたる。本書の作業は、「その後、日本的雇用システムは一体どうなってしまったのか」という、日本人の多くが抱いているであろう疑問に答えるという意義も持つ。

ここで、改めて日本的雇用システムの構成要素を明確化する必要がある。先に、Abegglen（1958 = 1958）、OECD（1972）によって、終身関係ないし生涯雇用、年功賃金制度、企業別労働組合主義の3つが取り上げられたと述べた。本研究では、これらをそれぞれ、(a)長期雇用慣行、(b)年功的賃金・昇進、(c)企業別組合を基盤とする協調的労使関係、の用語に置き換えた上で、日本的雇用システムの構成要素として位置づける。

しかし、今日、本研究で言うところの日本的雇用システムの構成要素と考えられているものは、それだけにとどまらない。まず付け加えるべきは、上記(a)(b)(c)の制度・慣行を前提とした、(d)OJTを中心とした幅広い教育訓練で

5

ある。久本憲夫によれば、高度経済成長期の大手メーカーにて、職場における教育や教え込みが重視されるとともに、OJTが意識的に活用されるようになったという（久本 1998：165-195）。また、小池和男らの一連の研究によれば、日本企業における教育訓練およびそれと密接にかかわる職務経験は、その幅広さに特徴がある（小池 1977, 1994, 2005；小池・猪木編著 2002）[9]。そして、日本企業における教育訓練は、昇進管理において平等処遇の期間が長いことに現れているように、対象者の範囲という意味でも幅広い（小池 2005；竹内 1995）。

　また、忘れてはならないのは、正社員の長期雇用慣行のネガとしての、雇用のバッファーの存在である（仁田・久本編 2008）。どのような人が雇用のバッファーとなるかは時期によって異なるが、1990年代半ばの時点では、下請企業の労働者や、パートタイマーとして働く一定数の女性がその役割を担っていたと考えてよいだろう（大沢 1993）[10]。そこで、日本的雇用システムの構成要素として、(e)雇用のバッファーとして一定数の非成員労働者が存在すること、を付け加えることとする。その際に注意すべきは、バッファーとしての一定数の女性パートタイマーの存在は、日本的雇用システムの構成要素に含まれるが、女性パートタイマー自身は日本的雇用システムの成員とは見なされないということである。それと関連して、本研究で言うところの日本的雇用システムにおいては、女性正社員の多くも、成員ではなく「準成員」して位置づけられてきた歴史があることを指摘しておく（Inagami & Whittaker 2005）。

　最後に、以上の構成要素を束ねる労使の規範意識が存在していること、さらには、国民がそれらの構成要素を支持していることを、日本的雇用システムのもう1つの構成要素として付け加えたい。ここで、労使の規範意識とは、労働者が企業の発展のために働くことと引き換えに、企業が成員の生活を保障するという生活保障規範のことを指す[11]。国民からの支持については、アベグレンが「文化的背景」（Abegglen 1958=1958：183）と呼び、サンフォード・ジャコービィが「社会規範」（Jacoby 2005=2005：12）と呼んだものに倣っている。改めて整理すると、(f)労使の規範意識と国民からの支持、が日本的雇用システムの6つ目の構成要素となる。

6

3 変化を捉える視点

それでは、日本的雇用システムの変化をどのような枠組みで捉えたらよいか。本研究では、現在のJILPTの調査研究体制を踏まえ、労働者の多様化、経営環境の変化に着目しながら、日本的雇用システムのゆくえを見通したい。

具体的には、まず、上述した日本的雇用システムの構成要素——(a)長期雇用慣行、(b)年功的賃金・昇進、(c)協調的労使関係、(d)OJTを中心とした幅広い教育訓練、(e)雇用のバッファーとしての一定数の非成員労働者の存在、(f)労使の規範意識と国民からの支持——が、1990年代半ばから今日にかけてどのように変化しているのかを跡づける。そして、単にそれらのトレンドを延長するだけでなく、上述の2つの視点——労働者の多様化、経営環境の変化——から、より現実的かつダイナミックな変化の可能性を探ることとする[12]。

（1）労働者の多様化

これまで、日本的雇用システムの中核にいたのは壮年男性であった。しかし、今日、労働者の人口学的属性は多様化しており、それぞれが異なる利害を持っている可能性がある。その際には、個々の労働者が自覚的に意見を持っていなくても、政労使の代表者がその利害を読み取って代弁するということもあり得るだろう。これらが、日本的雇用システムのゆくえにどのような影響を与えるだろうか。

壮年男性とは異なる利害を持った労働者層として、若年者（若者）、高年齢者、女性が挙げられる。若者に関しては、就職氷河期と呼ばれる時代が長く続き、非正規雇用など不本意な形で職業キャリアをスタートさせている人が増加している。高年齢者に関しては、健康寿命の伸長と年金財政の逼迫の中で、引退年齢の引上げが求められている。女性に関しては、昨今の「女性活躍」へ向けた取り組みを待つまでもなく、以前より就業意識が変化するとともに国際社会からその地位向上が求められてきた。少子高齢化や労働力不足に鑑みるならば、企業の側としても労働者の利害が多様化している現状を

踏まえた雇用管理が求められるだろう。

（2）経営環境の変化

　ところで、雇用システムは、いかに構成要素が整合性を持っていたとして
も、経営環境の変化に対応できなければ存続することはできない。本研究で
は、経営環境の変化を、①商品市場の変化、②労働市場の変化、③資本市場
の変化、の3つにブレイクダウンし、それらを議論の中に組み込むこととす
る[13]。

　商品市場の変化にかかわる最も重要な論点は、OJTを中心とした幅広い教
育訓練、あるいは、それに基づく「知的熟練」（小池2005）の有効性であ
ろう。それらが高度経済成長期から1980年代にかけての日本企業の成長を
支えたという理解は、多くの論者に共有されている[14]。しかし、ここで問題
となるのは、OJTを中心とした幅広い教育訓練、それに基づく熟練のあり方
が、あらゆる環境において有効性を発揮できるかという点である[15]。一例と
して、平野光俊は、幅広いローテーションにより「企業特殊総合技能」を育
成する仕組みが安定成長期に適合的であったことを把握した上で、それが市
場環境の不確実性が高まった平成不況を経てどのように変化しているかを分
析している（平野2006, 2011）[16]。本研究においても、サービス産業化、
低成長化、グローバル化といった形で日本企業を取り巻く市場環境が変化す
る中で、OJTを中心とした幅広い教育訓練、それに基づく熟練のあり方が今
後とも有効に機能するのかを問題としたい。

　労働市場の変化にかかわる重要な論点となるのは、高学歴化、少子高齢化と
労働力不足、そして職場の従業員構成の多様化が進むことで、日本的雇用シス
テムがどのような対応を迫られるかである。より個別的な論点としては、高学
歴化により経営幹部の育成・選抜の方法が変わる可能性、法改正で定年延長・
継続雇用等が義務づけられたことにより年功賃金が修正される可能性[17]、国際
社会からの要請や政府の取り組み、労働力不足等により女性活用が積極化す
る中で日本的雇用システム全体が修正される可能性、同じく労働力不足や法
改正への対応等のため非正規雇用者の囲い込みが進み、日本的雇用システム
全体が修正される可能性、職場の従業員構成の多様化により、職場でのOJT

序章　問題設定と概要

のありよう、さらには職場管理全体が修正を迫られる可能性などがある。

　資本市場の変化に関連して注目されるのは、間接金融中心から直接金融中心へのシフト、株式所有構造の変化、企業統治にかかわる法制改革が、日本的雇用システムにどのような影響を与えるかである。ロナルド・ドーアは、そもそも組織志向型の企業が存在する条件として、「会社は銀行資本により多く依存」していること、「短期的な利益やその株価への影響などは管理職にとっては副次的な問題でしかないので、長期的な展望に立つことができる」ことを挙げている（Dore 1990 = 1993：208-213）。それゆえ、資本市場における改革勢力の台頭が、日本的雇用システムにとっての大きな脅威となる（Dore 2000 = 2001；Jacoby 2005 = 2005）。もっとも、資本市場と雇用システムの関係を論じることには、理論と実証の両面で制約が多い。本研究では、その制約を自覚しつつ、資本市場の動向が日本的雇用システムのゆくえに与える影響について、可能な範囲で扱うこととしたい。

第3節　本書の構成と各章の概要

1　本書の構成

　本書では、日本的雇用システム——主に高度経済成長期以降の大手・製造企業に典型的に見られた、成員に対する長期的な生活保障・能力開発を図る雇用・労働の仕組み——の構成要素の推移を、1990年代半ば以降のデータを用いて跡づけるとともに、労働者の多様化、経営環境の変化にも着目しつつ、日本的雇用システムのゆくえを見通す。具体的な構成は、以下の通りである。

　（序　　章）問題設定と概要
　（第1章）総論——基礎的指標による日本的雇用システムの概観
　（第2章）若者のキャリア——学校から職業への移行における変化
　（第3章）雇用システムと高年齢者雇用
　（第4章）日本的雇用システムと女性のキャリア——管理職昇進を中心に

9

（第 5 章）雇用ポートフォリオと正社員の賃金管理

（第 6 章）日本企業における能力開発・キャリア管理

（第 7 章）職場におけるキャリア形成支援の動向

（補　論）高度専門人材の人事管理——個別企業の競争力の視点を中心に

（終　章）結論と次の研究課題

2　各章の概要

（1）基礎的指標から見た日本的雇用システム

第 1 章「総論——基礎的指標による日本的雇用システムの概観」（高橋康二）では、おおむね 1990 年代半ば以降を対象期間として、労働力需要構造（技術要件や商品市場のあり方）の変化、労働力供給構造の変化、資本市場の動向などの外部環境の変化を跡づけた上で、日本的雇用システムの構成要素——(a)長期雇用慣行、(b)年功的賃金・昇進、(c)協調的労使関係、(d)OJTを中心とした幅広い教育訓練、(e)雇用のバッファーとしての一定数の非成員労働者の存在、(f)労使の規範意識と国民からの支持——がどのように変化しているのかを、官庁統計を中心とした基礎的指標により素描している。

その結果、本書全体で共有される大まかな図柄として、まず、①前の時代に引き続きサービス産業化が進展し、就業者が高齢化し、大企業において女性割合が上昇し、直接金融へのシフト、安定株主の減少、透明で効率的な経営への改革が進んでいることが示される。そして、それらの環境変化の中で、②少なくとも日本的雇用システムの「本丸」である製造大企業において長期雇用慣行と協調的労使関係は持続していること、③他方で、日本的雇用システムの成員の範囲は縮小（雇用のバッファーとしての非成員の割合が上昇）していること、④年功的賃金・昇進も、特に男性労働者にとって後退していること、⑤職場の一体感が弱まるとともに、「いじめ・嫌がらせ」に象徴されるように職場でトラブルが噴出していること、⑥しかし、労使当事者も一般国民も、正社員の長期雇用慣行については支持していること[18]、が示される[19]。

（2）労働者の多様化と日本的雇用システム

　第1章で示された大まかな変化の方向性を背景画像としつつ、第2章、第3章、第4章では、それぞれ若者、高年齢者、女性を取り上げて、労働者の多様化が日本的雇用システムのゆくえに与える影響に注目する。

　第2章「若者のキャリア——学校から職業への移行における変化」（堀有喜衣）では、周知のようにバブル経済崩壊後、若年の非正規雇用者が大量発生して社会問題化したことを踏まえ、改めて、1990年代から現在までの日本的雇用システムへの若者の参入のありようの変化を、学校から職業への移行の仕組みの変化に着目しつつ描く。その作業を通じて、若年者雇用の視点から見て日本的雇用システムがどう変わっていてどう変わっていないのか、その結果としてどのような問題が生じて（残って）いるのかを論じている。
　結論として、この間の日本的雇用システムの変化は、システムそのもののゆらぎではなくシステムに包摂される若者の減少であるとの理解が示されるとともに、その包摂範囲は景気変動により拡大・縮小を繰り返すと考えられるが、バブル経済崩壊前の水準にまで戻ることは難しいとの見通しが示される。加えて、初職非正規の若者が正社員に移行しても、その労働条件は新卒で正社員となった者のそれと比べて劣っており、若者にとり日本的雇用システムがますます限定的な存在となっているとされる。同章からは、総じて、日本的雇用システムの側では、若者のキャリアの不安定化に対して目立ったリアクションは起こしておらず、それへの対策はもっぱら労働政策（例：不況期新卒者を対象とした雇用型訓練の拡充）や教育政策（例：職業教育を通じた学校から職業への移行の仕組みの検討）に委ねられていることが浮かび上がってくる。

　第3章「雇用システムと高年齢者雇用」（浅尾裕）では、人口および労働力人口の高齢化、そして年金支給開始年齢の引上げ等により、高年齢者の雇用・就業の場の確保が重要な政策課題となる中で、主として「高年齢者雇用安定法」の後押しを受けて取り組まれた「定年延長」ないし「定年後の継続雇用」の動きを跡づけるとともに、それに伴いどのような賃金調整が行われ

たか、さらには高年齢期の雇用ないし引退過程に中長期的にどのような変化が見られるかを分析している。

分析の結果、60歳への定年延長の段階においては、50歳台の賃金上昇をストップさせるとともに55歳以降の賃金水準をある程度引き下げるという、緩やかな対応がとられたのに対し、65歳までの雇用継続の段階においては、「嘱託」ないし「契約社員」への転換により仕事の責任を軽減させつつ、賃金水準を大幅に引き下げるという対応がとられたことが示される。また、高年齢者の雇用ないし引退過程の変化および現状として、長期雇用システムの終期が延伸されたこと、それにより定年経験後に別の会社で仕事をする人が減ったこと、大企業出身者の場合には定年後に一旦無業となる人が少なくないことが示される。それらを踏まえ、定年後の賃金低下の納得性の確保、引退年齢の上昇を見据えた中堅・中年期の転職（キャリアのやり直し）を支援する仕組みの重要性に言及される。

第4章「日本的雇用システムと女性のキャリア——管理職昇進を中心に」（池田心豪）では、日本的雇用システムがその構造において女性差別的な性質を持つと言われることが多かった中で、昨今、経営課題として女性の活躍推進に取り組む企業が目立っていることを踏まえ、こうした取り組みが日本的雇用システムの維持・変容とどのように関係しているのかを、女性の管理職昇進に注目しつつ、データに基づき分析している。

分析の結果、①女性の管理職昇進は必ずしも日本的な内部労働市場を通じたキャリア形成と矛盾しない、すなわち内部登用を基本とした昇進管理と整合すること、②充実した仕事と家庭の両立支援により女性正社員を量的に確保することが女性の管理職昇進の前提となっていること、③そのように確保した女性正社員の中から能力のある者を積極的に登用する動きが女性管理職昇進の背景にあること、④他方でキャリア形成の過程で経験する広範な人事異動、特に転勤が昇進の妨げになっている可能性があることが示される。総じて、女性の活躍を推進する上で、雇用システムを内部労働市場型から外部労働市場型へ転換する必要性があるわけではないが、引き続き内部労働市場の改革が求められる旨が説かれる。

序章　問題設定と概要

（3）経営環境の変化と日本的雇用システム

　第1章で示されたこの 20 年間の日本的雇用システムの変化は、企業内におけるどのような制度変更の結果として生じたのだろうか。また、その背後にはどのような経営環境の変化があったのだろうか。第5章、第6章、第7章、補論では、そういった関心から、雇用ポートフォリオ、雇用方針、賃金体系、能力開発、キャリア管理、職場における OJT やキャリア形成支援といった人事管理の変化を追うとともに、それらの今後を探っている[20]。

　第5章「雇用ポートフォリオと正社員の賃金管理」（荻野登・高橋康二）では、第1章で確認されたいくつかのトレンド──非正規雇用の増加、正社員の長期雇用の維持と年功賃金プロファイルのフラット化──について、個々の企業の中でどのような要因により、どのような制度変更を伴って進んでいるのか、そして近年、新たな変化の兆しが見られないかどうかを、JILPT が実施した定性的・定量的両方の企業調査データを用いて検討する。

　分析の結果、①正社員割合は、商品・サービス市場において過剰供給あるいは需要の減退が生じている場合には低くなり、技術革新のペースが速い場合には高くなること、②大半の企業は正社員の雇用方針として「長期雇用を維持」すると考えているが、広義のサービス業、中小企業、商品・サービスの低価格化を志向している企業、外資系企業ではその傾向が弱いこと、逆に製造業や金融業、大企業といった伝統的セクターでは長期雇用維持の方針が強いこと、③正社員の賃金制度は大企業を先頭として「職責・役割」を重視する方向へ変化しつつあるが、中規模企業では年齢・勤続を重視する傾向も残っていること、④足元を見ると第3次産業の業界を中心として、人手不足の基調、労働契約法改正による追い風の中、非正規雇用の無期雇用化、正社員転換、限定正社員の導入といった雇用区分の再編が行われており、雇用システムが3層化していることが示されている。

　第6章「日本企業における能力開発・キャリア管理」（藤本真）では、JILPT が実施した企業アンケート調査を用い、日本企業における能力開発・キャリア管理の現状と変化の方向性、OJT による職場での能力開発の現状と

13

課題を明らかにする。第1章ではOJTを中心とした幅広い教育訓練の実施状況が比較的安定的に推移していることを示したが、データの制約から結論を留保せざるを得なかった。同章では、その点を補うとともに、企業規模や産業、企業経営のあり方による違いにも目を配っている。

分析の結果、①日本企業の多くが、正社員全体の能力の底上げに力を入れていること、②他方で、今後は、中堅企業は引き続き正社員全体の能力の底上げに注力する傾向があるのに対し、大企業では次世代の部課長、経営層の育成に力を入れる動きが見られること、③海外展開をしている企業において一部の従業員を対象とする選抜的な教育訓練を導入する傾向にあることが示される。他方、OJTによる職場での能力開発の現状に目を向けると、④部下の育成・能力開発支援をできていないと自己評価する管理職が少なくないこと、⑤職場内での助け合いの雰囲気がある場合、仕事について相談できる人がいる場合には、その評価は相対的に高いことが示される。その上で、OJTを円滑化するそれらの条件が今後どれだけ維持できるかが、日本的雇用システムの将来を左右するひとつのポイントとなるとされる。

第7章「職場におけるキャリア形成支援の動向」（下村英雄）では、職場におけるキャリア形成支援、特に企業内キャリアコンサルティングの取り組みを扱う。1990年代以降、就業意識の多様化等を背景として、個人主導の能力開発・キャリア形成の必要性が唱えられてきたが、そこで注目されているのが企業内キャリアコンサルティングである。同章ではその導入状況や運用実態の検討を通じて、日本的雇用システムの現状と課題を浮かび上がらせることを試みている。

その結果、企業内キャリアコンサルティングの導入率は中長期的に見て大きく変化していない、大企業において導入率が高いといった基本的事実に加えて、実質的な企業内キャリアコンサルティングが職場の上司・管理者による面接・面談・相談という形をとって行われていること、その背景として、日本企業においてはキャリアの問題に人間関係の問題が密着している場合が多いという事情がある旨が示される。その上で、このような企業内キャリアコンサルティングのあり方は相対的に労働移動が少ない日本的雇用システム

のあり方を反映したものと言えるが、従業員構成が多様化するとともに職場内の人間関係が難しくなってきている現在、上司・管理者による相談支援と専門的なキャリアコンサルティングが役割分担していくことも考えられる旨の含意が導かれる。

　補論「高度専門人材の人事管理―個別企業の競争力の視点を中心に」（山崎憲・奥田栄二）では、本書でのこれまでの議論が、暗黙裡に日本企業でライン管理職への昇進を期待されている従業員に対する人事管理を念頭に置いてきたのに対し、それとは異なる従業員に対する人事管理の実態を明らかにする。ひとつは、日本企業で高度専門職として働く人々への人事管理であり、もうひとつは、米国系グローバル企業で中核人材――この概念の詳細は同章を参照されたいが、さしあたり日本企業のライン管理職と高度専門職の両方を含むものと考えてよい――として働く人々に対する人事管理である。
　分析の結果、前者すなわち日本企業の高度専門職については、採用・配置・育成面では専門性を重視しているものの、職能資格制度などの社内資格に基づき他の社員と共通の評価・処遇体系で管理している場合が多いこと、専門領域を中心にスキルが形成されるが、内部昇進をするとともに外部（顧客や取引先）との営業・渉外業務をこなすスキルが求められることが示される。また、総じて解雇を避ける傾向が見られるが、比較対象とした外資系企業においては、雇用保障の程度が弱いことも示唆されている。
　後者すなわち米国系グローバル企業の中核人材については、組織間および組織内における連携を促す能力が重視されていること、それらの能力が、採用段階での選抜と教育訓練、大括りかつ職務記述書の範囲を超える目標設定と評価、人事担当部門および上司により促されるキャリアモデルに基づいた広範な部門間移動によって育成されることが示される。

（4）日本的雇用システムのゆくえ
　終章「結論と次の研究課題」では、これまでの各章の内容を総合して日本的雇用システムのゆくえ（持続していくもの、変化していくもの、新たな問題）を見通している。

まず、日本的雇用システムの「本丸」である製造大企業を中心として長期雇用慣行やそれを支える労使・国民の規範意識は持続しており、長期雇用の範囲も再拡大すると見込まれるが、年功的賃金・昇進、OJTを中心とした幅広い教育訓練といったその他の主要な柱、およびその柱の土台としての職場集団は変質しつつある。これら日本的雇用システムの持続と変化を一言でまとめるならば、「長期雇用の持続」となる。

　そして、その結果として、（長期雇用は持続しつつも）長期雇用のメリットの低下、雇用のバッファーの縮小、正社員同士の処遇差の拡大、職場の管理職等への過剰期待といった新たな問題に直面していることが結論づけられる。

　その上で、日本の雇用システムの未来を理解するという方向性に沿って、本書での分析から浮かび上がってくる次の研究課題として、長期雇用のゆくえを追うことに加え、台頭しつつある非製造大企業の雇用システム、3層構造の雇用システム、グローバル人材の選抜と育成の実態の解明が必要だと提言される。

【注】

1　JILPTは、「我が国経済社会の環境・構造が変化する中で、日本の雇用システムが現在どうなっているのか、今後どうなっていくのか考えること」を研究の「幹」としている（2013年9月、JILPT内申し合わせより）。

2　このような定義を用いるにあたっては、稲上（1999）を参考にした。なお、ここでの「大手・製造企業」とは、「大手企業and/or製造企業」の意味である。

3　ここで「日本の雇用社会」という言葉が指す範囲、および、その中で「日本的雇用システム」が占める位置については、菅野（2004）を参照。ちなみに、同書では「日本的雇用システム」の代わりに「長期雇用システム」や「内部労働市場」といった用語が用いられている。

4　もっとも、「そうした視点」が完全に失われてしまったわけではない。研究者の間における日本的雇用システムへの関心の存続については、平野（2011）、連合総合生活開発研究所編（2015）を参照。政策担当者の間におけるそれについては、2013年の「労働経済白書」（厚生労働省編2013）が、特集として「日本的雇用システム」を取り上げていることを参照されたい。

5　JILPTは、その使命として「内外の労働に関する事情及び労働政策についての総合的な調査及び研究等」を掲げる。JILPTホームページ（http://www.jil.go.jp/about/president/index.html）を参照。

6　ただし、後の著作であるCappelli（2008 ＝ 2010）では、そうした直線的な変化よりも、人材の内部育成と外部調達の選択の際に考慮すべき条件の検討に関心が注がれている。

7　その理由は複雑であるが、ここでは、①経営の効率化が求められる中で企業・労働組合担当者が繁忙化し、実態調査が困難になって

きたこと、②それまでの日本的雇用システムの研究の主流であった事例調査法に通暁する若手研究者が減ったこと、③日本経済が長く低迷する中で、それまで日本的雇用システムの研究の主要なプラットフォームとなっていた国際比較調査において、日本企業が調査対象とされる機会が減ったこと、などを指摘しておきたい。

8　企業側からの改革の兆しを象徴する文書としては、新・日本的経営システム等研究プロジェクト編（1995）が挙げられる。その後、1997～98年の金融危機を経て、政財界において改革の機運は一層強まることとなった。その嚆矢として、八代（1997）などが挙げられる。

9　なお、小池和男の実証と理論に対しては、様々な批判があることも事実である。代表的なものとして、野村（2003）を参照。

10　それに加えて、正社員の恒常的な長時間労働も、雇用のバッファーの1つと言える。

11　稲上毅、河西宏祐によれば、戦前から終戦直後の日本の産業・労働社会学は、日本企業（正確に言うと日本の労働者集団、職場集団）の特徴として、家族を擬制した「生活共同体」としての性格が強いことに注目してきたという（稲上1987；河西2003）。しかし、間宏が指摘するように、戦前に淵源を持つ生活共同体としての性格が、そのまま日本的雇用システムに継承されたわけではない（間1963）。たとえば、氏原正治郎は、戦後に経営者と企業別組合との交渉が制度化されるなかで、雇用システムを束ねる規範意識が「生産性向上とその成果の公正な配分という思想」へ転換したと考える（氏原1989）。同様に、仁田道夫も、1955年に生産性三原則が打ち出されたことを前提として、高度経済成長期に大手・製造企業労使の間で「責任と義務の交換」がなされたと考える（仁田2003）。これらの議論を踏まえ、本研究では、（生活共同体の維持ではなく）企業は成員の生活を保障すべきとの規範意識——これを「生活保障規範」と呼ぶ——が労使に浸透

ている状態を出発点として、1990年代半ば以降の変化を追う。

12　主として日本的雇用システムの構成要素の変化（トレンド）から日本的雇用システムのゆくえを見通したものとして、厚生労働省（2013）が挙げられる。ただし、同書においても、それ以外の視点がまったく用いられていないわけではない。

13　昨今の関心の高まりからすれば、これら3つの場面に加えて、AIやIoTによる技術革新が雇用システムに与える影響も議論の中に組み込む必要があるかもしれない。しかし、現時点のJILPTにおいて十分な研究蓄積がないため、本研究では明示的に扱わないこととする。

14　代表的なものとして、今井・小宮（1989）が挙げられる。

15　もっとも、ジェフリー・フェファーのように、雇用が保障された下での幅広い社員教育が企業の競争力の源泉となることを、一般命題として提示する論者もいる（Pfeffer 1998 = 2010）。

16　ただし、分析の結果、「安定成長期と比べて、さしたる変化は見られない」と結論づけられている（平野2011：77）。

17　定年制と年功賃金の経済学的な意味での整合性を示した研究として、Lazear（1979）がある。

18　ただし、そこでの一般国民による支持が、雇用不安と表裏の関係にあるであろうことには留意されたい。

19　なお、OJTを中心とした幅広い教育訓練の帰趨については、第1章で見た基礎的指標からは断定的なことは言えない。

20　前項で述べたように、本研究では、経営環境の変化を商品市場の変化、労働市場の変化、資本市場の変化の3つに分けて捉えているが、労働市場の変化にかかわる論点のうち、高年齢者雇用、女性のキャリアにかかわるものについては、それぞれ第3章、第4章で扱っている。

17

【参考文献】 ※欧文アルファベット順、和文50音順

Abegglen, James C. (1958) *The Japanese Factory: Aspects of its Social Organization*, Free Press. 占部都美監訳 (1958)『日本の経営』ダイヤモンド社.

Aoki, Masahiko (1988) *Information, Incentives, and Bargaining in the Japanese Economy*, Cambridge University Press. 永易浩一訳 (1992)『日本経済の制度分析――情報・インセンティブ・交渉ゲーム』筑摩書房.

Cappelli, Peter (1999) *The New Deal at Work: Managing the Market-driven Workforce*, Oxford University Press. 若山由美訳 (2001)『雇用の未来』日本経済新聞社.

Cappelli, Peter (2008) *Talent on Demand: Managing Talent in an Age of Uncertainty*, Harvard Business School Press. 若山由美訳 (2010)『ジャスト・イン・タイムの人材戦略――不確実な時代にどう採用し、育てるか』日本経済新聞社.

Dore, Ronald P. (1973) *British Factory, Japanese Factory: the Origins of National Diversity in Industrial Relations*, University of California Press. 山之内靖・永易浩一訳 (1987)『イギリスの工場・日本の工場――労使関係の比較社会学』筑摩書房.

Dore, Ronald P. (1990) *British Factory, Japanese Factory: The Origins of National Diversity in Industrial Relations, with a New Afterword by the Author*, University of California Press. 山之内靖・永易浩一訳 (1993)『イギリスの工場・日本の工場――労使関係の比較社会学』ちくま学芸文庫.

Dore, Ronald P. (2000) *Stock market capitalism, welfare capitalism: Japan and Germany versus the Anglo-Saxons*, Oxford University Press. 藤井眞人訳 (2001)『日本型資本主義と市場主義の衝突――日・独対アングロサクソン』東洋経済新報社.

Inagami, Takeshi and Whittaker, D. Hugh (2005) *The New Community Firm: Employment, Governance and Management Reform in Japan*, Cambridge University Press.

Jacoby, Sanford M. (2005) *The Embedded Corporation: Corporate Governance and Employment Relations in Japan and the United States*, Princeton University Press. 鈴木良始・伊藤健市・堀龍二訳 (2005)『日本の人事部・アメリカの人事部――日米企業のコーポレート・ガバナンスと雇用関係』東洋経済新報社.

Lazear, Edward P. (1979) "Why Is There Mandatory Retirement?" *Journal of Policical Economy*, Vol.87, No.6, pp.1261-1284.

OECD (1972) *Reviews of Manpower and Social Policies: Manpower Policy in Japan*, OECD. 労働省訳 (1972)『OECD対日労働報告書』日本労働協会.

Pfeffer, Jeffrey (1998) *The Human Equation: Building Profits by Putting People First*, Boston: Harvard Business Press. 守島基博監修・佐藤洋一訳 (2010)『人材を活かす企業――「人材」と「利益」の方程式』翔泳社.

稲上毅 (1987)「概説　日本の社会学：産業・労働」稲上毅・川喜多喬編『リーディングス日本の社会学 (9) 産業・労働』東京大学出版会, pp.3-23.

稲上毅 (1999)「総論・日本の産業社会と労働」稲上毅・川喜多喬編『講座社会学6労働』東京大学出版会, pp.1-31.

今井賢一・小宮隆太郎 (1989)「日本企業の特徴」今井賢一・小宮隆太郎編『日本の企業』東京大学出版会, pp.3-26.

氏原正治郎 (1989)「補論・年功賃金、生涯雇用、企業別組合は三位一体か」氏原正治郎『日本の労使関係と労働政策』東京大学出版会, pp.232-238.（初出1980年）

大沢真理 (1993)『企業中心社会を超えて――現代日本を「ジェンダー」で読む』時事通信社.

河西宏祐 (2003)『日本の労働社会学［新装版］』早稲田大学出版部.

小池和男 (1977)『職場の労働組合と参加――

労資関係の日米比較』東洋経済新報社.

小池和男（1994）『日本の雇用システム——その普遍性と強み』東洋経済新報社.

小池和男（2005）『仕事の経済学［第3版］』東洋経済新報社.

小池和男・猪木武徳編著（2002）『ホワイトカラーの人材形成——日米英独の比較』東洋経済新報社.

厚生労働省（2013）『労働経済の分析——構造変化の中での雇用・人材と働き方（第3章第2節　日本的雇用システムと今後の課題）』厚生労働省.

新・日本的経営システム等研究プロジェクト編（1995）『新時代の「日本的経営」——挑戦すべき方向とその具体策』日本経営者団体連盟.

菅野和夫（2004）『新・雇用社会の法［補訂版］』有斐閣.

菅野和夫（2014）「日本的雇用システムと労働法制」（講書始の儀におけるご進講の内容http://www.kunaicho.go.jp/culture/kosyo/kosho-h26.html#ko-02）.

竹内洋（1995）『日本のメリトクラシー——構造と心性』東京大学出版会.

仁田道夫（2003）『変化のなかの雇用システム』東京大学出版会.

仁田道夫・久本憲夫編（2008）『日本的雇用システム』ナカニシヤ出版.

野村正實（2003）『日本の労働研究——その負の遺産』ミネルヴァ書房.

間宏（1963）『日本的経営の系譜』日本能率協会.

久本憲夫（1998）『企業内労使関係と人材形成』有斐閣.

久本憲夫（2008）「序章　日本的雇用システムとは何か」仁田道夫・久本憲夫編『日本的雇用システム』ナカニシヤ出版，pp.9-26.

平野光俊（2006）『日本型人事管理——進化型の発生プロセスと機能性』中央経済社.

平野光俊（『日本労働研究雑誌』編集委員会）（2011）「特集・日本的雇用システムは変わったか？——受け手と担い手の観点から」『日本労働研究雑誌』No.606，pp.2-5.

八代尚宏（1997）『日本的雇用慣行の経済学——労働市場の流動化と日本経済』日本経済新聞社.

連合総合生活開発研究所編（2015）『「日本的雇用システム」の生成と展開——「日本的雇用システム」と労使関係の歴史的検証に関する研究報告書』連合総合生活開発研究所.

第1章 総論——基礎的指標による日本的雇用システムの概観

第1節 雇用社会の環境変化

　日本的雇用システムの変化を概観するにあたり、まず、日本の雇用社会を取り巻く環境変化を確認しておきたい。具体的には、労働力需要構造の変化、労働力供給構造の変化、資本市場との関係の変化の3つを取り上げる。

1 労働力需要構造の変化

　はじめに、産業構造の変化を確認したい。図表1-1は、就業者数ベースで、この25年間の産業構成の変化を示したものである。
　ここから、第1次産業である「農林漁業」、第2次産業である「鉱業・建設業」、「製造業」の構成割合が、1990年には40％強だったものが、2015年には30％弱へと縮小していることが分かる。他方で拡大しているのは、「医療、福祉」を代表とするサービス産業である。

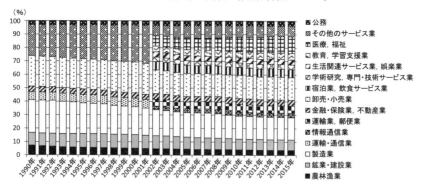

図表1-1　産業構成の変化（就業者数ベース）

出所：総務省「労働力調査」より。
注：2001年までの「卸売・小売業」には飲食店を含み、2002年以降の「金融・保険業、不動産業」には物品賃貸業を含む。

図表1-2 職業構成の変化（就業者数ベース）

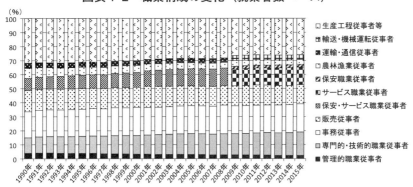

出所：総務省「労働力調査」より。
注：「生産工程従事者等」は、2008年以前は採掘作業者、製造・制作・機械運転および建設作業者、労務作業者の合計であり、2009年以降は生産工程従事者、建設・採掘従事者、運搬・清掃・包装等従事者の合計である。

職業構造についてはどうか。図表1-2は、同じく就業者数ベースで、この25年間の職業構成の変化を示したものである。ここから、「管理的職業従事者」、「販売従事者」、「生産工程従事者等」がウェイトを減じる一方で、「専門的・技術的職業従事者」と「サービス職業従事者」がウェイトを増していることが分かる[1]。ちなみに、「事務従事者」のウェイトはさほど大きく変化していない。

バブル経済崩壊後の労働力需要構造の変化としては、それ以前の時代に引き続きサービス産業化が進み、職業構成では専門的・技術的職業従事者やサービス職業従事者のウェイトが高まっていることが挙げられる。

2 労働力供給構造の変化

一般に、労働力供給構造の変化として最も重要なのは、人口構成（性別、年齢）の変化であろう。また、国民の進学率の上昇により労働者の高学歴化も進んでいる。以下、これらの変化が具体的にどのような形であらわれているのかを、1992年と2012年の2時点比較により見ていきたい。

図表1-3は、就業者の男女別・年齢階層別の構成（いわゆる人口ピラミッド）を示したものである。ここから、この20年間で10代後半〜20代前半の就業者が大幅に減少し、特に60歳以上の高年齢層の就業者が増加してい

図表 1-3 就業者の男女別・年齢階層別構成の変化（就業者計）

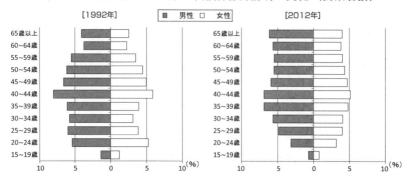

出所：総務省「就業構造基本調査」より。
注：就業者（自営業者等、雇用労働者以外も含む）の合計人数に占める、年齢階層別・男女別の就業者数の割合を、％で示したものである。

図表 1-4 1,000人以上企業の就業者の男女別・年齢階層別構成の変化

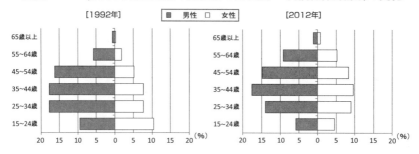

出所：総務省「就業構造基本調査」より。
注：1,000人以上企業の就業者（役員等も含む）の合計人数に占める、年齢階層別・男女別の就業者数の割合を、％で示したものである。

ることが分かる。また、（表中に数字は示していないが）就業者に占める女性の割合も、41.0％から43.0％へと若干上昇している。

　図表1-4は、日本的雇用システムが典型的に見られる1,000人以上の大企業の人口ピラミッドを示したものである。ここから、やはり若年層の割合が大幅に減少し、中高年齢層の割合が大幅に上昇していることが分かる。また、（表中に数字は示していないが）女性の割合が31.8％から37.5％へと、大きく上昇している。

図表 1-5 は、同じく日本的雇用システムが典型的に見られる製造業について、就業者の人口ピラミッドを示したものである。ここから、やはり就業者の高齢化が進んでいることが読み取れる。他方、（表中に数字は示していないが）女性の割合は 38.6％から 30.2％へと低下している。

以上から、高齢化はどの産業、企業規模でも進行しているが、女性割合の変化は産業や企業規模によって異なるものと考えられる。日本的雇用システムが典型的に見られる大企業ないし製造業について言えば、労働力の高齢化に直面していることは疑い得ないが、女性割合の上昇が見られるのは大企業においてであって、製造業においてではない。

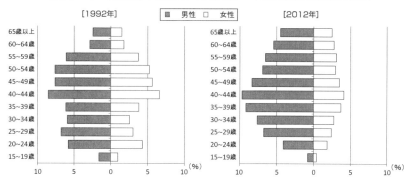

図表 1-5 製造業の就業者の男女別・年齢階層別構成の変化

出所：総務省「就業構造基本調査」より。
注：製造業の就業者（自営業者等、雇用労働者以外も含む）の合計人数に占める、年齢階層別・男女別の就業者数の割合を、％で示したものである。

いまひとつ、高学歴化の影響を確認しておきたい。図表 1-6 は、男女別・年齢階層別に大卒以上の就業者の割合を示したものである。ここから、男女のどの年齢階層においても、大卒以上の就業者の割合が大幅に上昇していることが分かる。特に変化が大きいのは、50〜54 歳の男性と、25〜29 歳の女性においてである。

バブル経済崩壊後の労働力供給構造の変化をまとめると、企業規模や産業を問わずに高齢化が、大企業においては女性割合の増加が進行していること、そして男女ともに労働者の高学歴化が進行しているということになる。

図表 1-6　男女別・年齢階層別にみた大卒以上の就業者割合

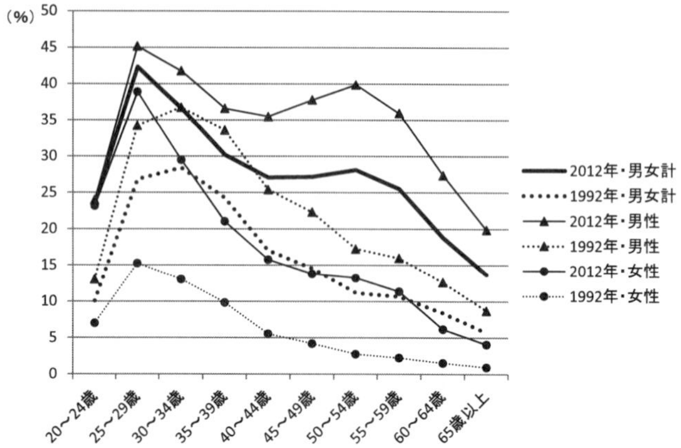
(%)
50
45
40
35
30
25
20
15
10
5
0
20～24歳
25～29歳
30～34歳
35～39歳
40～44歳
45～49歳
50～54歳
55～59歳
60～64歳
65歳以上
2012年・男女計
1992年・男女計
2012年・男性
1992年・男性
2012年・女性
1992年・女性

出所：総務省「就業構造基本調査」より。
注：各年齢階層別・男女別の就業者数に占める、大卒以上の就業者数の割合を、%で示したものである。

3　資本市場との関係の変化

資本市場との関係のありようも、経営者の意識や行動を通じて雇用システムに小さくない影響を与えると考えられる。以下では、資金調達方法、企業統治の仕組み、企業の利害関係者について、その変化を分析する。

（1）資金調達方法

資金調達方法を分析する際に最も重要なのは、銀行からの借り入れ等（間接金融）によっているか、株式・社債等の有価証券の発行（直接金融）によっているかである。この点に関連して、図表 1-7 は、「法人企業統計」に基づいて、法人企業部門の資金調達の構成を残高ベースで示したものである。ここから、この 25 年ほどで、「借り入れ」の割合が 42.2 %から 22.7 %へと低下したのに対し、「有価証券」の割合が 27.1 %から 58.1 %へと上昇していることが分かる。日本企業が、資金調達において間接金融から直接金融へのシフトを進めていることが確認できる。

そして、株式の保有構造を見ても、過去 20～30 年間でかなり大きな変化が生じていることが分かる。図表 1-8 は、東京証券取引所上場企業の株式

図表 1-7　法人企業部門の資金調達の構成（残高ベース）

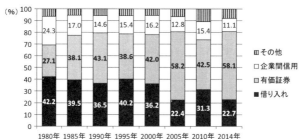

出所：日本証券経済研究所編（2016：5）より。日本銀行「資金循環統計」に基づく。
注：「有価証券」には、株式、社債等、外債、CP が含まれる。

図表 1-8　投資部門別株式保有割合の推移

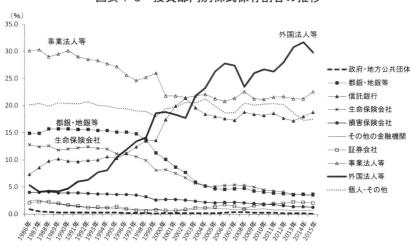

出所：東京証券取引所「2015年度株式分布状況調査の調査結果について」（http://www.jpx.co.jp/markets/statistics-equities/examination/01.html）より。

保有構造の変化を示したものである。これを見ると、1986年から2015年にかけて、「株式持ち合い」を多く含むと考えられる「事業法人等」の割合が30.1％から22.6％へ、安定株主の代表格である「都銀・地銀等」の割合が14.9％から3.7％へと減少していることが分かる。他方、株価や配当に敏感

である場合が多い「外国法人等」の割合が5.3％から29.8％へと増加している。

　これらの変化から、以前に比べれば、経営者はより短期的なスパンで株価や配当の向上に取り組まなければならなくなったと考えられる。

（2）企業統治の仕組み[2]

　日本企業の企業統治の仕組みは、基本的には商法（会社法）により規定されているが、2000年代に、そのあり方が大きく見直されている。

　その要諦の1つは、2002年の商法特例法改正により、米国企業を模した委員会設置会社への移行が選択できるようになったことである[3]。委員会設置会社とは、経営を監督する取締役会と業務を遂行する執行役を明確に分離するとともに、社外取締役を一定比率以上登用することが義務付けられた企業組織であり、日本企業の取締役会が抱えていたとされる不透明性、非効率性といった問題を是正することを意図して導入された。

　もっとも、委員会設置会社へ移行した企業は、2014年7月時点で90社と、必ずしも多くはない[4]。しかし、法改正とは別に、自主的に制度変更をした企業は多い。宮島英昭・新田敬祐によれば、上場企業において、①2004年までに経営の監督と業務の執行を分離する「執行役員制」を導入した企業が893社に到達、②1993年時点で12.7％であった社外取締役比率が2004年時点で17.3％まで上昇、③1993年時点で16.6人であった取締役平均人数が2004年時点では9.8人に減少している[5]。

　さらに2015年施行の改正会社法により、社外取締役の要件が厳格化されるとともに、社外取締役を設置しない場合にはその理由の開示が求められるようになった。また、詳細は割愛するが、このような方向性は、同年に東京証券取引所がとりまとめた「コーポレートガバナンス・コード」により補強・強化されている。

　このように、少なくない日本企業が、経営の透明性や効率性を高める方向への改革を進めている、あるいは迫られている状況にあり、このことが、日本的雇用システムを支える「日本的経営」に変化をもたらす可能性はある[6]。

第1章　総論——基礎的指標による日本的雇用システムの概観

（3）企業の利害関係者

　それでは、経営者の意識に変化は生じているだろうか。序章でも述べたように、日本的雇用システムの基盤の１つとして、「従業員重視の経営」、すなわち株主のためではなく従業員のために企業経営が行われていることが挙げられる。日本的雇用システムという言葉を用いたかどうかは別として、その概念構築に大きな影響力を持ったロナルド・ドーアも、この点に触れている。すなわち、英国企業など市場志向型組織が成立する条件として「会社は法的にみても社会的にみても基本的に『株主の所有物』となっていること」や「『会社の構成員』は株主である」ことが挙げられているのに対し、日本企業など組織志向型組織が成立する条件として「会社の社会的規定は基本的には（法的な規定とは矛盾するが）人々の共同体となっていること」や「『会社の構成員』は従業員である」ことが挙げられている[7]。それゆえ、もしこれらの点に関する経営者の意識に変化が生じているならば、日本的雇用システムの存続にも少なからぬ影響を与えることになるだろう。

　図表 1-9 は、財務総合政策研究所が実施した「わが国企業のコーポレート・ガバナンスに関する調査」（1999 年、2002 年）から、2000 年前後で「会社にとっての重要な利害関係者」がどう変化したかを示したものである。ここから、「一般顧客」が 37.9 ％から 50.0 ％に上昇したのに加え、「個人投資家」も 10.9 ％から 18.6 ％へと上昇していることが分かる。他方、「取引先銀行」は 27.9 ％から 16.6 ％へ、「取引先企業」は 49.4 ％から 44.1 ％へ、「系列企業集団」は 12.2 ％から 8.5 ％へと低下している。

　続いて図表 1-10 は、労働政策研究・研修機構（以下、JILPT）が 2005 年に実施した「企業のコーポレートガバナンス・CSR と人事戦略に関する調査」から、「これまで」重視してきた利害関係者と「今後」重視する利害関係者を対照させたものである。ここから、「個人投資家」が 24.2 ％から 37.1 ％へ、「機関投資家」が 33.3 ％から 44.0 ％へと上昇しているのに対し、「従業員」が 62.2 ％から 56.9 ％、「取引先銀行」が 26.0 ％から 15.3 ％、「取引先企業」が 39.1 ％から 32.0 ％へと低下していることが分かる。

27

図表 1-9　会社にとっての重要な利害関係者（2つまで回答）

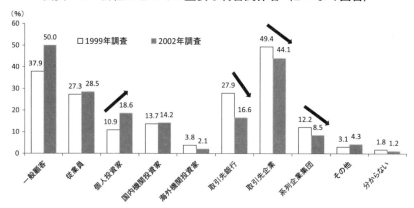

出所：財務省総合政策研究所編（2003）より。
注：2002年の調査対象は上場・店頭公開企業2577社、有効回収は876社（有効回収率34.0％）、1999年の調査対象は上場・店頭公開企業2486社、有効回収は1219社（有効回収率49.0％）。

図表 1-10　経営側が重視する利害関係者（複数回答）

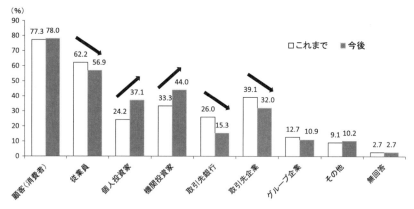

出所：JILPT「企業のコーポレートガバナンス・CSRと人事戦略に関する調査」（2005年）より。
注：調査対象は上場企業2531社、有効回収は450社（有効回収率17.8％）。調査実施時期は2005年10月。

本節では、雇用社会を取り巻く環境変化について概観してきた。要点をまとめると、次のようになる。第1に、労働力需要構造の変化として、それ以前の時代に引き続きサービス産業化が進み、職業構成では専門的・技術的職業従事者やサービス職業従事者のウェイトが高まっている。第2に、労働力供給構造の変化としては、産業や企業規模を問わず就業者の高齢化が進んでいること、大企業において就業者に占める女性割合が目立って上昇していること、男女ともに就業者の高学歴化が進んでいること、が挙げられる。第3に、資本市場との関係の変化としては、間接金融から直接金融へのシフトが進んでいること、直接金融の中核である株式の保有構造を見ると「株式持合い」や安定株主による株式保有が減退し、株価や配当に敏感な外国法人等の株式保有が急増していること、それらの影響もあってか経営の透明性や効率性を高める方向への改革を進める、あるいは迫られている企業が少なくないこと、重要な利害関係者として投資家の存在を指摘する企業が増加していること、が挙げられる。

続く第2節から第7節では、これらの環境変化の中での、日本的雇用システムの構成要素の変化を追っていく。その際、基本的にはバブル経済崩壊から今日までの推移を跡づけることとするが、基礎的なデータ収集という意味もあることから、過去にさかのぼれるものについてはそれ以前のデータも示す。他方、過去のデータに制約があるものについては近年のデータのみを提示する。また、日本企業・労働者全体のデータと、日本的雇用システムが典型的に見られるセクター——大企業and/or製造業——のデータを併記することで、日本の雇用社会全体の変化と、日本的雇用システムの変化とがどう関係しているのかを把握できるよう心がける。

第2節　長期雇用慣行

本節では、日本的雇用システムの最も主要な構成要素である長期雇用慣行の推移を、官庁統計を用いて跡づける[8]。

言うまでもなく、長期雇用慣行とは複合的な概念である。具体的には、新卒一括採用、長期勤続、低い離職率など、様々な現象を包含する。以下、1

項にて入職率（転職入職率）、2項にて平均勤続年数、3項にて離職率を取り上げ、長期雇用慣行がどのように推移しているかを検討する。

1 入職率（転職入職率）

　まず、入職率に関する基本的ないし長期的な傾向を確認しておきたい。図表1-11は、一般労働者の入職率の推移を示したものである（左図は企業規模計、右図は1,000人以上の大企業）。ここから、以下のことが読み取れる。

　第1に、男女計で見ると、企業規模計よりも1,000人以上の大企業（以下、大企業）の方が入職率は低い。ただし、大企業において、バブル経済崩壊後、男性の入職率がやや上昇傾向にある点が注目される。しかし、1980年代後半から2010年代にかけて、入職率が趨勢的に上昇しているというわけではない。女性については、むしろ低下傾向にある。

　第2に、趨勢的な変化よりも、バブル経済期（1980年代末から1990年代初頭）およびリーマン・ショック前の景気回復期（2005年～2007年頃）に入職率が高まり、景気後退期には低下するという、サイクリカルな形状の方が目立っている。そして、そのサイクリカルな形状は、企業規模計でも大企業でも同様に見られるが、特に大企業において顕著にあらわれている。

図表1-11　入職率の推移（一般労働者）

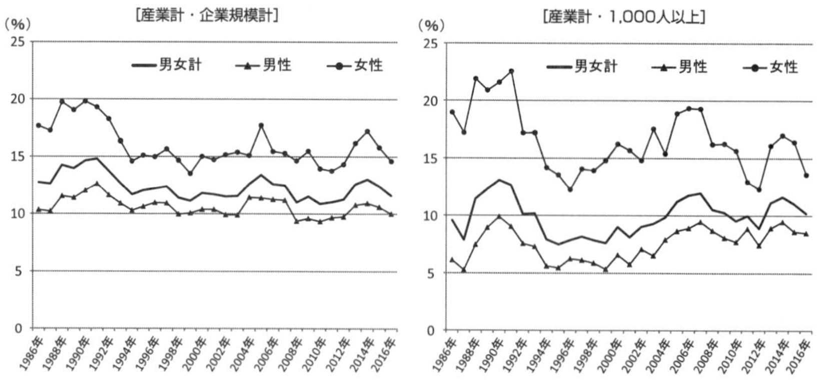

出所：厚生労働省「雇用動向調査」より。2016年の値は「結果の概要」（2017年8月23日）参考表より。
注1：調査対象は5人以上の事業所。
注2：入職率は、入職者数を常用労働者数で除したもの。

第1章　総論──基礎的指標による日本的雇用システムの概観

　入職率が景気に応じてサイクリカルに変動していることを確認した上で、入職者の内訳を問題にしたい。図表 1-12 では、一般労働者の入職者に占める新卒者（新卒採用）の割合を示している。

　まず、企業規模計よりも大企業において新卒者割合が高いことが分かる。次に、新卒者割合の推移を見ると、企業規模計、大企業ともに**趨勢的に低下**している。その要因の 1 つとして考えられるのは、労働者全体の高齢化、新卒者の相対的減少である。先に見たように、入職率そのものは必ずしも趨勢的に上昇していないが、企業が採用活動をする際に、新卒者以外に頼らざるを得ない側面が、徐々に強まっているものと考えられる。なお、この変化は大企業においてより大きい。大企業において新卒者以外へのシフトが急速に進んでいる背景には、労働者全体の年齢構成の変化に加えて、採用方針の変化や大企業の中での産業構成の変化（後述）もあるかもしれない。

　このように、ストック（常用労働者数）に対するフロー（入職者数）の割合は、景気変動に伴いサイクリカルに上下しているだけであり、**趨勢的に上昇しているわけではない**。しかしフローの内訳は変化しており、新卒者以外の割合が上昇している。ちなみに、新卒者以外の割合が上昇する傾向は、大企業において顕著である。

図表 1-12　入職者に占める新卒者割合の推移（一般労働者）

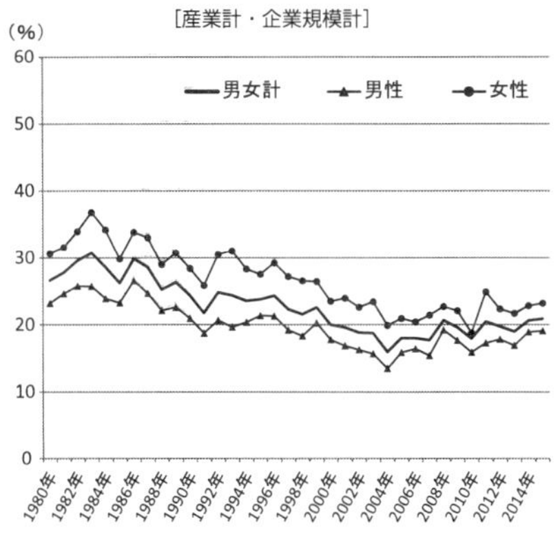

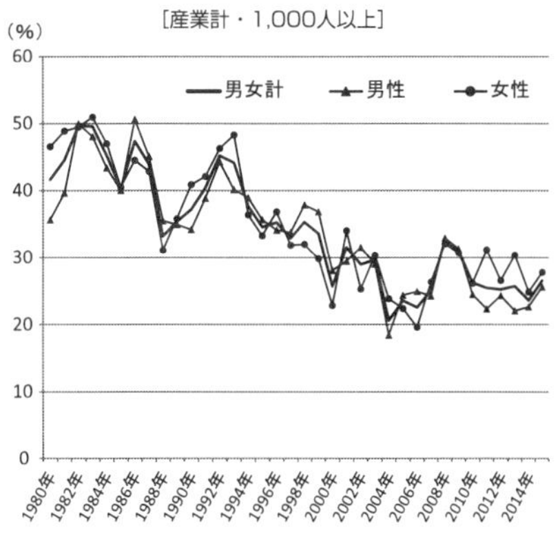

出所：厚生労働省「雇用動向調査」より。
注：調査対象は 5 人以上の事業所。

31

図表1-13 転職入職率の推移（一般労働者）

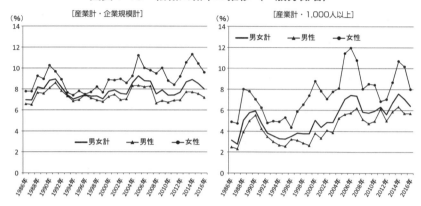

出所：厚生労働省「雇用動向調査」より。2016年の値は「結果の概要」（2017年8月23日）参考表より。
注1：調査対象は5人以上の事業所。
注2：転職入職率は、転職入職者数を常用労働者数で除したもの。

　以上の基本的ないし長期的な傾向を理解した上で、雇用の流動性を測る代表的な指標である、一般労働者の転職入職率の推移を確認したい（図表1-13）。ここから、以下のことが読み取れる。
　第1に、企業規模計について見ると、目立っているのはサイクリカルな形状である。すなわち、男女とも、転職入職率はバブル経済期およびリーマン・ショック前の景気回復期に高まっている。第2に、大企業について見ると、サイクリカルな形状に加え、大まかに右肩上がりのトレンドも確認できる。具体的には、バブル経済期とリーマン・ショック前の景気回復期を比べると後者の方が転職入職率が高く、また、バブル経済崩壊後とリーマン・ショック後の時期を比べても後者の方が高い。日本的雇用システムの主たる成員である男性についてみても、2000年代に入ってから、4％弱の水準から5～6％強の水準へと上昇している。
　大企業において男性の転職入職率が高まっていることが分かったが、転職先となっている産業はどこだろうか。図表1-14は、男性の転職入職者の企業規模別・産業（製造業／非製造業）別の転職先の推移を示したものである。集計対象となる転職入職者は、前職が雇用者で、調査時に在籍している者に限定されている点、一般労働者とパートタイム労働者の両方を含む点に留意

第1章　総論──基礎的指標による日本的雇用システムの概観

図表 1-14　男性転職入職者の転職先の推移

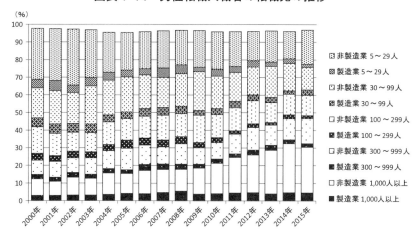

出所：厚生労働省「雇用動向調査」より。
注1：調査対象は5人以上の事業所。
注2：集計対象は、前職が雇用者で、調査時に在職している転職入職者。一般労働者とパートタイム労働者の両方を含む。
注3：100％に満たない部分は、官公営である。

が必要であるが、ここから、男性の転職入職先として大企業のウェイトが高まっているものの、それはもっぱら非製造業の大企業のウェイトの高まりによるものであり、製造業の大企業のウェイトはほとんど変わっていないことが読み取れる。

このように、企業規模計で見ると、男性の転職入職率は趨勢的には上昇していない。しかし、大企業に限って見ると、2000年代以降に無視できない上昇傾向が見られる。そして、その要因として、労働市場全体として非製造業の大企業へ向けた転職が増加していることが指摘できる。

なお、厚生労働省「雇用動向調査」および同「賃金構造基本統計調査」により、大企業の一般労働者数に占める、製造業の大企業の一般労働者数の割合を見ると、2000年には30％台後半だったものが2015年には20％台前半へと低下していることが分かる（図表1-15）。このことから、（一般労働者数ベースで見た時の）大企業セクターの中での製造業のシェアが減少、逆に言えば非製造業のシェアが増加しており、その非製造業において転職入職者が増加していると理解することができる。

33

図表 1-15 1,000人以上企業の一般労働者数に占める製造業・1,000人以上企業の一般労働者数の割合の推移

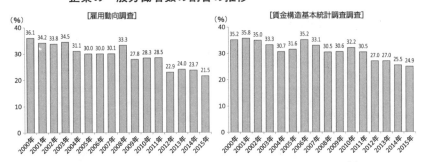

出所：左は厚生労働省「雇用動向調査」、右は厚生労働省「賃金構造基本統計調査」より。
注1：「雇用動向調査」の調査対象は5人以上の事業所、「賃金構造基本統計調査」の調査・集計対象は10人以上の民営事業所。
注2：いずれも、製造業の1,000人以上企業の一般労働者数を、産業計の1,000人以上企業の一般労働者数で除したものである。

2 平均勤続年数

　転職入職率が上昇しているセクター・労働者グループにおいては、平均勤続年数も短くなるはずである。本項では、そのことを確認する。図表1-16は、男女それぞれの一般労働者の、企業規模計と大企業の平均勤続年数の推移を示したものである。ここから、以下のことが読み取れる。

　第1に、基本的な事柄として、平均勤続年数の男女差、企業規模による差が大きいことが分かる。平均勤続年数は男性の方が長く、1,000人以上の大企業において長い。

　第2に、男性について見ると、雇用継続・定年延長等により平均勤続年数が長くなっている60〜64歳層を別とすると、全体的に平均勤続年数は少しずつ短くなってきている。この傾向は、企業規模計でも大企業でも見られるが、大企業においてより顕著にあらわれている。このことは、本節2項で確認した、特に大企業において、入職者に占める新卒者の割合が低下し転職入職率が高まっている傾向と整合する。

　第3に、男性の40歳以上の年齢階層では、1980年代に平均勤続年数が長くなっていた時期があることも分かる。これは、1950年代〜60年代の労働移動が活発だった時期を経験していた人々が、これらの年齢階層から抜けて

第1章 総論──基礎的指標による日本的雇用システムの概観

いったためと考えられる。

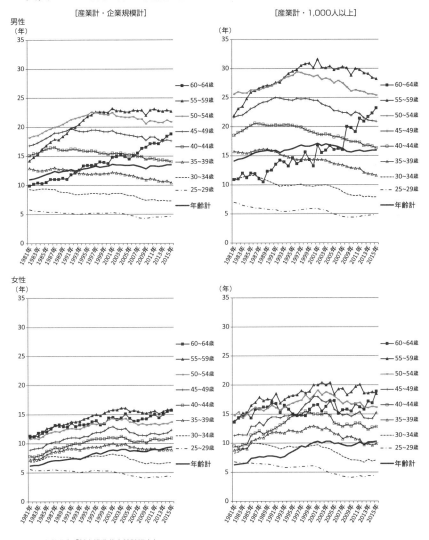

図表1-16 男女別・年齢階層別の平均勤続年数の推移（一般労働者）

出所：厚生労働省「賃金構造基本統計調査」より。
注：調査・集計対象は10人以上の民営事業所。

第4に、女性について見ると、企業規模計において、各年齢階層ともに2000年代前半まで平均勤続年数が伸び続けていたことが分かる。広い意味での女性の職場進出に関連した動きと理解できよう。2000年代半ば以降については、やや短くなっているようであるが、男性のようにはっきりとした傾向を読み取ることはできない。大企業においても、やや短くなっているようであるが、サンプルサイズが十分でないこともあり、男性のようにはっきりとした傾向を読み取ることは、やはり難しい。

　図表1-17は、対象を男性の一般労働者に限定して、学歴別（大卒以上と高卒）に企業規模計と大企業の平均勤続年数の推移を示したものである。ここから、図表1-16と比べると、特に大卒以上において平均勤続年数の短期化傾向が緩やかであることが分かる。このことは、昨今の男性の平均勤続年数の短期化傾向には、高学歴化にともなう入社時年齢の上昇によりもたらされている部分もあることを意味する。ただし、学歴別に見ても平均勤続年数が短期化していることは確かである。また、同学歴で比較した場合でもやはり大企業において短期化傾向が顕著であることが読み取れる。

第1章 総論——基礎的指標による日本的雇用システムの概観

図表1-17　学歴別・年齢階層別の平均勤続年数の推移（男性・一般労働者）

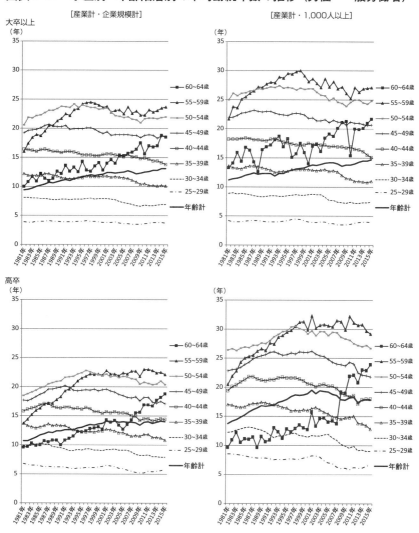

出所：厚生労働省「賃金構造基本統計調査」より。
注：調査・集計対象は10人以上の民営事業所。

3 離職率と離職理由

(1) 離職率

　長期雇用慣行の概念は、労働者がむやみに離職しない、企業も労働者の退職を防止するといった事柄も含意する。以下、それらにかかわる指標を見ていきたい。

　図表1-18は、企業規模計と大企業について、一般労働者の離職率の推移を示したものである。ここから、まず基本情報として、離職率には男女差、企業規模による違いがあることが読み取れる。男性は女性より離職率が低く、大企業では企業規模計より離職率が低い。結果として、大企業の男性は特に離職率が低い[9]。

　また、企業規模計、大企業のどちらを見ても、離職率が趨勢的に高まっているとは言えない。大企業の男性に関しては、2000年代に入って離職率が上昇し、ITバブル崩壊の影響が表れたと考えられる2002年に10.4％に達するが[10]、翌年には8.3％に低下し、その後は10％を下回る水準で推移している。ちなみに、2007年以降の数字には団塊世代の定年退職も含まれてい

図表1-18　離職率の推移（一般労働者）

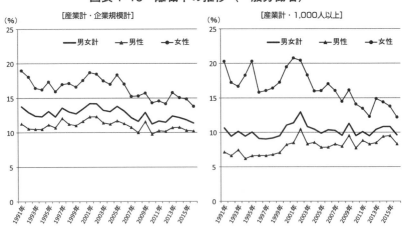

出所：厚生労働省「雇用動向調査」より。2016年の値は「結果の概要」（2017年8月23日）参考表より。
注1：調査対象は5人以上の事業所。
注2：離職率は、離職者数を常用労働者数で除したもの。

ることを踏まえるならば、2000年代半ば以降の現役世代の離職率は、かなり落ち着いていると理解してよいだろう。

図表1-19は、産業による違いを見るため、男性・一般労働者の離職率を、産業別（非製造業／製造業）、企業規模別（企業規模計、1,000人以上）に示したものである。ここから、非製造業・企業規模計と製造業・企業規模計を比べると、後者の離職率が明らかに低いこと、すなわち、製造業の労働者が定着的であることが分かる。非製造業・大企業と製造業・大企業を比べても、この10年ほどは製造業・大企業の離職率が若干低い傾向がある。

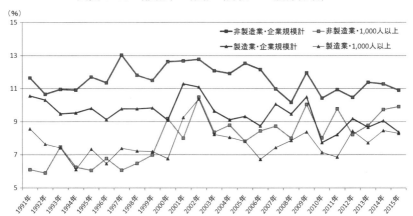

図表1-19　離職率の推移（男性・一般労働者）

出所：厚生労働省「雇用動向調査」より。
注1：調査対象は5人以上の事業所。
注2：離職率は、離職者数を常用労働者数で除したもの。

（2）離職理由

ところで、離職理由には変化は見られるだろうか。図表1-20は、企業規模計と大企業の30～54歳の男性労働者について、離職理由別の離職者割合の推移を示したものである[11]。

集計対象には一般労働者とパートタイム労働者の両方が含まれているため、解釈には留意が必要であるが、ここから、金融危機後の時期（1998年）、ITバブル崩壊後の時期（2002年）、そしてリーマン・ショック後の時

図表1-20　離職理由別の離職者割合の推移（30～54歳、男性労働者）

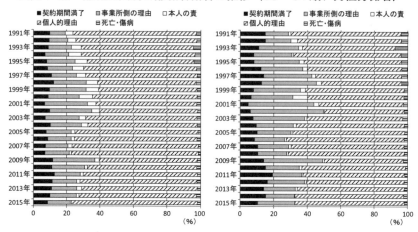

出所：厚生労働省「雇用動向調査」より。
注1：調査対象は5人以上の事業所。
注2：集計対象には、一般労働者とパートタイム労働者の両方が含まれる。

期（2009年）に、非自発的離職を意味する「契約期間満了」、「事業所側の理由」の割合が高まっていることが読み取れる。しかし、いずれかの理由による離職が趨勢的に増加している様子は見受けられない。たとえば、「個人的理由」による離職が増えている——つまり労働者が自発的に転職しやすくなった——というわけではない。

　本節では、日本的雇用システムの最も主要な構成要素である長期雇用慣行の推移をみてきた。主要な知見を要約すると、次のようになる。

　第1に、一般労働者の入職率は、景気変動に伴いサイクリカルに上下しているだけであり、趨勢的に上昇しているわけではない。つまり、雇用のストックに対するフローの比重が高まっているわけではない。しかし、フローすなわち入職者の内訳を見ると、新卒者以外の割合が上昇している。ちなみに、その傾向は大企業において顕著である。そして2000年代以降の大企業の男性労働者において、転職入職率の上昇傾向が確認できる。ただし、それは主として労働者数自体が増加している非製造大企業での転職入職者の増加によるものであり、製造大企業において転職入職率が上昇しているわけではないと考えられる。

第1章　総論──基礎的指標による日本的雇用システムの概観

　第2に、男性について見ると、60〜64歳層を例外として、全体的に平均勤続年数は短期化してきている。このことは、大企業においてより顕著にあらわれており、上述の転職入職率の上昇傾向と整合する。ちなみに、男性の平均勤続年数の短期化傾向は、高学歴化に起因する部分もあるが、学歴をコントロールしても確実に生じている。ただし、転職入職者がどの産業で増加しているかという点を考慮すると、製造大企業においては、平均勤続年数の短期化傾向はより緩やかであると予想される。

　第3に、離職率は男性の方が低く、また、大企業における方が低い。その推移を見ると、大企業の男性において2000年代に入ってやや上昇したが、2002年にピークに達した後は、比較的落ち着いている。「雇用動向調査」で離職理由を見ても、いずれかの理由による離職が趨勢的に増加している様子は見受けられず、たとえば、自発的な転職が増えたという証拠も見当たらない。

　第4に、本節での主たる検討対象ではなかったが、男性について、大企業では転職入職率の上昇傾向が見られ、企業規模計では見られなかったことから、中堅・中小企業セクターの中には、長期雇用慣行を形成しつつある企業が少なからずあると考えられる。このことは、平均勤続年数の短期化傾向が、大企業に比べて企業規模計において相対的に緩やかであったこと、企業規模計の離職率が（大企業に比べれば水準は高いが）非常に安定的であることからも推察される。

　いずれにせよ、少なくとも製造大企業においては、長期雇用慣行に大きな変化はなさそうである。ただし、製造大企業セクターにおける雇用が拡大しているというわけではない。他方、雇用が拡大している非製造大企業セクターでは、雇用を拡大させているがゆえに転職入職率が上昇傾向にあるとともに、製造大企業セクターと比べると、離職率も若干高めである。

第3節　年功的賃金・昇進

　本節では、日本的雇用システムの構成要素の1つである、年功的賃金および年功的昇進の推移を跡づける。

ところで、年功的賃金と言っても、その意味は多義的である。文字通り年齢による賃金上昇を意味することもあれば[12]、勤続による賃金上昇を意味することもある。また、仮に年齢や勤続により賃金が上昇しているとしても、純粋に年齢や勤続が評価されて賃金が上昇していると理解するよりは、年齢や勤続に伴って技能や職務が高度化しているから賃金が上昇していると理解した方がよい場合もある[13]。本節では、年齢・賃金プロファイルの推移、勤続年数・賃金プロファイルの推移の両方を取り上げ、そのトレンドの共通点と差異から、日本企業における年功的賃金にどのような変化が生じているのかを推し測る。

　年功的昇進についても、年齢と役職者割合の関係を意味することもあれば、勤続と役職者割合の関係を意味することもあるが、本節では年齢・役職プロファイルの推移に着目する。その理由は、本研究の問題関心の１つとして、人口構造の変化が日本的雇用システムに与える影響を読み取ることがあるからである。

1 年齢・賃金プロファイルの推移

　図表1-21は、男女計、男性、女性それぞれについて、一般労働者の年齢・賃金プロファイルの推移を示したものである（左図は企業規模計、右図は1,000人以上の大企業）。具体的には、年齢階層別の所定内給与額を、25〜29歳の金額を100とした時の指数で示しており[14]、中高年期の山が高いほど「年功的」と判断される。

　男女計・企業規模計について見ると、1990年から2015年にかけて、山の高さ自体は大きく変わっていないが、近年になるにつれて山のピークが右側に（おおむね45〜49歳から50〜54歳に）シフトしていることが読み取れる。ここには、60歳定年制が実質的に定着してきた過程が反映されていると考えられる。

　男女計・大企業について見ると、最近になるにつれて山が低くなっていることが目立つ。より正確には、1990年や2000年と比べて、2010年、2015年になると、30代から50代の広範な年齢層において山が低くなっている。このことは、年齢による賃金上昇が小さくなっていることを意味する。

42

第1章　総論──基礎的指標による日本的雇用システムの概観

図表1-21　男女別の年齢・賃金プロファイルの推移（一般労働者）

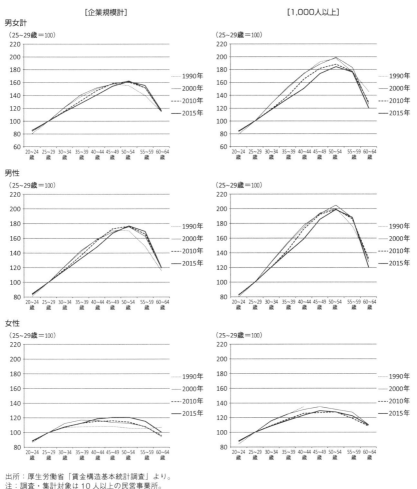

出所：厚生労働省「賃金構造基本統計調査」より。
注：調査・集計対象は10人以上の民営事業所。

　男性に限定してもこれらの傾向は変わらない。すなわち、企業規模計について見ると、50代前半まで賃金が上がり続けるようになったことが変化として挙げられ、大企業について見ると、年齢による賃金上昇が小さくなったことが変化として挙げられる。これに対し、女性の場合、やや違った傾向があらわれている。具体的には、大企業の場合には男性と同様に年齢による賃

金上昇が小さくなったことが観察されるが、企業規模計の場合にはむしろ中高年期の賃金水準の上昇が観察される。なお、女性の場合、男性と比べて賃金プロファイルの勾配が緩やかであることは言うまでもない。

　もっとも、図表1-21は、労働者の学歴を考慮していない大まかな集計にとどまる。そこで図表1-22に、男性労働者について、学歴別の年齢・賃金プロファイルの推移を示す。ここから、大卒以上の男性、高卒の男性それぞれにおいて、年齢による賃金上昇が小さくなっていることが読み取れる。また、この変化は大企業において大きい。そして最も変化が大きいのは、大企業の大卒以上の男性である。ちなみに、図表は省略するが、集計対象を製造業の男性労働者に限定して、学歴別の年齢・賃金プロファイルの推移を描いても、ほぼ同様の変化が読み取れる。

図表 1-22　学歴別の年齢・賃金プロファイルの推移（男性・一般労働者）

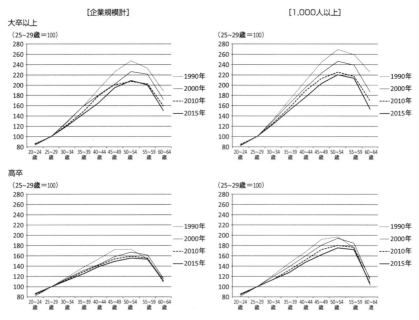

出所：厚生労働省「賃金構造基本統計調査」より。
注：調査・集計対象は10人以上の民営事業所。

第1章　総論──基礎的指標による日本的雇用システムの概観

　なお、学歴別の集計からは、年齢による賃金上昇が小さくなっていること
が、図表 1-21 におけるよりも明瞭に読み取れることが注目される。その理
由としては、もともと大卒以上の層において年齢による賃金上昇が大きいな
か、高学歴化により大卒以上の労働者の割合が高まっているため、大卒以
上、高卒それぞれにおいて年齢による賃金上昇が小さくなっていることが、
学歴計の集計では観察されにくくなっていたことが考えられる。

　まとめると、大企業の大卒以上の男性に代表されるように、日本的雇用シ
ステムの典型的な成員層においては、年齢による賃金上昇は小さくなってい
る。他方、これまで必ずしも日本的雇用システムの成員とはされてこなかっ
た、中小企業を含めた女性労働者について見ると、年齢による賃金上昇が大
きくなっている側面もある。なお、言うまでもないことであるが、男女で年
齢・賃金プロファイルの形状は大きく異なっており、2015 年時点において
も、年齢による賃金上昇の程度は、女性よりも男性の方がはるかに大きい。

2 勤続年数・賃金プロファイルの推移

　勤続による賃金上昇の仕方はどう変化しているか。図表 1-23 は、男女計、
男性、女性それぞれについて、一般労働者の勤続年数・賃金プロファイルの
推移を示したものである。これを見ると、企業規模計、大企業のいずれにお
いても、また、男女いずれにおいても、勤続による賃金上昇が小さくなって
いることが読み取れる。このことは、企業の賃金制度において、いわゆる勤
続給的な要素が小さくなったことを示唆する。また、基本的な事実として、
かつてにおいても現在においても、男性と比べて女性は勤続による賃金上昇
がやや小さいことが読み取れる。

　図表 1-24 は、男性労働者について、学歴別の勤続年数・賃金プロファイ
ルの推移を示したものである。ここから、大卒以上の男性、高卒の男性それ
ぞれにおいて、勤続による賃金上昇が小さくなっていることが明瞭に読み取
れる。また、この変化は、大企業の大卒以上の男性において最も顕著にあら
われている。図表は省略するが、集計対象を製造業の男性労働者に限定し
て、学歴別の勤続年数・賃金プロファイルの推移を描いても、ほぼ同様の変
化が読み取れる。

45

総じて、日本的雇用システムの典型的な対象者層を中心として、またその周辺層においても、勤続による賃金上昇は小さくなっていると言える。

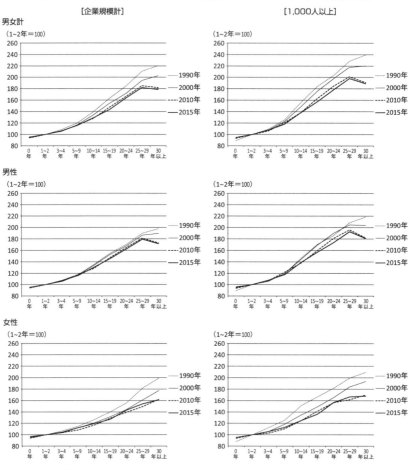

図表1-23 男女別の勤続年数・賃金プロファイル（一般労働者）

出所：厚生労働省「賃金構造基本統計調査」より。
注：調査・集計対象は10人以上の民営事業所。

第1章 総論——基礎的指標による日本的雇用システムの概観

図表1-24 学歴別の勤続年数・賃金プロファイル（男性・一般労働者）

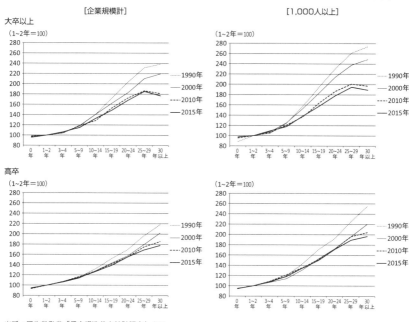

出所：厚生労働省「賃金構造基本統計調査」より。
注：調査・集計対象は10人以上の民営事業所。

3 年齢・役職プロファイルの推移

　それでは、年功的昇進のありようはどう変化しているか。以下では、論点を明確化するため、年功的昇進が最も典型的に行われてきたと考えられる、大企業、大卒以上の労働者に対象を限定する。

　図表1-25は、大企業、大卒以上の男性一般労働者について、1990年（上段）、2015年（下段）の年齢・役職プロファイルを示したものである。左図は、労働者数の合計を100％とした時に各年齢階級・各役職の労働者がそれぞれ何％になるかを図示しており、右図は、単純に年齢階級別の役職分布を図示している（図表1-26についても同じ。）。

　左図を見ると、1990年から2015年にかけて、労働者全体の年齢構成が高齢化していることが読み取れる。他方、係長以上の役職者の割合はさほど大

47

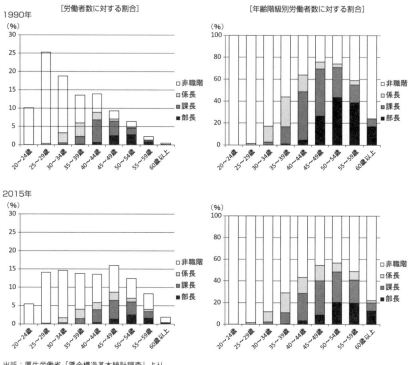

きく変化していない。また、役職者の年齢構成も、(多少は高齢化しているものの) それほど大きく変化しているわけではない。その結果、右図を見ると、特に中高年齢者において、役職者の割合が低下している。すなわち、男性の場合、中高年齢者の分母が増えたため、中高年になっても役職に就けない者が増えたと言える。たとえば、45～49歳のうち「非職階」の割合は、1990年には3割に満たなかったが、2015年には5割近くに達している。

図表1-26は、大企業、大卒以上の女性一般労働者について、2000年(上段)、2015年(下段)の年齢・役職プロファイルを示したものである(男性の場合とは比較年が異なる点に留意されたい)。

第1章　総論──基礎的指標による日本的雇用システムの概観

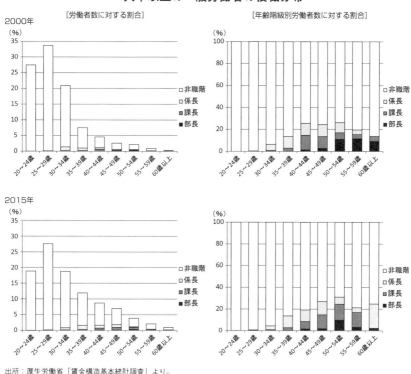

図表1-26　産業計・1,000人以上企業における女性・大卒以上の一般労働者の役職分布

出所：厚生労働省「賃金構造基本統計調査」より。
注1：調査・集計対象は10人以上の民営事業所。
注2：1999年以前については、女性の集計がない。

　左図を見ると、男性の場合と同様、2000年から2015年にかけて労働者全体の年齢構成が高齢化していることが読み取れる。これに対し、男性の場合と異なるのは、係長以上の役職者の割合が微増していることである。その結果、右図を見ると、45～49歳、50～54歳のように、役職者の割合が高まった年齢階級もある。すなわち、女性の場合、中高年齢者の絶対数も増えているが、役職者数そのものも増えたことにより、中高年齢者における役職者の割合は必ずしも低下していない。
　年齢・役職プロファイルの推移についてまとめると、男性の場合には、労働者全体の年齢構成の変化の影響を受けて、中高年になっても役職に就けな

い者が増えている。他方、女性の場合には、広い意味での社会の変化、「男女雇用機会均等法」の改正などによって配置や昇進における男女差の見直しが進んだためか、役職者数そのものが増えているものと考えられる。そのこともあって、中高年齢者における役職者の割合は必ずしも低下しておらず、むしろそれが高まっている年齢階級もある。ただし、言うまでもないことであるが、いずれの年齢階級であっても、男性の場合と比べて役職者の割合は著しく低い。

　本節の内容を要約すると、次のようになろう。第1に、男性については、年功的賃金・昇進は弱まりつつあると言える。特に大企業、大卒以上の男性労働者の年齢・賃金プロファイル、勤続年数・賃金プロファイルのフラット化の趨勢は著しい[15]。また、大企業、大卒以上の男性労働者の年齢・役職プロファイルの推移を見ると、年齢構成の高齢化により中高年になっても役職に就けない者が増えている。第2に、女性については、やや様相が複雑である。まず、男性の場合と同様、勤続年数・賃金プロファイルは、最近になるにつれてフラット化してきている。ただし、中小企業を含めた女性労働者全体について見ると、長期勤続化や高学歴化の趨勢を反映してか、むしろ年齢による賃金上昇が大きくなっている。また、大企業、大卒以上の女性労働者の年齢・役職プロファイルの推移を見ると、年齢構成の高齢化にもかかわらず、役職者の割合が高まっている年齢階級もある。第3に、それらの結果として、バブル経済崩壊前から今日にかけて、年功的賃金の程度の男女格差、ないしは賃金・昇進の男女格差は縮小してきている。しかし、今日においてもなお、年功的賃金の程度、ないしは賃金・昇進に著しい男女格差があることは一目瞭然である。

第4節　OJTを中心とした幅広い教育訓練

　序章にて述べたように、日本的雇用システムの構成要素の1つとして、OJTを中心とした幅広い教育訓練が挙げられる。

　一般に、企業内の教育訓練の実態を把握することは難しい。なかでも、普段の仕事を通じて行われるOJTについては、その実施状況に関して企業内

第1章　総論──基礎的指標による日本的雇用システムの概観

で公式の資料が残らないこともあり、定量的な把握は一層困難である。そのこともあってか、企業内の教育訓練の実態に関しては、利用できるアンケート調査の種類や、データを時系列的に接続できる期間に限りがある。本節では、それらの限界を承知の上で、官庁統計を用いて可能な範囲で企業内の教育訓練の変化を追うこととする。

1 教育訓練の実施状況

はじめに、もっともシンプルな形で教育訓練の実施状況をたずねた調査結果を示す。図表1-27は、厚生労働省「就業形態の多様化に関する総合実態調査」より、正社員に対する「社内教育訓練」の適用状況を示したものである。これを見ると、どの産業においても（左図）、どの事業所規模においても（右図）、2007年がやや高く、2003年と2010年がやや低くなっている。ただし、産業計（事業所規模計）の数値が安定していることからも分かるように、この間の変化はそれほど大きなものではないと考えられる。

次に、図表1-28は、厚生労働省「能力開発基本調査」（事業所調査）より、正社員に対する計画的OJTの実施状況を示したものである（左図は産業別、右図は企業規模別）。比較的短い期間の時系列データであるため留意が必要であるが[16]、これを見る限り、「金融業、保険業」のように不規則な動きを

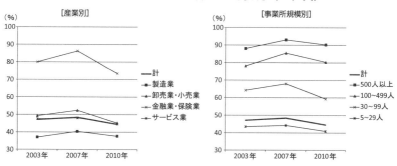

図表1-27　社内教育訓練の適用状況（正社員）

出所：厚生労働省「就業形態の多様化に関する総合実態調査」（事業所調査）より。
注1：2007年および2010年の「500人以上」は、「500〜999人」と「1,000人以上」の単純平均。「100〜499人」は、「100〜299人」と「300〜499人」の単純平均。「30〜99人」は、「30〜49人」と「50〜99人」の単純平均。
注2：2014年調査では、「社内教育訓練」の定義が異なるため、時系列データを作成できない。

51

示す産業もあるが、他の産業については、中期的に安定している様子が窺える。

　図表1-29は、同じく「能力開発基本調査」（事業所調査）より、正社員に対するOff-JTの実施状況を示したものである。これを見ると、「金融業、保険業」の特異な動きを例外とすれば、リーマン・ショック後の時期にOff-JTが消極化した後、おおむね持ち直して現在に至っていることが分かる。

　総じて、産業によっては（特に「金融業、保険業」におけるように）不安

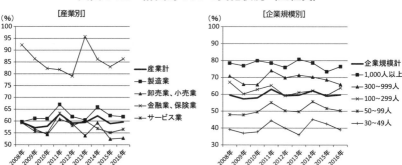

図表1-28　計画的OJTの実施状況（正社員）

出所：厚生労働省「能力開発基本調査」（事業所調査）より。
注：2007年以前は、該当する設問がない。

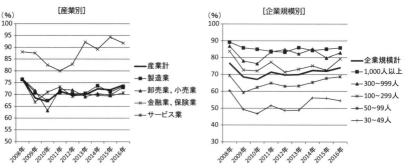

図表1-29　Off-JTの実施状況（正社員）

出所：厚生労働省「能力開発基本調査」（事業所調査）より。
注：2007年以前は、該当する設問がない。

定な動きを示しているものもあるが、日本企業全体として見るならば、社内での教育訓練の実施状況は、2000年代においておおむね安定していると考えられる。

2 労働者全体か、選抜した労働者か

前項では企業や事業所が教育訓練を実施しているか否かのみを取り上げたが、実際にはどのくらいの労働者が対象になっているのだろうか。

図表1-30は、「能力開発基本調査」（企業調査）において、企業に対して、正社員の教育訓練に関する方針が「A：労働者全体の能力レベルを高める教育訓練を重視する（労働者全体）」と「B：選抜した労働者の能力レベルを高める教育訓練を重視する（選抜した労働者）」のどちらに近いかを、「現在」と「今後」についてたずねた結果を示したものである。その際、調査対象が連続している、2008年以降のデータに限定されている点に留意が必要である。

まず、「現在」について見ると、「A：労働者全体の能力レベルを高める教育訓練を重視する」と回答する企業の割合が、ほぼ一貫して高まっていることが分かる。また、2008年から2012年にかけて、「今後」の見通しとして「労働者全体」と回答する企業の割合が高まっていることから、企業は、ある程度計画的に「労働者全体」の能力を高めようとしているものと考えられる。

図表1-30　正社員の能力開発に対する考え方（企業規模計）

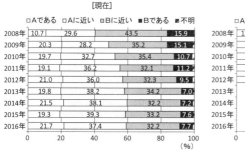
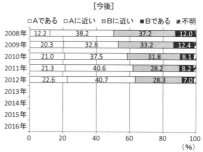

出所：厚生労働省「能力開発基本調査」（企業調査）より。
注：2007年以前は、企業調査の対象が異なる。また、2013年以降は「今後」についての設問がない。

図表1-31は、同じ設問の「現在」について、「労働者全体」と回答している程度を、企業規模別にスコアで示したものである。ここから、1,000人以上の大企業においてスコアは高位安定的であり、999人以下の企業においてスコアが高まっていることが分かる。

図表1-31　「労働者全体」の教育訓練を重視する程度（企業規模別）

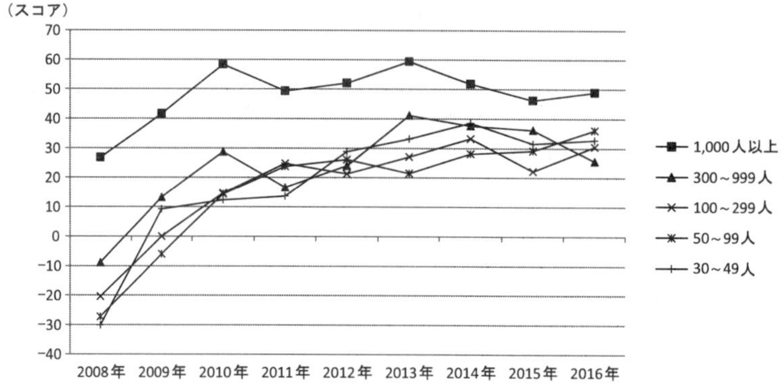

（スコア）

出所：厚生労働省「能力開発基本調査」（企業調査）より。
注1：スコアは、「Aである」を2点、「Aに近い」を1点、「Bに近い」を－1点、「Bである」を－2点として平均点を求め、100を乗じたものである。
注2：2008年について、「300～999人」は「300～499人」と「500～999人」のスコアを、「1,000人以上」は「1,000～4,999人」と「5,000人以上」のスコアを、それぞれ単純平均したもの。

3　労働者側から見た教育訓練の実施状況

それでは、労働者の側から見た教育訓練の実施状況はどうだろうか。図表1-32は、「能力開発基本調査」（個人調査）において、正社員に対して「あなたは（当該年度に）部下、同僚、仕事仲間に対してどの程度指導やアドバイスをしましたか」とたずねた結果（左図「OJTをした」）と、「あなたの仕事上の能力の向上を考えて、上司、同僚、仕事仲間は（当該年度に）どの程度、指導やアドバイスをしてくれましたか」とたずねた結果（右図「OJTを受けた」）を、男女計、男性、女性それぞれについて示したものである。

これを見ると、短期間の時系列データである点に留意が必要であるが、「OJTをした」程度も「OJTを受けた」程度も、やや増勢と言える。もっとも、男女別に見るとさほどはっきりした傾向は見られなくなるが、少なくと

第1章 総論——基礎的指標による日本的雇用システムの概観

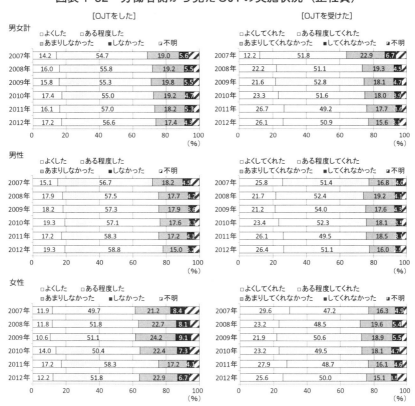

図表1-32 労働者側から見たOJTの実施状況（正社員）

出所：厚生労働省「能力開発基本調査」（個人調査）より。
注：2006年以前および2013年以後には、該当する設問がない。

も劣勢ではないと言える。

　本節では、データの種類や時系列化できる期間に限りがあることを承知の上で、官庁統計から、正社員に対する企業内での教育訓練の実施状況の変化を追ってきた。その結果、日本企業全体として見るならば、企業内の教育訓練の実施状況は、2000年代においておおむね安定していること、そして2000年代後半以降について見るならば、おそらく中堅～中小企業を中心として、その対象となる正社員の範囲は少しずつ拡大していることが確認された。労働者側のデータでOJTの実施状況（OJTをした／OJTを受けた）を見

ても、少なくともその程度が劣勢ではないことが確認された。

　ただし繰り返しになるが、長期的な趨勢として日本的雇用システムの構成要素たる「OJTを中心とした幅広い教育訓練」が健在と言えるかどうかは分からない。その点については、第6章でのより詳細なデータを用いた分析・考察も踏まえて判断する必要がある。

第5節　協調的労使関係

　序章にて、日本的雇用システムの構成要素の1つとして、企業別組合を基盤とする協調的労使関係を挙げた。本節では、協調的労使関係のあり方が昨今どのように変化しつつあるのかを跡づける。具体的には、1項にて労働組合組織率の推移を、2項にて労使協議のあり方の変化を、3項にて労使紛争の発生状況の変化を追うこととする。

1　労働組合組織率

　はじめに、全労働者の労働組合組織率を見てみたい。図表1-33は、厚生労働省「労働組合基礎調査」および総務省「労働力調査」に基づき、全労働者について、労働組合員数および労働組合組織率の推移を示したものである。ここから、以下のことが読み取れる。第1に、組織率の分母となる雇用者数（＝組合員数＋非組合員数）を見ると、1997年〜98年の金融危機後、2008年のリーマン・ショック後に一時的な減少を示しているものの、長期的には増加傾向にある。具体的には、1990年に4,875万人であったものが、直近の2015年時点では5,665万人となっている。第2に、これに対し、分子となる組合員数をみると、1994年の1,270万人をピークとして、その後ほぼ一貫して減少しており、直近の2015年時点では988万人となっている。第3に、それらの結果として、組織率は、1990年の25.2％から2015年の17.4％へと、ほぼ一貫して低下している。約20年間で、労働者の4人に1人が組合員だった状況から、6人に1人を下回る状況になっている。

　短時間労働者についてはどうか。図表1-34は、短時間労働者の労働組合員数および労働組合組織率の推移を示したものである。ここから、以下のこ

第1章 総論──基礎的指標による日本的雇用システムの概観

図表1-33 労働組合員数および労働組合組織率の推移

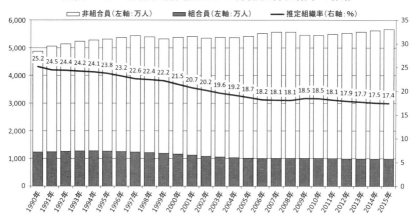

出所：厚生労働省「労働組合基礎調査」、総務省「労働力調査」より。
注：非組合員の人数は、e-Statにおける「労働組合基礎調査」収録箇所に併記された「雇用者数」（「労働力調査」に基づく）から、組合員の人数を引いて求めた。

図表1-34 短時間労働者の労働組合員数および労働組合組織率の推移

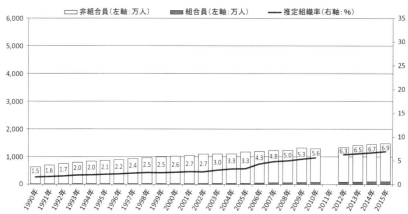

出所：厚生労働省「労働組合基礎調査」、総務省「労働力調査」より。
注1：非組合員の人数は、e-Statにおける「労働組合基礎調査」収録箇所に併記された「短時間雇用者数」（「労働力調査」に基づく）から、組合員の人数を引いて求めた。
注2：短時間労働者の労働組合員とは、労働組合員のうち「正社員・正職員以外で、その事業所の一般労働者より1日の所定労働時間が短い者、1日の所定労働時間が同じであっても1週の所定労働日数が少ない者又は事業所においてパートタイマー、パート等と呼ばれている労働者」を指す。
注3：（分母となる）短時間労働者数には、「労働力調査」による「就業時間が週35時間未満の雇用者数」を用いている（通称・旧定義）。

57

とが読み取れる。第1に、短時間労働者の組織率の水準は、労働者全体のそれと比べれば低い。それゆえ、1990年代以降に顕著な、短時間労働者を含めた非正規雇用者の増加が、労働者全体の組織率を押し下げていることはたしかである。第2に、しかし、短時間労働者の組合員数、組織率は、ともに増加・上昇傾向にある。短時間労働者数そのものが、過去25年で629万人から1,480万人へと2倍以上に増加しているが、短時間労働者の組合員数は、過去25年で10万人から103万人へと10倍以上に増加しており、その結果として、短時間労働者の組織率は、1.5%から6.9%へと上昇している。

ところで、労働組合組織率は、産業や企業規模によっても大きく異なる。図表1-35は、それらの状況を示したものである。ここから、以下のことが読み取れる。第1に、左図の主要産業別の状況を見ると、組織率の水準は、「金融業、保険業」が40%台後半と突出して高い。日本的雇用システムが典型的に見られる「製造業」においても20%台後半であり、全労働者の状況に比べて高い。他方、「卸売業、小売業」では10%台前半、「サービス業」では5%前後と低い。組織率の変化を見ると、「卸売業、小売業」では上昇傾向にあるが、それ以外の産業においてはおおむね横ばいないし低下傾向である。ちなみに、「卸売業、小売業」における組織率の上昇には、短時間労働者の組織率の上昇が影響している可能性がある。第2に、右図の企業規模別の状況を見ると、組織率の水準は、大企業ほど高い。ただし、いずれの企業規模におい

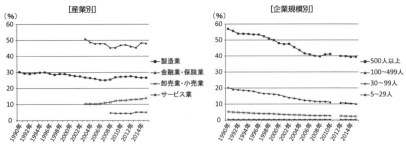

図表1-35 主要産業別、企業規模別に見た労働組合組織率の推移

出所：厚生労働省「労働組合基礎調査」、総務省「労働力調査」に基づき、執筆者が作成。
注1：「労働組合基礎調査」の労働組合員数を、「労働力調査」の非農林業雇用者数で除して求めた。
注2：企業規模別の組合員数について、2つ以上の企業の労働者で構成する組合では、組合員の所属する企業の規模毎に組合員数を加算している。

ても組織率は低下傾向にあり、特に大企業においては過去25年間で20ポイント近く低下している。このことには、第2節で見た大企業セクターの中での製造業のウェイトの低下が関係している可能性がある。

本項の知見を総合すると、次のようになる。まず、製造業のように日本的雇用システムが典型的に見られる産業においては、労働組合の組織率は比較的高い水準にある。しかし、製造業以外の産業のウェイトが増していることや、短時間労働者を含め非正規雇用者が増加していることなどから、労働者全体で見ると組織率が低下している。結果として、組織率の低下傾向は、特に大企業において著しい。ただし、短時間労働者の組織率は上昇しつつあり、「卸売業、小売業」のように彼らの組織化が進行していると思われる産業では、労働者全体の組織率も上昇傾向にある。

2 労使協議のあり方

日本的雇用システムにおける協調的な労使関係の基盤の1つとなっているのが、労使協議制度である。図表1-36は、厚生労働省「労使コミュニケーション調査」に基づき、労使協議機関の設置状況の推移を示したものである。

ここから、労使協議機関の設置率は、1989年、1994年には50％台だったが、1999年以降は40％前後となっていることが分かる。ただし、1999年以降は、調査対象に30～49人規模の小さな事業所が含まれるようになっ

図表1-36　労使協議機関の設置状況の推移

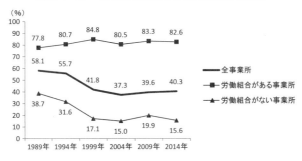

出所：厚生労働省「労使コミュニケーション調査」より。
注：調査対象は、1989年、1994年は常用労働者50人以上を雇用する民営事業所、1999年以降は同30人以上を雇用する民営事業所。図表1-37においても同じ。

たことに鑑みるならば、この25年間での労使協議機関の設置率は、ほぼ横ばいだと考えられる。実際、労働組合がある事業所に限定すると、労使協議機関の設置率は80％前後と高い水準を維持している。

それでは、労使協議の実態はどうか。図表1-37は、同じ調査に基づき、労使協議機関を設置する事業所での労使協議の頻度および成果の推移を示したものである。ここから、労使協議を「定期開催」する事業所の割合が上昇している一方で、「成果があった」と回答する事業所の割合が低下傾向、「どちらともいえない」と回答する事業所の割合が増加傾向にあることが分かる。労使協議の手続きが整う一方で、その成果の実感は必ずしも高まっていないと言える。

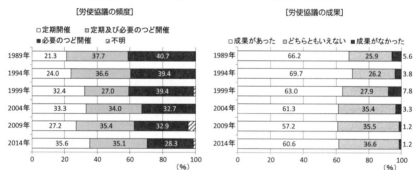

図表1-37 労使協議の頻度および成果の推移

出所：厚生労働省「労使コミュニケーション調査」より。
注：1989年と1994年については、労使協議の成果の選択肢のうち「かなりの成果があった」、「あまり成果がなかった」を、それぞれ「成果があった」、「成果がなかった」に読み替えている。

3 労使紛争の発生状況

上述のような、一見すると矛盾したデータの背後には、何があるのだろうか。そのことを意識しつつ、労使紛争の発生状況を見てみたい。

図表1-38は、厚生労働省「労働争議統計調査」に基づき、集団的労使紛争の発生状況の代表的な指標である、労働争議（争議行為を伴う争議）の件数および参加人員の推移を示したものである。これによると、労働争議の件数、参加人員ともに1980年代後半になって激減し、2010年代には争議件数

第1章　総論——基礎的指標による日本的雇用システムの概観

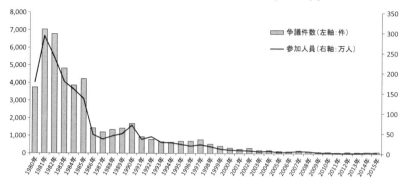

図表1-38　労働争議の件数および参加人員

出所：厚生労働省「労働争議統計調査」より。
注：労働争議は、「争議行為を伴う争議」をあらわす。

100件以下、参加人員2万人前後を推移している。すなわち、日本企業の労使関係は、極めて安定していると言える。このことには、労使協議の定期的な開催も関係しているかもしれない。

それにもかかわらず、労使協議の「成果があった」と回答する事業所が減少傾向にあるのはなぜか。そこで図表1-39に、個別的労使紛争の発生状況の指標として、行政機関への労働相談件数の推移を示す。細線（左軸）は比較的長期の時系列データが得られる東京都に寄せられた労働相談の件数を、太線（右軸）は厚生労働省（都道府県労働局）に寄せられた労働相談の件数をあらわしている。

ここから、1990年代に東京都に寄せられる労働相談の件数が増加し、2000年代には厚生労働省に寄せられる労働相談の件数が増加していることが分かる。つまり、労働相談の件数は一貫して増加している。また、図表には示していないが、2015年に厚生労働省に寄せられた労働相談の内訳（複数回答）を見ると、「いじめ・嫌がらせ」が22.4％と圧倒的に多く、以下、「その他」（12.8％）、「解雇」（12.7％）、「自己都合退職」（12.7％）となっている。「いじめ・嫌がらせ」に象徴されるような、従来の集団的労使関係の中では解決が難しい問題が、個別的労使紛争として企業外部の行政機関に流出していると言える。

61

図表1-39　東京都および厚生労働省における労働相談件数の推移

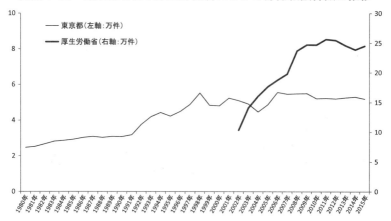

出所：東京都は、東京都産業労働局「労働相談及びあっせんの概要」より。厚生労働省は、厚生労働省「平成27年度個別労働紛争解決制度の施行状況」（http://www.mhlw.go.jp/stf/houdou/0000126365.html）より。
注：厚生労働省における労働相談件数は、「民事上の個別労働紛争相談件数」をあらわす。

　本節の内容を踏まえると、日本企業における協調的労使関係のあり方の変化について、次のようにまとめることができる。第1に、製造業に代表される日本的雇用システムが典型的に見られる産業においては、労働組合の組織率は比較的高い水準にあるが、それ以外の産業のウェイトが高まっていることや、短時間労働者など非正規雇用が増加しているため、労働者全体でみると組織率は低下している。このことは、特に大企業においてあてはまる。ただし、短時間労働者など非正規雇用の組織率は、少しずつ高まりつつある。第2に、労使協議機関の設置状況や労使協議の開催頻度に着目するならば、日本企業における協調的労使関係は大きく変化していない。しかし、労使協議の手続きが整う一方で、その成果の実感は必ずしも高まっていない。第3に、争議行為を伴うような集団的労使紛争は激減しているが、「いじめ・嫌がらせ」に象徴されるような、従来の集団的労使関係の中では解決が難しい問題が、個別の労使紛争として行政機関に流出している。そして、そのことが、労使協議の手続きが整い、争議行為が激減しているにもかかわらず、労使協議の成果を実感しにくい状況を生み出している可能性がある。

第1章　総論──基礎的指標による日本的雇用システムの概観

第6節　非正規雇用の動向

　序章にて、日本的雇用システムの構成要素の1つとして「雇用のバッファーとしての一定数の非成員労働者の存在」を挙げた。本節では、その部分にどのような変化が起こっているのかを示すことを目的とする。

　日本企業における「非成員労働者」とは、いわゆる「非正規」の雇用者のことである[17]。しかし、日本企業において非正規雇用は、必ずしも雇用のバッファーとしてのみ活用されてきたわけではない。また、非正規雇用者の属性や就業動機も様々である。そこで本節では、バブル経済崩壊後の非正規雇用の動向を、やや包括的に示すこととしたい。

　なお、いわゆる正規・非正規間の労働条件格差については、JILPT内外から様々なデータが提供されているため、ここでは敢えて触れない[18]。本節では、そもそもどのような企業で非正規雇用が増加しているのか、どのような人が非正規雇用者として働いているのか、それはなぜなのかといった、よりシンプルな問いに答える形をとる。

　より具体的には、1項にて、主に事業所側のデータを用いて、非正規雇用がどの程度浸透してきているか、それはなぜなのかを、日本的雇用システムが典型的に成立していた製造業、大企業と、必ずしもそうではない産業（卸売・小売業）、中小企業とを比較しつつ明らかにする。2項にて、労働者側のデータを用いて、非正規雇用がどの程度広がってきているか、それはなぜなのかを、日本的雇用システムの成員として働くことを期待されていた男性労働者と、必ずしもそうではなかった女性労働者とを比較しつつ明らかにしていく。

1 非正規雇用の活用状況

（1）非正規雇用割合

　図表1-40から分かるように、全産業の雇用に占める非正規雇用の割合は、1987年に14.8％だったものが、一貫して上昇し、2014年には38.8％に至っている。また、この図表からは、どの主要産業においても非正規雇用の割合がおおむね上昇傾向にあることが分かる。ただし、産業によってその水準に

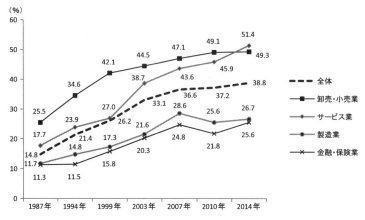

図表1-40　産業別に見た非正規雇用割合の推移

出所：厚生労働省「就業形態の多様化に関する総合実態調査」より。
注1：「出向社員」は除く。
注2：1987年、1994年は30人以上の事業所、1999年以降は5人以上の事業所が対象。
注3：卸売・小売業の1987年、1994年、1999年の数値には、飲食も含む。

は違いがある。具体的には、2014年時点で、サービス業では51.4％、卸売・小売業では49.3％、製造業では26.7％、金融・保険業では25.6％となっている。つまり、これまで日本的雇用システムが典型的に成立していた製造業、さらに金融・保険業においては、非正規雇用の活用は相対的に少ない。また、製造業、金融・保険業では、リーマン・ショック後の2010年に非正規雇用の割合が低下したことからも分かるように、恒常的に非正規雇用を活用しているというよりも、景気変動のバッファーとして活用しているという側面が強い。

　図表1-41は、非正規雇用の割合の推移を企業規模別に見たものである。ここから、1992年の段階では小企業（30～49人）、中企業（100～299人）、大企業（1,000人以上）の順に非正規雇用の割合が高く（それぞれ30.3％、22.7％、14.6％）、その差は15ポイント以上あったが、2000年代に入るとその差が縮小していき、2012年の段階では3ポイント程度の差に収まっていることが分かる。大企業において非正規雇用の割合が急速に上昇したため、企業規模による非正規雇用の割合の差は、ほとんどなくなってきたのである。

図表1-41 企業規模別に見た非正規雇用割合の推移

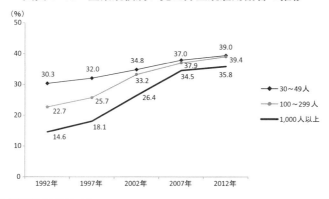

出所：総務省「就業構造基本調査」より。
注：「役員以外の雇用者」に占める「正規の職員・従業員」以外の者の割合を示す。

（2）非正規雇用の活用理由

　それでは、企業はどのような理由から非正規雇用を活用しているのだろうか。図表1-42は、産業計の活用理由の推移と、製造業と卸売・小売業の1994年と2014年の2時点の活用理由を示したものである。ここから、産業計の活用理由を時系列的に見ると、バブル経済崩壊後のほとんどの期間を通じて「人件費の節約のため」、「賃金の節約のため」が最も重要であること、それに次いで「1日、週の中の仕事の繁閑に対応するため」が重要であることが読み取れる。また、この間の変化に注目すると、「即戦力・能力のある人材を確保するため」が次第に重要になるとともに、1990年代と比べて「高年齢者の再雇用対策のため」の重要度も高まっていることが分かる。

　産業別に見るとどのような違いがあるか。まず、2014年時点の製造業では、「高年齢者の再雇用対策のため」が最も重要な活用理由であること、それに次いで「賃金の節約のため」、「景気変動に応じて雇用量を調節するため」が重要であることが読み取れる。卸売・小売業では、産業計と同様に「賃金の節約のため」が最も重要な活用理由であること、それに次いで「1日、週の中の仕事の繁閑に対応するため」が重要であることが読み取れる。なお、この間、「即戦力・能力のある人材を確保するため」、「高年齢者の再雇用対策のため」の重要度が高まっている点は、両産業に共通している。

図表 1-42　非正規雇用の活用理由の推移

(MA、%)

	産業計						製造業		卸売・小売業	
	1994年 すべて	1999年 すべて	2003年 すべて	2007年 3つまで	2010年 すべて	2014年 すべて	1994年 すべて	2014年 すべて	1994年 すべて	2014年 すべて
正社員を確保できないため	21.5	11.6	20.1	22.0	17.8	27.2	29.1	24.3	19.6	18.9
正社員を重要業務に特化させるため	－	15.8	15.4	16.8	17.3	22.6	－	17.0	－	29.2
専門的業務に対応するため	22.5	23.8	23.1	24.3	23.9	28.4	14.3	25.9	18.9	23.4
即戦力・能力のある人材を確保するため	13.2	23.7	26.3	25.9	24.4	30.7	11.4	28.9	11.1	28.2
景気変動に応じて雇用量を調節するため	21.5	30.7	26.5	21.1	22.9	19.9	27.2	30.0	23.5	21.8
臨時・季節的業務量の変化に対応するため	20.1	23.0	17.6	16.6	19.1	20.7	16.1	22.8	20.0	22.7
長い営業（操業）時間に対応するため	17.0	20.6	18.1	18.9	20.2	20.2	4.9	6.3	32.8	30.7
1日、週の中の仕事の繁閑に対応するため	29.1	29.6	28.0	31.8	33.9	32.9	17.1	19.8	41.7	32.4
人件費の節約のため	46.1	61.0	－	－	－	－	45.7		56.6	
賃金の節約のため	－	－	51.7	40.8	43.8	38.6	－	34.2	－	45.1
賃金以外の労務コストの節約のため	－	－	22.5	21.1	27.4	22.4	－	24.4	－	24.8
高年齢者の再雇用対策のため	10.2	10.3	14.2	18.9	22.9	26.8	13.3	37.0	5.9	25.5
女子の再雇用対策のため	5.6						7.7		4.6	
育児・介護休業の代替のため	－	6.2	3.0	2.6	6.7	10.3	－	7.5	－	8.6
その他	12.5	9.9	3.8	14.1	8.1	9.0	14.5	10.3	8.7	8.4

出所：厚生労働省「就業形態の多様化に関する総合実態調査」より。
注1：1994年は30人以上の事業所、1999年以降は5人以上の事業所が対象。
注2：卸売・小売業の1994年の数値には、飲食も含む。
注3：2007年のみ3つまで選択、他の年はあてはまるものすべてを選択。

　総じて、どの産業においてもコスト削減圧力が、そして近年では即戦力人材の確保、高年齢者の再雇用対策が非正規雇用の主要な活用理由であると考えられる。また、産業別の違いに着目すると、製造業では景気変動への対応が、卸売・小売業では1日や週単位での繁閑対応が非正規雇用の主要な活用理由となっている。

2　非正規雇用者の属性と意識

（1）非正規雇用者割合

　次に、働く側の視点で非正規雇用の動向を見てみたい。図表1-43は、役員以外の雇用者に占める非正規雇用者の割合を示したものである。男女計を見ると、1984年～2016年の約30年間でその割合が15.3％から37.6％へと大きく上昇している。そして、もともと非正規雇用者の割合が高かったのは女性であり、この間の上昇幅も女性の方が大きいが（29.0％→56.4％）、それに加えて男性の非正規雇用者の割合も上昇していることが分かる。具体的には、1996年まで10％に満たなかったものが、20年後の2016年には

第1章 総論──基礎的指標による日本的雇用システムの概観

図表1-43 非正規雇用者割合の推移

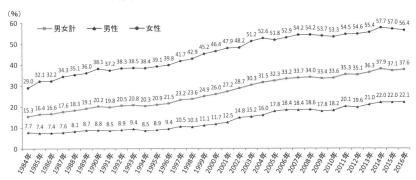

出所：総務省「労働力調査特別調査」および「労働力調査」より。
注：各年2月または1～3月の平均の、「役員以外の雇用者」に占める「正規の職員・従業員」以外の者の割合を示す。

図表1-44 性別・年齢別に見た非正規雇用者割合の推移

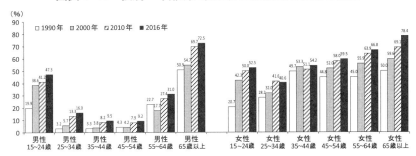

出所：総務省「労働力調査特別調査」および「労働力調査」より。
注：各年2月または1～3月の平均の、「役員以外の雇用者」に占める「正規の職員・従業員」以外の者の割合を示す。

22.1％に達している。

　図表1-44で男女別および年齢別の非正規雇用者の割合を見ると、男女とも、すべての年齢層において上昇していることが分かる。ただし、微細に見ると性別・年齢により上昇幅に違いがある。女性の場合、1990年時点では中高年齢層において非正規雇用者割合が高かったが、その後、15～24歳の若年層で大きく上昇している。男性の場合も、やはり1990年時点では65歳以上の高年齢層において圧倒的に高かったが、その後15～24歳、25～34歳の若年層で割合が上昇している。また、かつてはほとんど非正規雇用

者がいなかった35～44歳、45～54歳の壮年層においても、10％近くが非正規雇用者として働くようになっている。

（2）非正規雇用の選択理由

　それでは、これらの人々はなぜ非正規雇用者として働いているのか。図表1-45は、男女計の非正規雇用の選択理由の推移と、男女の1994年と2014年の2時点の非正規雇用選択理由を示したものである。また、図表1-46は、男女別・年齢別の非正規雇用の選択理由を示したものである。これらから、いくつかのことが読み取れる。

　第1に、図表1-45から男女計の選択理由の推移を見ると、バブル経済崩壊後のほとんどの期間を通じて「自分の都合のよい時間に働けるから」、「家計の補助、学費等を得たいから」という生活とのバランスの考慮に基づく理由が多く選択されていることが分かる。これに対し、次第に選択割合が高くなっているのが、「専門的な資格・技能を活かせるから」という積極的な理由と、「正社員として働ける会社がなかったから」という消極的な理由である[19]。

　第2に、同じく図表1-45から2014年時点での男女の違いを見ると、女性では生活とのバランスの考慮に基づく「自分の都合のよい時間に働けるから」（40.6％）、「家計の補助、学費等を得たいから」（38.2％）が多く選択されているのに対し、男性では「自分の都合のよい時間に働けるから」（32.8％）という生活とのバランスの考慮に基づく理由と、「専門的な資格・技能を活かせるから」（28.9％）という積極的な理由、「正社員として働ける会社がなかったから」（22.8％）という消極的な理由が上位3つとなっている。また、図表1-46からは、男性ほどではないが、若年女性も「正規の職員・従業員の仕事がないから」という消極的な理由から非正規雇用を選択していることが分かる。

　第3に、図表1-45より、男女別にこの間の変化を見ると、男性において「自分の都合のよい時間に働けるから」、「専門的な資格・技能を活かせるから」、「正社員として働ける会社がなかったから」の選択割合が高まっていることが分かる。

68

第 1 章　総論──基礎的指標による日本的雇用システムの概観

図表 1-45　非正規雇用の選択理由の推移

(MA、%)

	男女計						男性		女性	
	1994年 すべて	1999年 すべて	2003年 3つまで	2007年 3つまで	2010年 3つまで	2014年 3つまで	1994年 すべて	2014年 3つまで	1994年 すべて	2014年 3つまで
専門的な資格・技能を活かせるから	8.2	10.9	14.5	14.9	18.6	20.1	15.7	28.9	5.2	15.4
より収入の多い仕事に従事したかったから	6.5	7.4	8.9	8.8	8.3	8.6	10.4	10.9	5.0	7.5
自分の都合のよい時間に働けるから	37.9	32.8	30.9	42.0	38.8	37.9	22.2	32.8	44.1	40.6
勤務時間や日数を短くしたかったから	16.3	−	−	−	−	−	8.5	−	19.4	−
勤務時間や労働日数が短いから	−	26.3	23.2	15.5	15.4	15.3	−	14.2	−	15.9
簡単に仕事ができ、責任も少ないから	14.3	−	−	−	−	−	14.7	−	14.2	−
簡単な仕事で、責任も少ないから	−	11.7	9.4	9.4	9.9	8.9	−	14.6	−	5.9
就業調整をしたいから	−	−	9.5	5.5	4.8	4.7	−	3.7	−	5.2
家計の補助、学費等を得たいから	38.4	34.2	35.0	34.8	33.2	30.6	14.4	16.1	48.0	38.2
自分で自由に使えるお金を得たいから	−	−	24.6	20.8	21.4	20.5	−	19.2	−	21.1
通勤時間が短いから	−	30.5	28.1	23.2	25.2	24.8	−	21.4	−	26.6
すぐ辞められるから	6.5	−	−	−	−	−	7.3	−	6.1	−
組織に縛られたくなかったから	−	8.7	8.6	6.6	3.7	3.2	−	4.9	−	2.2
正社員として働ける会社がなかったから	15.0	14.8	25.8	18.9	22.5	18.1	16.8	22.8	14.3	15.6
家庭生活や他の活動と両立しやすいから	−	29.4	−	−	−	−	−	−	−	−
家庭の事情と両立しやすいから	−	−	22.6	25.3	24.5	25.4	−	5.6	−	35.9
体力的に正社員として働けなかったから	−	−	5.3	2.9	3.2	3.0	−	3.1	−	2.9
健康を考えて	15.8	10.3	−	−	−	−	18.4	−	14.8	−
社会活動に参加したいから	9.2	−	−	−	−	−	6.5	−	10.3	−
学生生活と両立させるため	3.2	−	−	−	−	−	7.1	−	1.6	−
他の活動（趣味・学習等）と両立しやすいから	−	−	−	−	−	8.0	−	10.8	−	6.6
その他	22.6	12.4	3.4	11.4	5.9	6.1	31.2	9.3	19.2	4.5

出所：厚生労働省「就業形態の多様化に関する総合実態調査」より。
注：1994 年は 30 人以上の事業所で働く非正規雇用者、1999 年以降は 5 人以上の事業所で働く非正規雇用者。

図表 1-46　性別・年齢別に見た非正規雇用の選択理由

(SA、%)

		自分の都合の よい時間に働 きたいから	家計の補助・ 学費等を得た いから	家事・育児・介 護等と両立し やすいから	通勤時間が 短いから	専門的な技能 等をいかせる から	正規の職員・ 従業員の仕事 がないから	その他
男女計	年齢計	24.8	19.6	11.1	3.5	7.5	15.9	11.8
	15～24歳	39.4	19.9	1.7	3.5	4.3	12.1	13.9
	25～34歳	20.7	10.0	13.8	3.1	6.6	24.5	13.8
	35～44歳	20.1	20.6	20.4	2.8	5.9	17.0	8.7
	45～54歳	21.7	25.6	14.5	3.6	5.9	16.0	7.5
	55～64歳	23.8	19.9	7.3	4.4	9.0	15.5	13.6
	65歳以上	29.6	18.7	3.0	3.7	13.9	8.2	16.1
男性	年齢計	21.8	11.2	0.9	3.0	11.5	24.8	18.9
	15～24歳	38.3	20.6	0.0	3.7	3.7	15.0	13.1
	25～34歳	18.4	5.1	1.0	3.1	8.2	36.7	19.4
	35～44歳	16.4	2.7	1.4	2.7	11.0	39.7	20.5
	45～54歳	12.3	3.5	1.8	3.5	10.5	40.4	17.5
	55～64歳	13.8	11.2	0.7	2.6	13.8	25.0	23.0
	65歳以上	26.4	16.2	0.7	2.7	18.2	10.1	18.2
女性	年齢計	26.3	23.5	15.8	3.8	5.6	11.7	8.5
	15～24歳	40.3	19.4	3.2	3.2	4.8	10.5	14.5
	25～34歳	22.4	12.5	20.8	3.1	5.7	18.2	10.9
	35～44歳	20.9	25.0	24.7	2.8	4.7	11.9	6.3
	45～54歳	23.3	29.7	16.7	3.6	4.8	11.8	5.5
	55～64歳	29.6	25.0	10.8	5.0	6.2	10.0	8.5
	65歳以上	33.6	21.0	5.9	5.0	8.4	5.9	13.4

出所：総務省「労働力調査」（2015 年）より。
注：「主な理由」を掲載。合計は必ずしも 100 ％にならない。

第4に、図表1-46から、高年齢者、特に男性の高年齢者の選択理由に特徴があることが分かる。具体的には、55〜64歳、65歳以上の非正規雇用者のそれぞれ9.0％、13.9％が、「専門的な技能等をいかせるから」を非正規雇用の選択理由として挙げている。男性に限定するとその割合はそれぞれ13.8％、18.2％となる。前項にて、近年では即戦力人材の確保、高年齢者の再雇用対策が非正規雇用の割合を上昇させる要因となっていることを確認した。このことと図表1-46から得られる知見とを総合すると、特に高年齢男性が、企業の側の即戦力人材へのニーズに応えている可能性が高いと考えられる。

（3）勤務先の産業と非正規雇用者の状況

前項では、非正規雇用の活用状況を見るにあたり、産業別の違いに注目してきた。そこで以下では、勤務先の産業別に、非正規雇用者の性別・年齢構成（図表1-47）、非正規雇用の選択理由（図表1-48）を見てみたい。

図表1-47で非正規雇用者の男性割合を見ると、製造業では41.7％であるのに対し、卸売業、小売業では23.9％と低い。他方、年齢構成を見ると、製造業では15〜24歳の割合が5.8％にとどまるのに対し、卸売業、小売業では16.6％（うち9.8％は在学中）と高い。前項で見たように、卸売業、小売業では非正規雇用の割合が高いが、それを担っているのが女性や若年者であることが分かる。

図表1-48で非正規雇用の選択理由を見ると、製造業の非正規雇用者の23.9％が「正規の職員・従業員の仕事がないから」という消極的な理由を挙げるが、卸売業、小売業ではその割合は14.1％にとどまっている。これに対し、卸売業、小売業の非正規雇用者が多く挙げるのは、「自分の都合のよい時間に働きたいから」（28.9％）、「家計の補助・学費等を得たいから」（23.7％）といった生活とのバランスの考慮に基づく理由である。製造業と卸売業、小売業とで、非正規雇用で働く人が非正規雇用を選択している理由が大きく異なることが読み取れる。

第1章　総論──基礎的指標による日本的雇用システムの概観

図表 1-47　勤務先の産業別に見た非正規雇用者の性別・年齢構成

(%：男女計・年齢計＝100)

		年齢計	15～24歳	うち在学中	25～34歳	35～44歳	45～54歳	55～64歳	65歳以上
製造業	男女計	100.0	5.8	0.4	15.8	20.8	19.3	24.3	13.5
	男性	41.7	3.5	0.4	6.9	6.2	5.0	11.6	8.5
	女性	58.3	2.3	0.0	8.9	14.7	14.7	12.7	5.0
卸売業、小売業	男女計	100.0	16.6	9.8	15.9	19.8	20.3	19.4	8.0
	男性	23.9	7.5	5.0	4.8	2.5	1.6	4.1	3.6
	女性	76.1	9.1	4.8	11.2	17.3	18.7	15.0	4.6

出所：総務省「労働力調査」（2015 年）より。

図表 1-48　勤務先の産業別に見た非正規雇用の選択理由

(SA、%)

	自分の都合のよい時間に働きたいから	家計の補助・学費等を得たいから	家事・育児・介護等と両立しやすいから	通勤時間が短いから	専門的な技能等をいかせるから	正規の職員・従業員の仕事がないから	その他
製造業	16.6	18.1	8.1	4.6	5.4	23.9	16.6
卸売業、小売業	28.9	23.7	11.2	5.0	3.0	14.1	9.8

出所：総務省「労働力調査」（2015 年）より。
注：「主な理由」を掲載。合計は必ずしも 100 ％にならない。

　本節の内容は、次のように要約できる。第 1 に、バブル経済崩壊後の日本
企業は、非正規雇用を拡大させている。産業別に見ると、もともと非正規雇
用の割合が高かった卸売・小売業やサービス業ではその活用が一層進み、も
ともと非正規雇用の割合が低かった製造業、金融・保険業でも非正規雇用に
依存する度合を強めている。なお、かつては大企業より中企業、小企業の方
が非正規雇用の割合が高かったが、2000 年代に入って大企業においても非
正規雇用の活用が増加し、両者の非正規雇用者割合の差は急速に縮まりつつ
ある。

　第 2 に、非正規雇用の活用理由を見ると、産業計では「人件費の節約のた
め」、「賃金の節約のため」が最も重要であり、「1 日、週の中の仕事の繁閑
に対応するため」がそれに次ぐ。また、この間の変化として、「即戦力・能
力のある人材を確保するため」が次第に重要になるとともに、「高年齢者の
再雇用対策のため」の重要度も高まっている。製造業と卸売・小売業を比較
すると、前者は「景気変動に応じて雇用量を調節するため」が重要である点
に、卸売・小売業では「1 日、週の中の仕事の繁閑に対応するため」が重要

71

である点に特徴がある。

　第3に、働く側の視点で非正規雇用の動向を見ると、1984年～2016年の約30年間でその割合が15.3％から37.6％へと大きく上昇している。その際、もともと非正規雇用者の割合が高かったのは女性であり、この間の上昇幅も女性の方が大きいが、それに加えて男性の非正規雇用者の割合も上昇している。また、男女とも、すべての年齢層において非正規雇用者の割合が上昇しているが、特に若年者において上昇幅が大きい。

　第4に、彼らが非正規雇用を選択した理由の推移を見ると、「自分の都合のよい時間に働けるから」、「家計の補助、学費等を得たいから」といった生活とのバランスの考慮に基づく理由が多く選択されている。これに対し、次第に選択割合が高くなっているのが、「専門的な資格・技能を活かせるから」という積極的な理由と、「正社員として働ける会社がなかったから」という消極的な理由である。これを男女別に見ると、女性では生活とのバランスの考慮に基づく理由が多く選択されているのに対し、男性では上位3つの中に生活とのバランスの考慮に基づく理由、積極的な理由、消極的な理由が含まれている。また、男性においては、消極的な理由の選択割合が高まっている。

　第5に、上述のように非正規雇用の活用理由として即戦力人材の確保、高年齢者の再雇用対策の重要度が高まっているが、本節の分析から、非正規雇用の選択理由として「専門的な技能等をいかせるから」という積極的な理由を挙げる高年齢男性が、企業の側の即戦力人材へのニーズに応えている可能性が高いと考えられる。

　第6に、産業別に非正規雇用者として働く人の状況を比較すると、卸売・小売業では、基本属性として女性、若年者の割合が高く、生活とのバランスの考慮に基づく理由で非正規雇用を選択している者が多い。他方、製造業では、基本属性として男性の割合が高く、消極的な理由で非正規雇用を選択している者が多い。そして、図表1-40からも読み取れたように、後者の職場では、リーマン・ショック後の不況期に雇止めや「派遣切り」が多く発生した。すなわち、非正規雇用者が雇用のバッファーであることが、改めて顕在化したと言える。

第1章　総論──基礎的指標による日本的雇用システムの概観

第7節　労使の規範意識と国民からの支持

　序章にて述べたように、日本的雇用システムの特徴の1つとして、長期雇用慣行、年功的賃金・昇進などが結果として存在しているだけでなく、それらが労使の規範意識によって支えられ、また、国民から支持されていることが挙げられる。

　本節では、まず労使の規範意識に関連して、1項にて労使ナショナルセンターの春闘（春季労使交渉）方針を概観した上で、2項にて経営悪化時の対応の変化を見る。3項では、雇用システムに関する国民の選好がどう変化しているのかを見ていく。

１　ナショナルセンターの春闘（春季労使交渉）方針

　バブル経済崩壊後、労使は、「企業は成員の生活を保障すべき」という規範（生活保障規範）を維持していると言えるだろうか。ここでは、労使ナショナルセンターの春闘方針から、その持続と変化を読み取りたい。

（1）経営側

　従業員（正社員）の生活保障に関する経営側の考え方を、日本経済団体連合会（日本経団連）『経営労働政策特別委員会報告』（旧・日本経営者団体連盟（日経連）『労働問題研究委員会報告』）から読み取ることとする。まず、バブル経済崩壊直後の時点では、あくまで総論的にではあるが、「今後とも労使は共通の目標である企業の発展、日本経済の安定成長、それによる雇用の安定、そしてよりよい生活の実現に、それぞれの場で努力すべきである」（1992年、p.42）と述べられている。これを出発点として、雇用と賃金に関する各論を見るととどうなるか。

　第1に、従業員の雇用については、基本的に守っていくことに変わりはなさそうである。たとえば1995年の報告書は、「雇用の安定に最大限の努力をするという基本姿勢は維持されるべきである」（1995年、p.32）と述べる。もっとも、金融危機直後には、一時的に「雇用の安定が前述のとおり最重要課題だが、構造改革に取り組む過程で雇用問題が深刻化することは避けられ

73

ない」（1998年、p.29）という厳しい考え方が提示されるが、その翌年には「雇用安定は勤労者にとって最大の福祉であり、いまは労使ともに雇用の維持・安定に最大限の努力を傾注すべき時である」（1999年、p.46-47）、翌々年には「雇用の維持・創出は、経営者の最大の責務であることを忘れてはならない」（2000年、p.29）と雇用確保の考え方を取り戻している。2000年代後半においても、「長期雇用や企業内労使関係などを特徴とする日本型雇用システムは全体として健全に機能している」（2008年、p.4）、「経営環境がとりわけ厳しい今次の労使交渉・協議においては、雇用の安定に努力することが求められる」（2009年、p.14）という考え方を示している。

　第2に、従業員の賃金については、生計費に見合うとされる年功賃金制度を、大きく修正しようとしている。具体的には、1993年の時点で、「日本的経営で変えていかねばならないものは、年功を中心とした従来型の人事処遇制度である」という考え方を示す。2000年代に入ると、「年功的な人事・賃金制度からの脱却を徹底すべきである」（2000年、p.36）、「経営の根幹は人であり、雇用の安定こそが労使の究極の目標であるが、それには企業の人件費コスト負担の適正化と従業員個々人の生産性に見合った処遇が徹底されなければならない」、さらには「成果主義賃金・人事制度の徹底を」（2001年、p.31）と強調される。もっとも、2000年代後半以降は、「成果主義」に代わって「仕事・役割・貢献度を機軸とした賃金制度」という言葉が使われるようになるが、いずれにせよ、年功賃金制度によって従業員の生活を保障するという考え方から大きく隔たったことは否めない。

　総じて、経営側は、従業員の雇用の安定に努めるという姿勢は崩していないが、年功賃金制度によって従業員の生活を保障するという考え方は大きく後退させたことが読み取れる。

（2）労働側

　従業員（正社員）の生活保障に関する労働側の考え方を、日本労働組合総連合会（連合）『連合白書』から読み取ることとする。まず、バブル経済崩壊直後の同報告書は、労働者の生活を守るため、雇用の安定と年功賃金の維持の考え方を示していた。具体的には、「雇用問題をめぐって、最近、政府

の審議会などが『ホワイトカラーのあり方』や「終身雇用の見直し」などの提言を続けている。・・・（中略）・・・連合は、労働条件の労使対等決定原則（労働基準法）に立ち、組合員の雇用と生活の安定、労働者の権利をキチンと守って、組合員の労働・雇用の質を高める取り組みをすすめなければならない」（1993年、p.82）と述べるとともに、「供給側と需要側の変化のせめぎ合いの中で、従来の日本的な長期雇用・勤続対応の人事と賃金処遇のあり方が見直されるうごきを生んでいる。しかし、賃金制度とそのあり方は日本の労働者の働き方、暮らし方と密接な関係にあり、そう簡単に改めるわけにはいかない」（1993年、p.64-65）と主張している。これを出発点として、その後の主張を見ていくとどうなるか。

　第1に、従業員の雇用を守るべきとの姿勢は盤石である。たとえば、金融危機後に「雇用はまず企業の責任で確保されるべき」（1999年、p.16）との考え方を示すとともに、（雇用の流動化を求める論調を批判して）「現状のままでは、たとえ『流動化』しても安定的な受け皿は見出されず、不安定雇用の労働者の増大をもたらすだけであり、こういう時であればこそセイフティネットとしての長期雇用慣行を大事にしていくべき」（2000年、p.14）と主張する。リーマン・ショック後にも、「これまで石油ショックや円高不況、貿易摩擦など幾度とない危機を乗り越えてきたそのベースには、雇用を第一に、従業員とその家族の生活を守り、人を育て、信頼に裏打ちされた労使関係を築き上げてきた日本型雇用システムがあった」（2010年、p.31）として安定雇用により従業員の生活を守ることの意義を強調する。最近でも、「働く者にとって、適正な賃金や労働条件に加え、安定した雇用を確保することは、安心して働き、生活するための基盤」（2014年、p.23）であることを再確認している。

　第2に、従業員の賃金については、1990年代半ばの時点では、（年齢別賃金カーブがたるんだり、寝てきたりしていることに言及して）「若年層や中堅層が将来に期待を持て、また高齢者にとっては生活に不安のない賃金へ改善していくことが必要である」（1994年、p.60）として、年功賃金の生活保障機能を重視していた。しかし、2000年代に入り、成果主義的な賃金制度の導入が進むようになると、同報告書は必ずしもそれを正面から否定しなく

なる。その代わり、「賃金処遇制度の改定が、個人間の差の拡大を通じた単なる人件費の抑制なのか、労働者がやりがいを感じ、安心して働き続けられるための環境づくりなのか、それを左右するのは、制度の透明性・公平性・納得性と労働組合の関与である」（2002年、p.24）というように、労働者がやりがいを感じられているかや、制度が公正に運用されているかなどに重心を置くようになる。同様の重心の置き方は、2000年代後半の「いわゆる『成果主義』賃金制度の導入など『賃金管理の個別化』への対応も必要である。労働組合は、人事・賃金制度の運用に問題はないか、労務構成や職場実態の変化の中で歪みが生じていないか、必ず定期的な個人別賃金の点検・分析活動を行おう」（2007年、p.29）との主張からも読み取れる。

　総じて、労働側は、当然のことながら従業員の雇用の安定に努めるという姿勢は崩していない。しかし、賃金に関しては、使用者側と程度の違いはあれど、労働者のやりがいが高まり制度運用が公正になされるならば、必ずしも年功賃金にこだわらないという方向に考え方を変えつつある。

2 経営悪化時の対応

　前項で見たように、春闘方針のレベルでは、雇用の安定に関する労使の規範意識は変わっていない。それでは、経営悪化時の対応の仕方に、変化は見られないだろうか。文章化された平常時の規範意識に変化がないとしても、経営悪化時に雇用削減に踏み切りやすくなっているならば、その実質に変化があったと捉えることができよう。

（1）希望退職者の募集・解雇

　まず、正社員に対する最もハードな雇用調整手法である、希望退職者の募集・解雇の発生状況を見てみたい。図表1-49は、厚生労働省「労働経済動向調査」から、製造大企業における生産・売上DIの推移と、「希望退職者の募集・解雇」の発生の推移を、原データを加工した上で示したものである[20]。

　時系列的に見ると、第1次および第2次オイルショックの影響が残る1970年代を除けば、プラザ合意後の円高不況期（1986年：8ポイント）、バブル経済崩壊後の不況期（1994年：7ポイント）、金融危機後の混乱期（1999

図表 1-49　製造業・1,000 人以上企業における生産・売上 DI（左軸：年間平均）と「希望退職者の募集・解雇」発生（右軸：年間合計）の推移

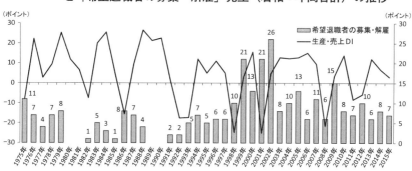

出所：厚生労働省「労働経済動向調査」（各四半期）より。
注：各年の生産・売上 DI は、各四半期の生産・売上 DI の年間平均を求めたもの。各年の希望退職者の募集・解雇は、各四半期における実施割合を単純合計したもの。

年：21 ポイント）、いわゆる IT バブル崩壊後の不況期（2002 年：26 ポイント）、そしてリーマン・ショック後の不況期（2009 年：15 ポイント）が、希望退職者の募集・解雇の「山」となっている。

　ここで問題となるのは、このデータを以って、これらの製造大企業が雇用削減に踏み切りやすくなったと言えるのか、ということである。この点に関しては、第 1 に、金融危機後あるいは IT バブル崩壊後における希望退職者の募集・解雇の多発が注目される。しかし、この時期の雇用のリストラクチャリングの多発については、規範意識の変化によるのではなく、端的に金融危機や IT バブル崩壊による生産・売上の減少幅そのものが大きかったことによる、と考えることもできる。

　第 2 に、2000 年代半ば、具体的には 2003 年〜2007 年に象徴されるように、生産・売上 DI の落ち込みがほとんど見られない時期においても、希望退職者の募集・解雇が一定数行われていたことが注目される。具体的には、同時期における希望退職者の募集・解雇は 6〜13 ポイントであるが、その水準は、円高不況期やバブル経済崩壊後の不況期と同程度、あるいはそれ以上である。ただし、この時期においては、長期にわたりデフレをともなう低い名目成長率が続いていたため、多くの企業が、わずかな生産・売上の減少であっても損益分岐点を下回る状況にあり、それゆえ雇用のリストラクチャ

リングが起こりやすかったと考えることもできる。また、企業業績が二極化しており、業界全体としては好調でも、一部の企業で雇用のリストラクチャリングが行われていた可能性もある。

　いずれにせよ、このデータだけから、製造大企業が雇用削減に踏み切りやすくなったと言い切ることは難しい。

（2）非正規雇用者を利用した対応

　経営悪化時に雇用削減に踏み切りやすくなったかどうかは分からないが、誰の雇用を削減するかという点に、変化はなかっただろうか。ここで注目したいのは、バブル経済崩壊から15年以上を経たリーマン・ショック後の不況期において、非正規雇用者を雇用のバッファーとして利用し、「企業は成員の生活を保障すべき」という規範をむしろ貫く対応がとられたということである。

　バブル経済崩壊後の非正規雇用の増加に関連して、1995年に日経連が「新時代の日本的経営」レポートにおいて、「長期蓄積能力活用型」、「高度専門能力活用型」、「雇用柔軟型」の3グループを組み合わせた「自社型雇用ポートフォリオ」の確立を提案していたことは広く知られている（新・日本的経営システム等研究プロジェクト編 1995）。これに対し、連合は当初、「日経連の『新時代の「日本的経営」』論に関する連合の考え方」を提出し、「現状の外部労働市場で『高度専門能力』や『雇用柔軟型』が、再生産されるとの考えは安易に過ぎる」と反論していた（日本労働組合総連合会 1995：2）。しかし、日経連レポートが出された前後から、大企業において非正規雇用者が増加し続けたことは、第6節で示した通りである。

　ところで、図表1-49が示すように、日経連レポートが出された後、日本企業に最初に打撃を与えたのは1998年前後の金融危機、その次は2000年代初頭のITバブル崩壊であり、これらの時期には正社員に対する希望退職の募集・解雇が多発した。特に深刻だったのは2002年のそれであり、図表1-18（第2節）が示すように、同年の大企業の男性・一般労働者の離職率は、企業規模計のそれに迫るほどに上昇した[21]。

　その後、日本企業は緩やかながら戦後最長の景気回復局面を経験したが、

2008年秋に「百年に一度」とも言われるリーマン・ショックの惨禍に見舞われた。そして今度は、厚生労働省が「雇用の削減を伴う雇用調整は、残業規制や配置転換、出向などにより正規労働者で抑制されているものの、非正規労働者において集中的に表れて」いると警鐘を鳴らす事態が生じた（厚生労働省編 2009：153）。日本的雇用システムの非成員である非正規雇用者に、経営悪化の影響がしわ寄せされる形となったのである[22]。実際、図表 1-49 を見ても、この時期の希望退職者の募集・解雇の「山」は、その前の時期の「山」より低い[23]。

　繰り返しになるが、春闘（春季労使交渉）方針のレベルでは、雇用の安定に関する労使当事者の規範意識は変わっていない。しかし、雇用システムの成員である正社員の雇用を守るために、どの程度まで非正規雇用者を雇用のバッファーとして利用するかという点において、この間に労使当事者の考え方が屈曲した可能性はある。すなわち、日経連レポートが出された直後ではなく、それから 10 年以上を経たリーマン・ショック後の不況期において、非正規雇用者を雇用のバッファーとして利用して、「企業は成員の生活を保障すべき」という規範をむしろ貫く対応がとられたと理解することができる。

3　国民からの支持

　雇用システムに関する国民の選好を問題にする時に、取り上げるべき対象は多々ある。ここでは、雇用システムの用語を広義に捉え、雇用・勤続期間の長短や賃金制度だけでなく、日本的雇用システムを支えていると考えられるコーポレート・ガバナンスのあり方（従業員重視の経営）、さらに日本的雇用システムの負の側面として強調されることが多い、いわゆる「会社人間」としての生き方への賛否も取り上げることとする。

（1）会社人間としての生き方

　はじめに、会社人間としての生き方への支持状況を見る。図表 1-50 は、日本人が仕事や同僚とどのようにかかわるのが望ましいと考えているかの推移を示したものである。太線は、仕事と余暇のあり方について、「仕事に生きがいを求めて、全力を傾ける」あるいは「余暇も時には楽しむが、仕事のほ

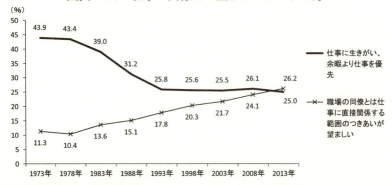

図表1-50 仕事・同僚との望ましいかかわり方

出所：NHK放送文化センター「日本人の意識調査」より。
注1：調査対象は、全国の16歳以上の国民。
注2：太線と細線は、それぞれ別の設問への回答であるため、図表の読み方に注意が必要である。

うに力を注ぐ」と回答した人の割合を合計したものである[24]。これを見ると、1973年には43.9％の人がそのような仕事優先の生き方が望ましいと考えていたのに対し、2013年にはその割合は25.0％に低下していることが分かる。

細線は、職場の同僚との付き合い方として、「仕事に直接関係する範囲のつきあい」をするのが望ましいと回答した人の割合である[25]。これを見ると、1970年代にはそのような限定的な付き合い方が望ましいと考えていた人は10％強にとどまっていたのに対し、2013年には26.2％へと増加していることが分かる。

このように、仕事優先の生き方、職場の同僚との全面的な付き合いなど、会社人間としての生き方を求める人は、明らかに減少していると言える。

（2）長期雇用・年功賃金

日本的雇用システムの主要な構成要素である、長期雇用、年功賃金への評価はどうか。図表1-51は、「終身雇用」、「年功賃金」の支持割合の推移を示したものである[26]。これを見ると、「終身雇用」については1999年の72.3％から2011年の87.5％へと、「年功賃金」については同じく60.8％から74.5％へと、支持割合が高まっていることが分かる。

それでは、どのような人々の間でこれらの慣行への支持割合が高まってい

るのか。図表は省略するが、同じデータを年齢階層別に見ると、「終身雇用」、「年功賃金」ともに、20代～30代の若年層で支持割合が高まっていることが分かる[27]。

図表1-52は、別の調査から、終身雇用制度や定年までの勤続を望む新入社員の割合の推移を示したものである[28]。これを見ても、終身雇用制度、定年までの勤続などの慣行を支持する若者の割合が、1990年代に低下したものの、2002年を底として、2000年代半ばから後半にかけて再び上昇していることが分かる。

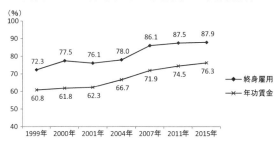

図表1-51　終身雇用、年功賃金の支持割合

出所：JILPT「勤労生活に関する調査」より。
注：調査対象は、全国の20歳以上の男女。

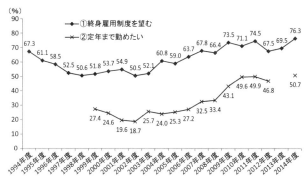

図表1-52　終身雇用、定年勤続を望む新入社員の割合

出所：①産業能率大学「新入社員の会社生活調査」、②日本能率協会「新入社員『会社や社会に対する意識調査』」より。
注：調査対象は、①は産業能率大学が運営する新入社員向け研修に参加した新入社員、②は日本能率協会が運営する新入社員向け研修に参加した新入社員。

これらのデータから、2000年代に入り、特に若年層を中心として日本的雇用システムの主要な構成要素を支持する人が増加していると考えられる。その原因について結論づけるのは難しいが、ここで興味深いデータを提示しておきたい。図表1-53は、JILPTが2016年に実施した「働き方のあり方等に関する調査」から、労働者の勤続志向、雇用見通しに関する回答結果を抜き出したものである。ここから、「出来るだけ1つの企業で、長く勤め上げることが望ましい」と考える労働者が60.0％いるのに対し、「実際に1つの企業だけで、一生、働き続けることは可能である」と考える労働者は35.3％にとどまっていること、逆に「企業の倒産や（正社員でも）解雇はいつ起こってもおかしくない」と考える労働者が38.3％いることが分かる。労働者全体の意識を捉えるならば、長期勤続志向と悲観的な雇用見通しとが同居する形になっている。

図表1-53　労働者の勤続志向（左）と雇用見通し（右）

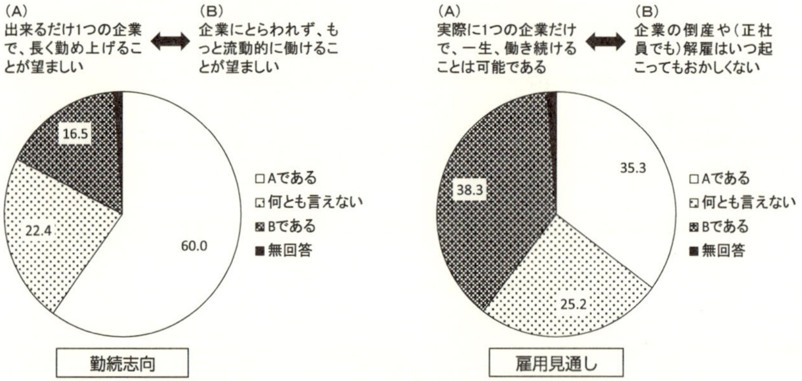

(A)
出来るだけ1つの企業で、長く勤め上げることが望ましい
↔
(B)
企業にとらわれず、もっと流動的に働けることが望ましい

□Aである
□何とも言えない
▨Bである
■無回答

16.5
22.4
60.0

勤続志向

(A)
実際に1つの企業だけで、一生、働き続けることは可能である
↔
(B)
企業の倒産や（正社員でも）解雇はいつ起こってもおかしくない

□Aである
□何とも言えない
▨Bである
■無回答

35.3
38.3
25.2

雇用見通し

出所：労働政策研究・研修機構編（2016b）より。
注1：調査対象は、全国の従業員規模30人以上の企業で働く正社員（60,000名配布、7,777名回収）。
注2：「Aである」には、「どちらかといえばA」を、「Bである」には「どちらかといえばB」を含む。

　ところで、図表1-52で終身雇用・定年勤続を希望・志向する意識のターニング・ポイントとなっていた2002年は、前述の通り希望退職者の募集・解雇が最も多く行われた年であるとともに、年平均の完全失業率も過去最高の5.4％を記録した年でもあった[29]。あくまで推論の域を出ないが、これら

第1章　総論──基礎的指標による日本的雇用システムの概観

のデータを総合するならば、終身雇用、年功賃金への支持が昨今高まっている背景には、2000年代初頭の雇用のリストラクチャリングの多発や非正規雇用、失業の増加の中による、雇用不安感の高まりがあると考えることができる。

（3）従業員重視の経営

　最後に、日本的雇用システムを支えていると考えられる、従業員重視の経営に対する国民の意識を見てみたい。図表1-54（1）は、企業の果たすべき役割として、雇用機会の維持・創出、株主利益の増進がどの程度重要だと考えられているかを、スコアで示したものである[30]。また、図表1-54（2）は、そのスコアをグラフ化したものである。

　設問（文）が年度により異なるため、一定の留保が必要であるが、株主利益の増進のスコアは、2000年度から2001年度にかけて85.7点から97.1点へと上昇しているが[31]、その後は横ばいであることが分かる。これに対し、雇用機会の維持・創出のスコアは、2000年から2005年にかけて130点前後

図表1-54（1）　企業の果たすべき役割

調査年度	雇用機会		株主利益	
	設問	スコア	設問	スコア
1997	雇用の場をつくり国民を雇用すること	150.0	（該当設問なし）	
1998	雇用の場をつくり国民を雇用すること	135.8	株価を維持・向上し株主に対する配当を行うこと	89.6
1999	雇用の場をつくり国民を雇用すること	140.3	株価を維持・向上し、株主に対する配当を行うこと	87.0
2000	雇用機会の維持・創出	131.6	株価を向上させるとともに、株主に対する安定配当の実践（※）	85.7
2001	雇用の維持・創出	132.9	株価の向上と株主に対する安定配当（※）	97.1
2002	雇用の維持・創出	128.5	株価の向上と株主に対する安定配当	100.0
2003	雇用の維持・創出	130.3	株価の向上と株主に対する安定配当	99.2
2004	雇用の維持・創出	129.0	株価の向上と株主に対する安定配当	99.0
2005	雇用の維持・創出	127.0	株価の向上と株主に対する安定配当	98.0
2006	雇用を維持し、さらに創出している	117.0	（該当設問なし）	
2007	雇用を維持し、さらに創出している	116.0	（該当設問なし）	
2008	雇用の維持・創出	138.0	株価の向上と株主に対する安定配当	95.0
2009	雇用を維持・創出する	143.0	株価向上や配当などで株主に利益を還元する	98.0
2010	雇用を維持・創出する	143.0	株主に利益を還元する	99.0
2011	雇用を維持・創出する	142.0	株主に利益を還元する	100.0
2012	雇用を維持・創出する	143.0	株主に利益を還元する	99.0
2013	雇用を維持・創出する	143.0	株主に利益を還元する	98.0

出所：経済広報センター「生活者の企業観に関するアンケート」より。
注1：※は、設問文の冒頭に「上場企業においては」の限定が付されている。
注2：調査対象者は、経済広報センターのモニターである社会広聴会会員。
注3：設問（文）が年度により異なるため、推移の解釈には留意が必要である。

83

図表 1-54（2） 企業の果たすべき役割

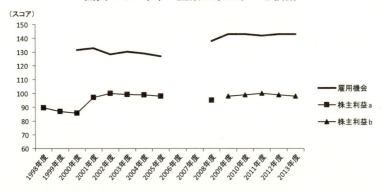

出所：図表1-54（1）の網掛の数値をグラフ化したもの。
注：「株主利益a」は1998年度〜2005年度、および2008年度、「株主利益b」は2009年度〜2013年度のスコアを繋いだものである。

だったが、2009年以降は140点台へと上昇している。また、スコアの絶対値を見ても、雇用機会の維持・創出の方が、株主利益の増進よりも重要だと考えられており、その大まかな傾向に変化はない。

このように、「終身雇用」、「年功賃金」への支持と同様、特に2000年代後半において従業員重視の経営を求める意識が強まっていることが窺える。これに対し、株主重視の経営を求める意識が大幅に強まったという証拠はない。

しかし、株主重視の経営についても、一定の支持者がいることは確かである。そこで、どのような人々が株主重視の経営を支持しているのかを示したのが、図表1-55である。「大企業の経営において、株主の利益と従業員の利益が対立したときに、どちらを優先すべきだと思いますか」との設問に対し、「株主の利益」あるいは「どちらかといえば株主の利益」と回答した人の割合を見ると、性別や年齢、就業の有無による違いよりも、学歴や世帯所得による違いが大きいことが分かる。具体的には、回答者全体（合計）では18.8％であるのに対し、大卒以上の高学歴者では31.7％、850万円以上の高所得層では27.7％が株主重視の経営を支持している。

第1章 総論——基礎的指標による日本的雇用システムの概観

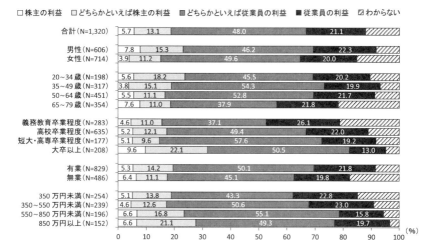

図表1-55 株主利益と従業員利益のどちらを優先すべきか

出所：東京大学文学部社会学研究室「福祉と公平感に関するアンケート」。高橋（2007：66）より転載。
注：調査対象者は、全国の20～79歳の男女3,000人。

日本的雇用システムの特徴の1つとして、長期雇用慣行、年功的賃金・昇進などが結果として存在しているだけでなく、それらが労使の規範意識によって支えられ、また、国民から支持されていることが挙げられる。本節では、それらの規範意識、支持がどう変化しているかを確認してきた。その結果を要約すると、次のようになる。

第1に、労使のナショナルセンターの春闘方針を見ると、労使ともに、従業員の雇用の安定に努めるという姿勢は崩していないが、年功賃金制度によって生計費を保障するという考え方は後退させたことが読み取れる。

第2に、春闘方針のレベルでは雇用に関する労使の規範意識は変わっていないが、経営悪化時に雇用システムの成員である正社員の雇用を守るために、どの程度まで非正規雇用者をバッファーとして利用するかという点において、この間に労使当事者の考え方に屈曲があった可能性がある。すなわち、バブル経済崩壊から15年前後を経たリーマン・ショック後の不況期において、非正規雇用者を雇用のバッファーとして利用し、「企業は成員の生活を保障すべき」という規範をむしろ貫く対応がとられたとも言える。

85

第3に、雇用システムに関する国民の選好を見ると、まず、会社人間としての生き方は確実に支持を失いつつある。他の社会調査データからも観察されることであるが、現代日本人は、仕事よりも余暇を優先し、職場の同僚とは（全面的にではなく）限定的に付き合う、広い意味での個人主義的なライフスタイルを志向する方向にあり、その趨勢が逆転することは考えにくい。他方で、雇用のリストラクチャリングの多発、非正規雇用や失業の増加にともなう雇用不安感もあってか、終身雇用、年功賃金を「望ましい」と考える人が、2000年代に入ってから、特に若年層を中心に増加している。日本的雇用システムの共同体的な側面は支持を失いつつあるが、生活基盤としての側面は、むしろ支持を拡大しつつあると言える。また、企業の果たすべき役割として雇用機会の維持・創出を重視する人、すなわち従業員重視の経営を支持する人の割合も上昇している。これに対し、株主重視の経営を求める意識が大幅に強まったという証拠はないが、高学歴者、高所得層を中心として、株主重視の経営が一定の支持を集めていることも確かである。社会的発言力が強いこれらの人々が、現実に株主重視の経営を推進している可能性はある。

第8節 「失われた20年」を経た日本的雇用システム

本章の最後に、バブル経済崩壊後の「失われた20年」と言われる時期に、日本的雇用システムの何が変わり、何が維持されたのかをまとめたい。

1 「本丸」で持続している長期雇用慣行・協調的労使関係

はっきりしているのは、少なくともこれまで日本的雇用システムが典型的に見られた——いわゆる「本丸」である——製造大企業に注目するならば、長期雇用慣行はおおむね持続しているということである。

まず、日本企業全体として、一般労働者の入職率は景気変動に伴いサイクリカルに上下しているだけであり、趨勢的に上昇しているわけではない。ただし、入職者に占める新卒者の割合は低下しつつあり、その傾向は特に大企業において顕著である。

86

第1章　総論──基礎的指標による日本的雇用システムの概観

　離職率も、大企業の男性においてITバブル崩壊後の時期（2002年）に上昇傾向が見られたが、2000年代半ば以降は落ち着いている。大企業の男性の離職理由を見ても、金融危機後（1998年）、ITバブル崩壊後（2002年）、リーマン・ショック後（2009年）には、契約期間満了や事業所側の理由による離職の割合が高くなっているが（後述のように、それらの時期には「希望退職者の募集・解雇」も多発している）、それ以外の時期には個人的理由による離職の割合が高くなっており、必ずしも趨勢的な変化は認められない。

　もっとも、2000年代に入ってから、大企業において男性の転職入職率が上昇している。そのため、大企業の男性の平均勤続年数は短期化しつつある。しかし、彼らの転職先としてウェイトを増しているのは、雇用を拡大させている非製造大企業であり、製造大企業が転職先となっているわけではない。よって、製造大企業における転職入職率は安定していること、平均勤続年数の短期化傾向もより緩やかであることが予想される。

　このように、景気後退期に一時的に離職率が高くなっていることを除けば、少なくとも製造大企業では、長期雇用慣行は維持されていると言えそうである（加えて、中堅・中小企業セクターの中には、長期雇用慣行を形成しつつある企業も少なからずあると考えられる）。また、それと関連して、長期雇用慣行を前提としつつそれを支えている協調的労使関係についても、製造大企業においては大きな変化はなさそうである。

　後述のように、日本企業全体として見るならば労働組合組織率の低下が著しいが、製造業に限定するならば、その水準は比較的高い。労使協議機関の設置状況や労使協議の開催頻度も、労働組合が組織されている事業所に限定するならば、安定している。何よりも、争議行為を伴うような集団的労使紛争が激減し、今日ではほとんど見られなくなってきている。

　以上のように、少なくとも日本的雇用システムの「本丸」たる製造大企業について言うならば、景気後退期に不規則な動きを示したこともあったが、この20年を通じて見ると、長期雇用慣行と協調的労使関係はおおむね持続していると言える。第2章以降の各論では、これらの趨勢が今後も継続しうるのかどうかを、若者、高年齢者、女性をはじめする壮年男性以外の労働者

87

の利害（第2章、第3章、第4章）、経営環境の変化（第5章、第6章、第7章、補論）などを踏まえつつ検討していきたい。

2 成員の範囲の縮小

他方で、正社員が減少、すなわち日本的雇用システムの「成員」の範囲が縮小している。

日本的雇用システムが典型的に見られた製造業では、以前より雇用のバッファーとして非正規雇用を活用してきた。そのこと自体に変化はないが、この間、非正規雇用に依存する度合いが大いに高まった。このことは、特に大企業においてあてはまる。

日本的雇用システムの「成員」の範囲の縮小は、労働組合組織率の低下からも結論づけられる。もっとも、製造業など日本的雇用システムが典型的に見られた産業においては、労働組合組織率は比較的高い水準にあるが、それ以外の産業のウェイトが高まっていることや、非正規雇用の増加により、大企業全体として見た時の労働組合組織率の低下は著しい。

そして何よりも、個人調査から見た時の非正規雇用者割合の増加が著しい。その際、もともと非正規雇用者の割合が高かったのは女性で、その上昇幅が大きいのも女性であるが、それに加えて男性の非正規雇用者の割合も上昇している。ちなみに、男性の非正規雇用者は消極的な理由から非正規雇用を選択している場合が多い。また、製造業で働く非正規雇用者には、そのような男性が多い。

いずれにせよ、日本的雇用システムの「成員」が減少したこと、「非成員」のなかに仕事やキャリアに対する不満を抱える層が増加していることが、この20年間の大きな変化として指摘できる。そして本章でも見たように、彼らのうちの多くがリーマン・ショック後の不況期に雇用を失う事態が発生した。すなわち、日本的雇用システムにおいて、「非成員」の割合が上昇するとともに、「成員」と「非成員」の緊張関係が高まったと表現することができる[32]。

第1章　総論——基礎的指標による日本的雇用システムの概観

3　年功的賃金・昇進の後退、職場集団の変質

　長期雇用慣行と協調的労使関係が（少なくとも製造大企業において）持続している旨を述べた。しかし、日本的雇用システムのその他の構成要素について見ると、大きな変化が生じているものもある。

　まず、年功の賃金・昇進について言うならば、労働力の高齢化、広い意味での女性の社会進出により、特に男性労働者にとっては後退した。何よりも、大企業・大卒以上の男性労働者の年齢・賃金プロファイル、勤続年数・賃金プロファイルのフラット化の趨勢は著しい。また、大卒労働者の増加も関係してか、彼らの年齢・役職プロファイルの推移を見ると、中高年になっても役職に就けない者が増加していることが分かる。

　これに対し、女性についてはやや様相が複雑である。たしかに、男性同様に勤続年数・賃金プロファイルは最近になるにつれてフラット化してきている。だが、中小企業を含めた女性労働者全体について見ると、長期勤続化や高学歴化の趨勢を反映してか、むしろ年齢による賃金上昇は大きくなっている。また、大企業・大卒以上の女性労働者の年齢・役職プロファイルの推移を見ると、年齢構成の高齢化にもかかわらず、役職者の割合が高まっている年齢階級もある。

　このように、特に男性労働者にとっての年功的賃金・昇進慣行の後退が示されたが、その際、賃金体系・賃金制度等が、具体的になぜ、どのように変化したのかは、本章で示した官庁統計からは分からない。年功的賃金・昇進の後退の原因や制度的内実を明らかにすることが、第3章、第5章、第6章での課題となる。

　他方で、日本的雇用システムの構成要素である、OJTを中心とした幅広い教育訓練については、本章で示した官庁統計からは比較的安定的に推移していることが読み取れたが、データの種類や時系列化できる期間の面で限界があった。この点についてより詳細なデータを用いて分析・考察することが、第6章での課題となる。

　ところで、職場でOJTが円滑に行われるためには、職場の一体感や良好な人間関係が必要と考えられる。しかしそれに関連して、協調的労使関係の推

89

移を分析した際に、「いじめ・嫌がらせ」に象徴されるような、従来の集団的労使関係の中では解決が難しい別種の問題が、個別的労使紛争として行政機関に流出していること、そのことが労使協議の成果を実感しにくい状況を生み出している可能性に言及した。また、会社人間としての生き方は、確実に支持を失いつつある。これらの趨勢が、職場でのOJTやそれを含めた日本的雇用システムのあり方にどのような影響を与えるかは、第6章、第7章での検討課題となる。

4 長期雇用を支える労使当事者の意識、一般国民の選好

本章で見てきたように、少なくとも春闘（春季労使交渉）方針のレベルでは、年功賃金に対するこだわりこそ薄れたものの、雇用の安定に関する労使当事者の意識は変わっていないことが読み取れた。もっとも、金融危機後の混乱期（1999年）やITバブル崩壊後の不況期（2002年）には、日本的雇用システムの「本丸」たる製造大企業でも、希望退職者の募集・解雇が多発した。しかし、その後のリーマン・ショック後の不況期（2009年）には、非正規雇用者の雇止め、「派遣切り」を大量に発生させつつ、正社員の雇用を守る方針が貫かれた。

これと関連して、一般国民も企業に対し、従業員の生活を保障することを強く求めている。雇用のリストラクチャリングの多発、非正規雇用の増加といった背景もあってか、終身雇用、年功賃金を「望ましい」と考える人が、2000年代に入ってから、特に若年層を中心に増加している。また、企業の果たすべき役割として雇用機会の維持・創出を重視する人、すなわち従業員重視の経営を支持する人の割合が上昇している。これに対し、株主重視の経営を求める意識が大幅に強まったという証拠はない。

これらから、少なくとも日本的雇用システムの「成員」である正社員の雇用を守るべきとの規範意識は、労使当事者の意識を見ても一般国民の選好を見ても、弱まっていないと言える。

第1章　総論──基礎的指標による日本的雇用システムの概観

【注】

1　2008年以前は「保安・サービス職業従事者」の区分であるが、同区分に占める「保安」のウェイトは、極めて小さい。

2　本項前半の記述は、高橋（2012）を踏襲している。

3　2002年時点での名称は「委員会等設置会社」であり、2006年施行の会社法で「委員会設置会社」へと名称変更された。さらに2015年施行の改正会社法では、「指名委員会等設置会社」へと名称変更されている。

4　日本監査役協会ホームページ（http://www.kansa.or.jp/）より。

5　宮島・新田（2007）より。

6　企業統治の仕組みにかかわる制度改訂が、いわゆる「日本的経営」を変化させる可能性については、大杉（2015）を参照。そこで大杉は、日本的経営を「長期的な成長を志向し、株主以外のステークホルダーを重視する」ものと捉えている（同：5）。他方、それらの制度改訂が、必ずしも経営の実態変化に直結しないと主張する議論として、江頭（2014）がある。

7　Dore（1990＝1993：下巻209）より。

8　日本的雇用システムに関連する研究において、多くの論者が「長期雇用」をその最重要構成要素と位置づけてきた。たとえば、稲上毅は、「日本型雇用システムには2つの編成原理が働いている。成員にたいする(1)長期的生活保障と(2)長期的能力開発である。いずれもその時間の地平が長い」と述べる（稲上1999：6）。同様に、菅野和夫は、「わが国の雇用社会において長く中心的システムとなってきたのは、『長期雇用システム』である」と述べる（菅野2004：1）。

9　ちなみに、女性の離職率は、企業規模によって大きく変わらない。ただし近年になるにつれ、大企業において離職率の低下傾向が顕著になっている。

10　2002年は、製造大企業で希望退職者の募集・解雇が最も多く行われた年でもある。第7節を参照。

11　29歳以下および55歳以上の離職理由については、長期雇用慣行とは別の観点からの考察が必要だと考えられることから、集計対象を30〜54歳に限定している

12　年功賃金をそのように理解するものとして、小野（1989）が挙げられる。

13　勤続による技能・職務の高度化に着目する代表的な研究として、小池（2005）を参照。

14　20〜24歳を100とする場合もあるが、20代前半の賃金は新卒者の初任給の影響も受けやすいため、20代後半を参照基準とした。

15　もちろん、それには1990年代前半まで継続していた初任給の引上げも影響しているが、いずれにせよ年齢や勤続による賃金上昇が小さくなったことには変わりない。また、「年齢や勤続による賃金上昇が小さくなった」程度は、若年・短期勤続者よりも中高年・長期勤続者の方が大きいが、前者においても「年齢や勤続による賃金上昇が小さくなった」ことは否めない。

16　「能力開発基本調査」は2001年度に開始されたが、当初は厚生労働省からの委託調査として民間機関が実施していた。その後、2006年度に国の「一般統計（旧・承認統計）」と位置づけが改められて現在に至っていることから、本節では、基本的には2006年度以後のデータのみを扱うこととする。

17　ここでは、非正規雇用者を、さしあたり勤務先で「正社員」ないし「正規の職員・従業員」と呼ばれる者ではない者、と定義する。正社員と非正規雇用者の区分に関して、菅野和夫は、「大多数の企業において、契約の形態や内容上、通常（正規）の雇用関係にある従業員（正社員、正規従業員、正規雇用者などと呼ばれる）とは区別された労働者が、様々な呼称・契約形態において存在してきた」と述べる（菅野2016：291）。問題となるのはその定義であり、「呼称」でそれらを定義することに対しては異論もあるが、「わが国企業においては、フルタイム・無期雇用が必ずしもstandard employmentではないのであり、正規か非正規かは、労働力調査がそ

91

うしているように、勤務先（企業）における呼称で区別せざるをえない」（同：294）と考えられることから、ここでも呼称に基づいて定義している。

18 官庁統計を用いて正規・非正規間の労働条件格差を包括的に示したものとして、労働政策研究・研修機構編（2016a）第1章を挙げておきたい。

19 2003年から2007年に「正社員として働ける会社がなかったから」の選択率が低下しているが、選択数が3つまでに限定されたことが影響している可能性がある。ここでは、1994年から2003年にかけて「正社員として働ける会社がなかったから」と考えている者が増加し、その後、高止まりしていると解釈している。

20 原データは四半期単位であるところ、作図の関係上、年単位で平均化・合算している。なお、四半期単位で作図しても、以下で言及する事柄は同様に読み取れる。

21 なお、この時期には、株式市場を中心に雇用のリストラクチャリングを歓迎する風潮があったことも思い起こされたい。大竹文雄・谷坂紀子の分析によれば、1990年代後半においては、雇用削減のアナウンスによって株価が上昇する傾向があったことが確認されている（大竹・谷坂 2002）。

22 たとえば、厚生労働省「非正規労働者の雇止め等の状況について（2009年3月報告）」によれば、2008年10月から2009年6月までに実施済みか実施予定の「派遣又は請負契約の期間満了、中途解除による雇用調整及び有期契約の非正規労働者の期間満了、解雇による雇用調整」は、19万2,061人であった。これに対し、2008年10月から2009年4月までの、原則100人以上の正社員の離職事例は、1万2,502人にとどまっている。

23 もっとも、そこには、金融危機やITバブル崩壊にともなう希望退職者の募集・解雇によって正社員の人数がすでに限界まで絞り込まれていたこと、雇用調整助成金の支給要件緩和等により国を挙げて雇用維持の努力がな

されたこと、なども関係していると考えられる。

24 選択肢は、「仕事よりも、余暇の中に生きがいを求める」、「仕事はさっさとかたづけて、できるだけ余暇を楽しむ」、「仕事にも余暇にも、同じくらい力を入れる」、「余暇も時には楽しむが、仕事の方に力を注ぐ」、「仕事に生きがいを求めて、全力を傾ける」、「その他」である。

25 選択肢は、「仕事に直接関係する範囲のつきあい」、「仕事が終わってからも、話し合ったり遊んだりするつきあい」、「なにかにつけ相談したり、たすけ合えるようなつきあい」、「その他」である。

26 「終身雇用」については、「1つの企業に定年まで勤める日本的な終身雇用について、どうお考えですか」に対し、「良いことだと思う」、「どちらかといえば良いことだと思う」と回答した人の割合の合計、「年功賃金」については、「勤続年数とともに給与が増えていく日本的な年功賃金について、どうお考えですか」に対し、「良いことだと思う」、「どちらかといえば良いことだと思う」と回答した人の割合の合計である。

27 労働政策研究・研修機構編（2013：9-10）より。

28 終身雇用制度については、「"終身雇用制度"を望みますか？」に対し「望む」と回答した人の割合、定年までの勤続については、「あなたには転職・独立志向はありますか」に対し、「定年まで勤めたい」と回答した人の割合である。

29 さらに付け加えるならば、年間の自殺者数が調査開始以来最多の3万4,427人を記録した年でもあった（厚生労働省編 2016）。

30 それぞれの設問について、「非常に重要である」と回答した人を2点、「重要である」と回答した人を1点、「あまり重要ではない」、「重要ではない」、「分からない」と回答した人を0点として、平均点を求め100倍したものである。

31 2000年度と2001年度の間の2001年4月

に、「聖域なき構造改革」を掲げる小泉内閣が発足している。

32　しかし、その後の労働法制の対応は早く、2012年には労働契約法が改正され、2018年4月以降、有期契約労働者に「無期転換」ルールが適用されることになった（企業の「無期転換」ルールへの対応方針については、労働政策研究・研修機構編（2014，2016c）を参照されたい。）。また、近年になって労働行政においても企業経営においても労働力不足の懸念が急速に強まっている。これら近年の環境変化が、日本的雇用システムのゆくえにどのような影響を与えるのかは、特に第5章で論じられる。

【参考文献】　※欧文アルファベット順、和文50音順

Dore, Ronald P.（1990）*British Factory, Japanese Factory: The Origins of National Diversity in Industrial Relations, with a New Afterword by the Author*, University of California Press.　山之内靖・永易浩一訳（1993）『イギリスの工場・日本の工場——労使関係の比較社会学』ちくま学芸文庫.

稲上毅（1999）「総論・日本の産業社会と労働」稲上毅・川喜多喬編『講座社会学［6］労働』東京大学出版会，pp.1-31.

江頭憲治郎（2014）「会社法改正によって日本の会社は変わらない」『法律時報』Vol.86, No.11，pp.59-65.

大杉謙一（2015）「上場会社の経営機構：強い『本社』と社長を確保するために」『法律時報』Vol.87，No.3，pp.4-11.

大竹文雄・谷坂紀子（2002）「雇用削減行動と株価」『リストラと転職のメカニズム——労働移動の経済学』東洋経済新報社，pp.11-23.

小野旭（1989）『日本的雇用慣行と労働市場』東洋経済新報社.

小池和男（2005）『仕事の経済学［第3版］』東洋経済新報社.

厚生労働省編（2009）『平成21年版 労働経済白書』日経印刷.

厚生労働省編（2016）『平成28年度 自殺対策白書』日経印刷.

財務省総合政策研究所編（2003）「進展するコーポレート・ガバナンス改革と日本企業の再生」（https://www.mof.go.jp/pri/research/conference/zk063/mokuji.htm）.

新・日本的経営システム等研究プロジェクト編（1995）『新時代の「日本的経営」：挑戦すべき方向とその具体策』日本経営者団体連盟.

菅野和夫（2004）『新・雇用社会の法［補訂版］』有斐閣.

菅野和夫（2016）『労働法［第十一版］』弘文堂.

高橋康二（2007）「株主重視の経営を支持しているのは誰か」『日本労働研究雑誌』No.565，pp.61-72.

高橋康二（2012）「第Ⅵ章 社会的存在としての企業」上林千恵子編著『よくわかる産業社会学』ミネルヴァ書房，pp.88-99.

日本証券経済研究所編（2016）『図説・日本の証券市場・2016年版』日本証券経済研究所.

日本労働組合総連合会（1995）「日経連の『新時代の「日本的経営」』論に関する連合の考え方——産別運動を強化し、雇用・労働条件における社会的標準の確立を」連合第4回定期大会資料.

宮島英昭・新田敬祐（2007）「日本型取締役会の多元的進化」神田秀樹・財務省財務総合政策研究所編『企業統治の多様化と展望』金融財政事情研究会，pp.27-77.

労働政策研究・研修機構編（2013）『第6回勤労生活に関する調査（2011年）』（JILPT国内労働情報2013）労働政策研究・研修機構.

労働政策研究・研修機構編（2014）『改正労働契約法に企業はどう対応しようとしているのか——「高年齢社員や有期契約社員の法改正後の活用状況に関する調査」結果——』（JILPT調査シリーズNo.122）労働政策研究・研修機構.

労働政策研究・研修機構編（2016a）『働き

方の二極化と正社員――JILPTアンケート調査二次分析結果』（労働政策研究報告書No.185）労働政策研究・研修機構.

労働政策研究・研修機構編（2016b）『「人材（人手）不足の現状等に関する調査」（企業調査）結果及び「働き方のあり方等に関する調査」（労働者調査）結果』（JILPT調査シリーズNo.162）労働政策研究・研修機構.

労働政策研究・研修機構編（2016c）『改正労働契約法とその特例に、企業はどう対応しようとしているのか／多様な正社員の活用状況・見通しは、どうなっているのか――「改正労働契約法とその特例への対応状況及び多様な正社員の活用状況に関する調査」結果――』（JILPT調査シリーズNo.151）労働政策研究・研修機構.

第2章　若者のキャリア──学校から職業への移行における変化

第1節　はじめに──本稿のねらい

本章の目的は「日本的雇用システム」への若者の参入のありようについて、1990年代以降の変化と現状を描いていくことである。ここでは主として、若者が学校を離れて労働市場に入っていく仕組みの変化に着目して探っていくこととしたい。

第1章で述べられたように、日本的雇用システムはそれほど大きく変化していない。日本的雇用システムに包摂された若年正社員においてもそれは同様である。例えば現在の企業側の新卒採用育成方針を、厚生労働省「平成25年度　若年者雇用実態調査」から確認すると、大企業においては「長期的な教育訓練等で人材を育成」の割合が依然として高くなっている。大企業において新卒の若年正社員を長期的な方針で育成するという基本的な考え方は変わっていないと考えられる。

図表2-1　採用区分、企業規模別若年正社員の育成方針（新規学卒者）

(%)

	事業所計	若年正社員がいる	合計	長期的な教育訓練等で人材を育成	短期的に研修等で人材を育成	特別な研修等は行わず、社員自身に任せる	その他	不明	若年正社員がいない
1,000 人 以 上	100.0	71.3	(100.0)	(69.5)	(12.8)	(0.6)	(1.7)	(15.4)	28.7
500 ～ 999 人	100.0	72.6	(100.0)	(68.2)	(20.5)	(1.1)	(3.0)	(7.2)	27.4
300 ～ 499 人	100.0	70.6	(100.0)	(67.1)	(15.5)	(5.2)	(1.3)	(11.0)	29.4
100 ～ 299 人	100.0	70.7	(100.0)	(55.5)	(24.8)	(4.4)	(2.0)	(13.3)	29.3
50 ～ 99 人	100.0	69.2	(100.0)	(47.8)	(28.0)	(9.7)	(2.4)	(12.2)	30.8
30 ～ 49 人	100.0	52.4	(100.0)	(53.7)	(19.1)	(7.6)	(3.5)	(16.2)	47.6
5 ～ 29 人	100.0	39.5	(100.0)	(38.0)	(17.9)	(12.5)	(2.3)	(29.3)	60.5

出所：厚生労働省「若年者雇用実態調査」（2015年）より引用。
注：（　）は、該当する若年正社員がいる企業を100とした割合である。

すなわち日本的雇用システムを構成する若年正社員の育成については抜本的な変化は生じていないと考えられる。1990 年代以降の変化は、日本的雇用システムに吸収されない若い労働者が増加するというかたちで生じた。

　その変化をまずは若年失業率の推移から確認しよう。図表 2-2 に見られるように、日本は 1990 年代初めまで国際的に若年失業者が少ないことで知られてきた。しかし 2000 年前後には若年失業率は国際的にも低いとはいえない水準まで高まったのである。

図表 2-2　若年失業率（15〜24 歳）の国際比較（1970 年から 2011 年）

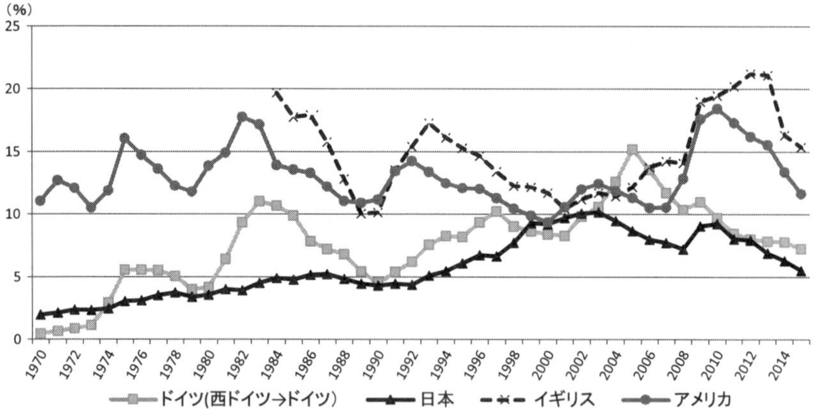

出所：OECD *Employment and Labour Market Statistics* より作成。

　産業社会において若者が学校の世界とは全く異なる職業の世界に移行することは困難であるため、たいていの国では若者の学校から職業への移行を支援する社会的な装置がビルトインされているが、その装置のありようは社会によって大きな違いがある。そのヴァリエーションを示したのが図表 2-3 である。

　図表 2-3 は、学校教育の中で職業能力を獲得し労働市場に入るという軸と、組織の関与によって労働市場に入るという軸から構成されている。第 I 象限のドイツは、企業が主導するデュアルシステムという仕組みの中で職業能力形成をしつつゆるやかに労働市場に入っていく。第 II 象限のフランスに

はデュアルシステムに近い仕組みがあるが、ドイツほど企業が関与するわけではなく、また広範囲に利用されてはいない。第Ⅲ象限のアメリカは組織の関与も学校での職業能力形成も弱いことで知られる。これに対して第Ⅳ象限の日本は、職業教育の脆弱さに見られるように学校の職業能力形成機能は弱いが、学校やハローワークという組織の関

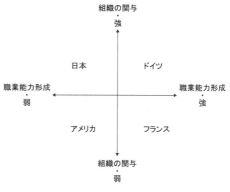

図表2-3 教育から職業への移行をめぐる制度的環境の類型

出所：本田（2005：26）より。

与によって若者はスムーズに労働市場に移行することが可能になってきたと位置づけられる。そしてこうした組織の関与が低い若年失業率に寄与していたと考えられるのである。

しかしながら1990年代に入って従来の日本の仕組みは有効に働かなくなり、機能不全が指摘されるようになった。図表2-2で示したように、国際的に見て低い水準を保ってきた日本の若年失業率は1990年代以降に上昇したのち、景気変動の影響により上下しながらも、かつてのような水準には戻っていない。以下では1990年代のバブル崩壊以降を主な射程としながら、第2節で具体的な変容過程について記述し、第3節では日本的雇用システムに包摂する仕組みとしての新規高卒・新規大卒の就職慣行の変化について取り上げる。第4節では日本的雇用システムの行方について、若者との関連から論じる。

第2節　1990年代以降の学校から職業への移行の概況

本節では、1990年代以降の学校から職業への移行を実証的なデータに基づき描写する。

1 日本的雇用システムと学校から職業への移行

　本項では実証データの提示の前提として、学校と日本的雇用システムを結び付ける社会的装置としての新規学卒一括採用と移行概念について整理する。

　すでに述べたように高度成長期以降、日本の若者は学校を卒業したあとにすぐに正社員という安定した地位に至ることが可能な時代が長く続いた。こうしたことが可能だった背景として、企業が長期的な能力開発を志向しており、新規学卒一括採用という職業経験がない若者を企業が優先的に採用するという日本独自の慣行の存在が挙げられよう。菅野（2004）によれば、新規学卒一括採用は「戦後の経済成長の中で、技能の企業内育成をしやすい若年労働力を確保する手段として形成されたが、長期雇用システム（特に年功制度）の確立とともに、若年労働者の確保（年齢構成の維持）それ自体のために継続されている」（菅野 2004：124）と説明され、学校の役割（中卒者についての職安および高卒者についての学校）が有力な形成要因になったことを指摘している。国際的に見ても、新規学卒一括採用は韓国やイギリスの一部に見られるに過ぎないにもかかわらず日本において成立し広く普及するに至ったのは、多くの論者が指摘するように歴史の必然というよりはいくつかの条件（高度経済成長・産業構造の転換・組織的な就職斡旋の発展・農村における潜在的な若年労働力等）が重なったためだと考えられる。

　しかし新規学卒一括採用の成立が偶発的であったとしても今日まで新規学卒一括採用が縮小しながらも継続しているのは、企業側が候補者をわざわざ探さなくてもすでにできあがった母集団に基づき採用が可能であるシステムにのらないことによりデメリットを被るというだけでなく、日本的雇用システムを前提とする企業側にとって長期的なメリットが小さくないからだろう。ただし後に見るように、企業にとって現在の新規学卒一括採用のありようが最良の選択というわけではもちろんない。企業にとって複数の採用経路をとることへのインセンティブが高まりつつあるのも確かであり、より詳しくは大卒採用の項で後述する。

第2章　若者のキャリア――学校から職業への移行における変化

　なお、学校から職業への移行という表現は日本では耳慣れないものだが、他の先進諸国では若年失業率が上昇した1970年代以降、有効な分析概念として浮上した。経済的自立は若者が大人になるための重要な要件であるが、図表2-2に見るような若年失業率の上昇は若者が大人になるまでの過程を困難にしたからである。学校から職業への移行（school to work）研究は、親に依存した状態から経済的自立が達成されるまでのプロセスに着目するものである。

　1990年代初めまでの日本においては学校と安定した労働市場との間に隙間がなくスムーズに移行できたため、学校という世界から安定した労働市場に入っていくまでをプロセスとして把握する必要はなかった。しかし学校を卒業してすぐに正社員になれない若者層が増加するに従い、若者が学校から安定した状況に至るまでの過程を研究対象とする必要が生じ始めたのが1990年代半ばのことであった。学校から職業への移行の概念は諸説あるが、ここでは学校から職業への移行を、学校が中心の生活から労働が中心の生活へ変化するプロセスと広く捉え（堀2016）、以下分析を進めていくことにする。

2　学校から職業への移行の不安定化

　続いて、学校から職業への移行の不安定化について、データに基づきながら概観する。

　まず確認しておかねばならないのは、若者が日本的雇用システムにどの程度吸収されているかということである。日本的雇用システムは正社員から構成されていると考えられるので、ここでは小杉（2016）に基づき、「学校基本調査」から推計される学卒後にすぐに正社員になった比率（新卒就職の枠内での移行比率）の推移を確認しよう（図表2-4）。生まれ年度が1966年度までは8割を超える若者が新卒就職していたが、景気動向による上下はあるものの、おおむね7割を割り込むようになった。すなわち学校を卒業してすぐに正社員として労働市場に参入するという従来の経路は細くなり、その後も大きく回復はしていない。新卒時に日本的雇用システムに吸収される若者も、それに相応して減少したと考えられる。

99

図表 2-4　新卒就職の枠内での移行比率

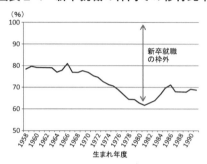

出所：文部科学省「学校基本調査」を基に、小杉（2016）において推計。
注1：新卒就職者比率＝（15年後中卒就職者数＋18年後高卒就職者数＋20年後短大・高専・専門学校卒就職者数＋22年後大卒就職者数＋24年後大学院修士卒就職者数（＋研修医）＋27年後大学院博士卒就職者数）／15年後中学卒業者数×100（大学院卒就職は一部推計）
注2：2012年卒以降の統計では、短大・高専・大学・大学院卒については、フルタイム1年以上の有期雇用が就職から別掲されたので、ここではこれを新卒就職から除外した。また大学院卒については一部推計を含む。

　日本の学校から職業への移行の不安定化の指標は、①文部科学省と厚生労働省が共同で行う調査である「高校・中学新卒者の求人・求職・内定状況」および「大学等卒業予定者の就職内定状況調査」における「就職内定率」[1]、②政府統計に基づくフリーター数・ニート数、③総務省「労働力調査」に基づく若年失業率（図表2-2）、などがよく用いられてきた。これらは学校を離れても安定した移行に至っていない若者の割合をそれぞれ示すものであるが、「学校基本調査」および「就職内定率」に関する調査は学校に対して行われている調査であり、フリーター・ニート数・若年失業率は個人を対象とした調査である。本章では当機構の研究成果に基づき、学校から正社員としての職業への移行をより直接的に捉える指標である「初職正社員比率」を用いて、日本的雇用システムに包摂される若者の比率の推移を間接的に捉えてみたい。ここではさしあたり労働政策において用いられる定義として、15～34歳層を若者として分析を進める。
　図表2-5は、総務省「平成24年度版　就業構造基本調査」の2次分析により、初職正社員比率の変化を示したものである。
　高卒者の場合、「1986年～1990年卒」では男性で82.6%、女性は72.7%が正社員となっていた。しかしその後「2001年～2005年」まで一直線に減少し、男性62.6%、女性45.8%となる。その後の好景気によりやや回復し

第 2 章　若者のキャリア——学校から職業への移行における変化

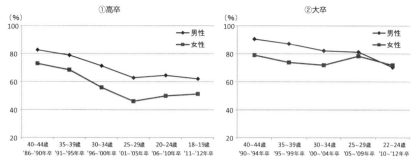

図表 2-5　初職正社員比率の変化
（高卒、大卒：在学中および「通学が主」である者を除く）

出所：労働政策研究・研修機構編（2014：33）より作成。
注：卒業年は年齢から推定したものであり、若干のずれを含む。

たものの、かつての水準には戻っていない。

　他方で大卒者の場合、男性で 90.5 %、女性で 78.9 % が正社員となっていた。高卒者よりも減少幅は小さいものの、男性は好景気にかかわらず低下の一途をたどっている。他方で大卒女性の正社員比率は男性と比較して低かったのだが、「2005 年～2009 年」卒者においては「1990～1994 年卒」と同等まで上昇した。金融危機後は下降しているが、大卒女性の新卒労働市場における位置づけがかつてとは異なるものになっていることを示唆しているものと推測される。

　ただし図表 2-5 に用いた「就業構造基本調査」においては調査項目に中退がなく、中退者の場合にはより下の学歴によって把握されているため、卒業者とは異なる移行形態をたどる中退者の状況について把握できない。そこで東京都の若者に対する調査から中退者の状況を整理する。図表 2-6 は都内在住の 20 代の若者の卒業（中退）直後の就業状況を示している。図表 2-5 との違いは地域が東京都に限られていること、現在学生と専業主婦が対象者から除かれていることである。東京都の 20 代の若者は全国平均と比較すると初職正社員比率は高卒者でも大卒者でも低いことが分かる。他方で数は少ないものの、中卒・高校中退者と高等教育中退者の初職正社員比率はきわめて低く、新規学卒一括採用が存在する社会においては特に中退から職業への移行が困難であることがわかる。なお中退者の詳しい状況については、労働政

101

図表 2-6　都内在住 20 ～ 29 歳層の卒業（中退）直後の就業状況
（学生と専業主婦を除く）

(%)

		正社員 （公務含む）	アルバイト・ パート	契約・ 派遣等	自営・ 家業	失業・ 無職	その他・ 無回答	合計	N
男性	高卒	46.6	34.7	4.1	3.2	9.1	2.3	100.0	219
	専門・短大・高専卒	66.1	16.3	8.6	1.7	6.4	0.9	100.0	233
	大学・大学院卒	78.1	7.5	4.7	2.1	6.5	1.2	100.0	429
	中卒・高校中退	10.7	46.4	5.4	5.4	32.1	0.0	100.0	56
	高等教育中退	9.5	63.5	9.5	2.7	10.8	4.1	100.0	74
	その他不明	31.6	21.1	5.3	0.0	10.5	31.6	100.0	19
	男性計	59.2	21.7	5.8	2.4	8.8	2.0	100.0	1,030
女性	高卒	43.2	36.4	9.3	4.3	4.3	2.5	100.0	162
	専門・短大・高専卒	58.5	20.4	12.9	0.6	5.6	2.0	100.0	357
	大学・大学院卒	74.3	7.9	9.8	1.2	5.8	1.0	100.0	417
	中卒・高校中退	2.9	70.6	0.0	5.9	20.6	0.0	100.0	34
	高等教育中退	4.3	58.7	8.7	6.5	21.7	0.0	100.0	46
	その他不明	41.7	25.0	8.3	0.0	0.0	25.0	100.0	12
	女性計	58.1	21.3	10.4	1.8	6.6	1.8	100.0	1,028

出所：労働政策研究・研修機構編（2012）より。

策研究・研修機構編（2014）および労働政策研究・研修機構編（2017）を
ご参照いただきたい。

　以上のように、初職正社員比率から見る学校から職業への移行の変容は、
学歴やジェンダーによって異なっており、特に移行形態が中退の場合には困
難であることがうかがわれる。

3　新卒の枠外の移行の増加

　前項のような状況とはいえ、非正規雇用から正社員への移行の道が閉ざさ
れているわけではない。労働政策研究・研修機構編（2014）においては、
総務省「就業構造基本調査」の2次分析により、過去1年間に非正社員を離
職した者の正社員移行率を推計している（図表2-7）[2]。図表2-7によれば、
男性の方が女性よりも正社員移行率は高く、特に20代男性についてはおお
むね3割近い移行率となっている。これらの若者は従来とは異なる経路を通
じて学校から職業への移行を行っていると捉えられる。また労働政策研究・
研修機構編（2013）において東京都の30代2,000人に対して実施した「30
代のワークスタイル調査」によると、30代までに一度も正社員経験がない
男性は実はそれほど多くはない。しかし新卒時から正社員になった同世代の

労働者に比べて、後から正社員になった者の労働条件は劣る傾向が見られる。ただし正社員への移行が遅れた若者の労働条件が劣ったとしても、無業や非正社員の状態とは異なることを考慮するなら、遅れた正社員への移行も移行の複線化の1つの様態として捉えることが可能である。

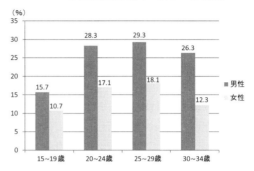

図表2-7　過去1年に非正規職を離職した者の正社員移行率（15～34歳）

出所：労働政策研究・研修機構編（2014）より。

なお、いわゆる「就職氷河期世代」の非正規から正規への移行の詳細については、労働政策研究・研修機構編（2016）をはじめとする高橋康二の「壮年非正規」の一連の研究を参照されたい。

以上から、学校から労働市場にスムーズに入っていくような従来の枠組みを経由した移行の割合は縮小し、他の移行経路によって移行する若者の割合が増加したことがわかる。

第3節　若者の高校・大学別の学校から職業への移行の変化

1　高卒者の進路選択の変化と高学歴化

本項では、高卒者と大卒者の新規学卒労働市場に焦点付けて論じる。

1990年代以降今日まで日本的雇用システムへの労働力供給側である若年労働者において生じた最も大きな変化は、高卒就職者の急激な減少と大学進学率の上昇である。かつての日本的雇用システムにおいて主たる新規学卒者は高卒者であったのだが、1990年代半ばに高卒者数を大卒者数が上回るようになったのである（文部科学省「学校基本調査」）。もちろん1960年代に生じたような中卒者から高卒者へという動きほどには大きなものではなかったが、1990年代にも再び高卒者から大卒者へという供給における変化が生

103

じた。

　この変化を高卒者の進路選択からみたのが図表2-8である。1990年代以降、右肩上がりに大学等進学率が上昇して、高卒就職率も低下していったことが見て取れる。高卒就職率は金融危機前の景気回復においてはわずかながら上昇し、その後景気の悪化に伴い下降したが、近年の景気回復を受けて再び漸増していることがわかる。他方で、高校を卒業しても進学も就職もしない高卒無業者は1990年代半ばから上昇し、1割を超えた後、景気回復期に再び下降していくことがわかる。

図表2-8　高卒者の進路選択の変化

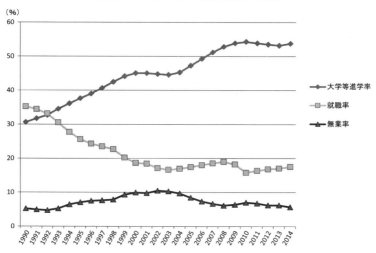

出所：文部科学省「学校基本調査」（各年度）より作成。

　新規学卒者の主体が高卒者から大卒者に移り変わるということは、労働政策にとっては大きなインパクトがあった。第1に、労働政策において新規学卒者の就職についての把握が困難になるという点である。次項で詳述するように、高卒者に対する求人はハローワークを通じて行われることになっており、就職状況も一定程度把握が可能になっているが、大卒者の場合には高卒者のような捕捉が不可能である。第2に、労働者保護の観点である。大卒者については成人でありより年齢が高いため、未成年についての保護という側

面は高卒者に比べて薄くなる。しかし同世代の半数が進学する今日において
は、大卒時においても保護的な支援が求められるようになっている。

2 高卒労働市場の変容

本項では、高卒者の移行の変容について描写する。はじめに高卒者の就職
を方向付ける高卒就職慣行について確認しておこう。

日本の高卒就職慣行の特徴は次の3点に整理される（堀 2016）。第1に、
高校生は大学生のように各自が直接企業に接触して就職活動を行うのではな
く、必ず学校またはハローワークを通じて行うことになっている。企業が採
用活動をする場合には、所轄のハローワークで求人票の確認を受け、採用希
望の高校には求人票を送ることになる。第2に、高校生の就職においては選
考開始期日が定められている。第3に、「一人一社制」という取り決めがあ
り、生徒は複数の企業をかけもちして受験できない。さらに選抜・配分とい
う観点から重要な慣行として「推薦指定校制」（特定の高校と企業との長期
にわたる結びつき）がある。高校と企業との継続的な関係は国際的にも高校
生の学校から職業へのスムーズな移行を実現しているとして高く評価され、
「実績関係」と呼ばれてきた。

しかしながら1990年代以降、高卒就職のありようは大きく変化した。そ
の変化を一言で述べるならば、高卒労働市場の縮小と要約できる。図表 2-9
に見るように、高卒者への求人数は 1992 年をピークに落ち込んだが、先に
見たように同時期に高卒就職者も減少し、高卒労働市場は急激に小さくなっ
ていったのである。

1990 年代に生じた高卒者の進路の変化の要因、とりわけ高卒就職者の減
少については諸説あるが、労働需要側（企業側）・労働供給側（若者）・マッ
チング（高校やハローワーク）の3つの変数とその関係に着目することが重
要である。

労働需要側においては知識社会化や技術進歩のように労働者に求められる
スキルが上昇し高学歴者への需要が増大したこと、またグローバリゼーショ
ンの影響により国際的な取引が増加し、労働面においては国内にあった仕事
が他国に移動しやすくなった等[3]の大きな社会変動が生じた。

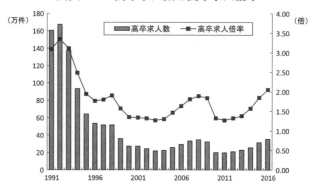

図表2-9 高卒求人数と高卒求人倍率

出所：厚生労働省「新規学卒者（高校・中学）の職業紹介状況」（各年度）、文部科学省「学校基本調査」（各年度）より作成。

　他方でこうしたマクロな経済的な環境と関連はするものの、ほぼ独立した要因として指摘されるのは、労働供給側の学歴構造の変化である。1992年にピークを迎えた18歳人口がその後減少することは以前から見込まれていたにもかかわらず、文部省の大学定員に関する量的規制のコントロールが18歳人口減少期に失われた（天野2006）。少子化にもかかわらず定員はあまり減少しなかったためそれまで押さえ込まれていた大学進学希望が叶えられるようになり、大学進学率は上昇した。大学進学率の上昇は高卒就職者の相対的な質の低下を招いたと受け止められた（有賀2007）。

　他方で企業サイドは高卒者では業務の高度化に対応できないと認識した結果、高卒採用をより高い学歴を対象とした採用に切り替えたり、高卒正社員の仕事を非正規化するなどした（筒井2006；労働政策研究・研修機構編2005）。高卒求人は質・量ともに悪化した。高卒就職の狭隘化はさらに進学を促す。教育理念の変容による高校就職指導理念における進路保障の揺らぎ、若者の意識などにおける1990年代の多様な変化も、高卒就職から進学への流れを後押ししたであろう。

　実際のマッチングを担う高校就職指導は大量の求人・求職を前提とした仕組みであったが、求人・求職の減少により就職－採用の継続性が低下し、安定したマッチングが困難になった。また地域を越えた求人も減少し、高卒就職者の地域移動は減少した。

第2章　若者のキャリア——学校から職業への移行における変化

　しかしこうした状況は一方向に進んだわけではなく、好況の時期には「戻り現象」が生じたことも指摘しておかなくてはならない。労働政策研究・研修機構編（2008）によれば、金融危機直前の時期においてはいったん高い学歴や非正規に切り替えた高卒者に対する求人が一部ではあるが戻ってきており、これが図表2-9の就職者の漸増に結びついたと考えられる。
　今後の高校から職業への移行の見通しについては、1990年代に進行したような急激な減少はないだろうが、高卒就職者の割合は景気循環によって上下しながらもかつてのようなボリュームにまで戻らないと推測される。

3　大卒労働市場の変容

　続いて大卒者の移行の変容について記述する。
　大卒者の求人倍率については労働政策においては把握されていないため、リクルートワークスの調査を用いて示したのが図表2-10である。文部科学省「学校基本調査」から、大卒就職者数を示した。求人倍率と未就職者比率の相関は強いことは知られているが大卒就職者数も増減しており、大卒労働市場についても景気循環の影響が大きい。
　しかし景気が回復すれば、すべての大学生に景気回復の恩恵が及ぶというわけではない。やや前のデータになるが、2005年調査と2010年調査の未就

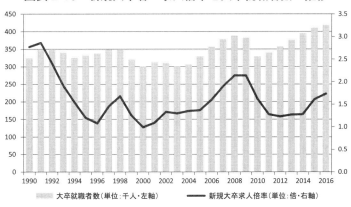

図表2-10　新規大卒者の求人倍率と大卒就職者数の推移

出所：文部科学省「学校基本調査」（各年度）、リクルートワークス研究所「大卒求人倍率調査」（各年度）より作成。

図表 2-11 大学設置者・難易度別　未就職卒業者比率の変化
（2010 年～2005 年）

		2010年調査		2005年調査	
		平均未就職率 （%）	対象大学数 （校）	平均未就職率 （%）	対象大学数 （校）
	対象計	23.0	487	23.8	494
設置者・ 入学難易度	国立	11.8	66　＜	19.5	75
	公立	14.8	39　＜	18.7	47
	私立（57～）	15.3	40　＜	19.8	35
	私立（46～56）	26.5	201	25.2	202
	私立（～45）	27.7	141	27.0	135
「学校基本調査」		21.7		24.7	

出所：労働政策研究・研修機構編（2012b：77）より作成。
注：未就職卒業者は、「学校基本調査」の卒業後の状況（に対応させた）選択肢のうち、「一時的な仕事」、「左記以外」「死亡・不詳」の合計。入学難易度は 2005 年の「代々木ゼミナール」の社会科学系学部（ないしは中心となる学部）による。調査対象校の分布を勘案してランクに分類しているが、ここでの大学ランクは大まかな把握である。

職率を比較したものが図表 2-11 である。2005 年に比べると 2010 年の方が全体としてやや改善しているが、改善のレベルには大学ランクごとに違いがある。国立・公立・私立（57～）の上位大学においては改善しているが、私立の中堅ランクの大学においてはほとんど改善していない。大学の場合には大学ランクによって就職機会が異なることは広く知られているが、2005 年から 2010 年にかけてその差異が広がった可能性が考えられる。

　大卒者の移行の変容に影響を与える要素としてまず留意しておかねばならないことは、第 1 に上述したような大学進学率の上昇による大卒者の質の変化であり、第 2 に大卒就職のインターネット化による労働市場の一元化である。図表 2-11 については景気の影響が一様でないことから大卒者の質についての疑問を想起させ、かつ中堅以下の大学においてインターネット化が不利に働いた可能性が指摘される。

大学生の質と学歴代替

　労働供給が高学歴化することは一般にはスキルの高い労働者が増加することを意味するわけだが、高学歴者に対する需要が供給と同じタイミングや速さで量的に増加することは一般には難しい。したがって多くの社会ではしばしば学歴過剰が発生し、他方で学歴代替が生じる。日本社会においてはすでに 1960 年代に高校進学率の上昇により新規学卒者の中心が中卒者から高卒

者に交代し、高卒者がブルーカラー化するという学歴代替の経験がある（佐口 1990）。この時期は今日とは異なり経済成長が著しかったが、それでも学歴代替における摩擦は大きく、企業は人事上の対応を余儀なくされた。

では主たる新規学卒者が高卒者から大卒者に交代した 1990 年代には何が生じただろうか。この時期には大卒者がブルーカラー職種に入っていく可能性も議論されたが、『学校基本調査』から見る限りにおいてはブルーカラー職種において多くの大卒者が職場に入っていくような学歴代替はまだ進んでいないと言えよう。しかし新規大卒者が従来のような新卒者向けの研修の一環ではなく生産現場に配置されたり、あるいは大卒者が非正規を経由して生産現場に入っていくという事例も報告されるようになっている。

朴（2010）は高卒者を多く採用してきた大手鉄鋼メーカーと大手機械メーカーの生産部門の事例研究に基づき、高卒者から大卒者への学歴代替の可能性について検討している。事例となった両社とも新卒者の抑制のため年齢構成に歪みが起きており技能継承のための対応を余儀なくされていたが、2 社の対応方法は大きく異なった。大手鉄鋼メーカーの技能者は長期の人材育成が前提のため非正規雇用者がいない。そのため中途採用を拡大したが、中途採用者が高等教育修了者であったことから、試験的に新規大卒者も採用するようになった。他方で大手機械メーカーでは正社員と非正社員の仕事がはっきり区別されているが、主な採用は高卒者から行っている。ただし非正規労働者を活用し、優秀な者を正社員に転換させるという方法をとっており、非正規労働者の中には大卒者も含まれているという。すでに生産現場では、新規大卒者にも生産労働者としての採用を広げていったり、また非正社員からの登用という採用ルートを通じて大卒者が生産労働者になる事例が存在している。現在のところは目立った動きとはなっていないが、高卒者から大卒者への学歴代替については注視していくことが求められよう。

大卒労働市場の一元化

続いて入職経路の変化を確認する。1970 年代までの日本の大卒者の就職は大学を通じて行うものであった。1980 年代に入るとリクルートブックの登場で変化はあったものの、大学は依然として就職活動において一定の地位

図表 2-12　就職活動の方法の国際比較

(%)

	日本	フランス	イギリス	欧州11ヵ国計
求人票や求人情報誌・求人広告をみて応募した	73.3	77.8	68.5	70.7
求人があるかどうか知らずに会社と接触した	14.0	82.7	40.1	53.2
自分で仕事を求める広告を出した	0.9	24.2	1.0	6.4
会社から誘いを受けた	11.9	8.9	9.2	14.6
公共職業安定所や学生職業センターを利用した	13.3	65.9	23.6	36.1
民間の職業紹介機関を利用した	13.3	19.2	25.1	18.7
大学の就職部や就職情報室を利用した	63.2	18.1	37.6	22.1
大学の先生に相談した	23.4	6.8	10.3	10.6
在学中に仕事をして関係をつくった	2.9	22.8	17.2	19.0
その他の個人的なつてを利用した（親、親戚、友達等）	21.1	38.0	25.4	30.6
自分で企業を起こした／自営を始めた	0.3	1.2	1.6	3.2
その他	10.5	11.3	7.2	9.6
有効回答総数	2676	1274	2883	25533

出所：日本労働研究機構編（2001：168）より一部抜粋。

を占めていた。図表2-12は1990年代初めに日本労働研究機構が実施した国際比較調査である。日本の特徴は、「大学の就職部や就職情報室を利用した」と「大学の先生に相談した」という割合が高いことである。国際的に大学の関与が大きいという特徴を読み取ることができる。

　しかし近年の大学の役割はかつてと比べると小さなものになっている。図表2-11に見るように、1990年代半ば以降大卒就職の状況は悪化した。さらにそれまで大卒就職において就職活動のスケジュールを一定程度コントロールしてきた就職協定が1997年に廃止された。その後倫理憲章ができたものの、就職活動のスケジュールについては2015年にいったん後ろ倒しされたが2016年に再び変更されるなど、大卒労働市場の規制については試行錯誤が続いている。

　大学の就職における役割の低下について直接確認することは難しいが、2005年に労働政策研究・研修機構が実施した調査によれば、学生の内定先については企業への「直接応募」が8割を超えており、「学校経由」の割合はきわめて低くなっていた。2016年に内閣府が実施した「就職・採用活動開始時期変更に係る学生の就職活動等調査」では複数回答で採用試験・面接に至る経路を尋ねており（内閣府2016）、内定先に限られないにもかかわらず、教員や大学の推薦／指定校などの「学校経由」の割合はわずか5％に

110

第2章　若者のキャリア——学校から職業への移行における変化

なっている。ただし両調査とも理系については「学校経由」の割合が高く、2016年の内閣府調査では理系の修士卒についても対象としているが、理系の修士卒では「学校経由」で採用試験や面接等を受けた割合は37.1％を占めており、まだ「学校経由」のルートは重要性を持っている。

またリクルートワークスの推計によると、大学生の初職入職経路として「民間の就職サイトや就職情報誌」が33.5％、「民間の合同説明会」が5.2％となっており、全国求人情報協会の調査によれば、「民間の就職情報会社の就職情報サイトや情報誌、各種イベント」が44.6％となっている（全国求人情報協会2015　インターネット調査855名による回答をウエイトバック）。民間のモニター調査ではおおむね民間の就職支援サイトの利用が3割から4割前後を占める。労働政策研究・研修機構の大学の就職部・キャリアセンター調査によると、リーマンショック前と比べた学生の就職活動の変化として「学生がインターネットの情報に頼りすぎるようになった」と回答した大学は7割に達している（労働政策研究・研修機構編2012）。すなわち大学生の就職における大学の役割は以前と比べてかなり低下しており、かわって民間の新卒就職支援サイトが台頭してきたことがうかがえる。

こうしてかつては大学（ランク）・専攻ごとにセグメント化されていた大卒労働市場はインターネット空間において一元化され、一見フラットに見える労働市場が出現したのであった。多くの学生がこれまでは無理だと考えていた大手の有名企業に応募するようになったため、人気企業では大量のエントリーを受け付けることになった。大量のエントリーに対応するために所属大学が選抜指標として用いられることも少なくない。企業は大量の応募に、学生は厳しい選抜に悩まされることになったのである。

こうした自由化された労働市場の下では、ある学生はいくつも内定を獲得できるが、別の学生は1つも内定を獲得できないという状況がしばしば生じる。上述した日本の高卒就職の仕組みは高校生にとっては規制によってより多くの生徒が就職先を得られることを優先した慣行と見なせるが、大卒就職の場合には自由化によって競争の優劣がはっきりするという結果を生むことになった。現在の大卒労働市場は、大学（ランク）ごとにセグメント化されマッチングが行われていた労働市場が一体化し、大きな労働市場の中でマッ

111

チングが困難化した状況と捉えることができるだろう。企業にとっては現在の採用形態が最良の選択肢というわけではないため、インターンシップやオンキャンパス・リクルートなどをはじめとして、新卒の就職支援サイト以外の入職経路の模索がなされはじめているようである。

なお実際の入職経路としての大学の存在感が弱まる一方で、大学は就職・キャリア形成支援に力を入れるようになっている。近年の傾向としては入職経路としての役割を果たせなくなった現在、大学は就職・キャリア形成支援のみならず自らの教育の見直しを労働市場との接続から考え直さざるを得ない状況に至っている。2009年の中央教育審議会の答申を受け、社会的・職業的自立に関する指導等に係る規定が大学設置基準に位置づけられた。また「専門職大学」をはじめとして、今後も大学の機能分化が進展し、労働市場との接続のあり方も多様化してくるものと考えられるが、これは今後の課題となるだろう。

第4節　日本的雇用システムにおける若者

本章は、若者のキャリアを学校から職業への移行の変容という観点から捉えてきた。企業の若年正社員の採用や養成については抜本的な変化が生じているわけではない。現在の若者のキャリアにおいて指摘される様々な課題は、日本的雇用システムのゆらぎではなく、日本的雇用システムに包摂される若者が減少してしまったことに主に起因している。学校から日本的雇用システムに移行する際に有効に機能していた新規学卒者に関する慣行も依然として存在してはいるが、包摂の範囲はかつてと比べると縮小している。こうした移行のメインストリームは景気変動によって拡大・縮小を繰り返すだろうが、かつてのように新卒時点で8割の若者を包摂するまでに復活することは難しいと見込まれる。特に景気が悪い時期の新卒者については、雇用型訓練などの職業訓練のオプションの拡充により移行を補完していくことが求められる。

また卒業時点で正社員になれなくても、若い時期に景気回復が起これば非正規社員から正社員への移行は増加する。ただし後から正社員になった場合

112

第2章　若者のキャリア──学校から職業への移行における変化

は中小企業など日本的雇用システムの外側に配置されることも少なくなく、日本的雇用システムがますます限定的な存在になっていることを前提に労働政策を進めていかざるを得ないものと思われる。同時に年齢を重ねた非正規労働者については正社員への移行とともに、非正社員という雇用形態であっても長期に継続して働いていけるような支援もありうるだろう。

　他方で「専門職大学」のように職業教育を通じた移行が今後増えてくれば、現在では非正社員から正社員への登用のような移行に限られた、移行の複線化がより豊かになる可能性もある。従来のような日本的雇用システムの枠組みには収まらない、新しい教育と労働市場の接続のありようについては今後も検討が求められる。

【注】
1　「就職内定率」は分母が求職者であるため、途中で就職を断念した者や進学等に進路を振り替えた場合には分母に含まれなくなることに留意が必要である
2　この数値には過去に正社員経験がある者も含まれている。同じデータを用いた多変量解析によれば、正社員経験の有無はのちの正社員への移行に影響を与えている。詳しくは労働政策研究・研修機構編（2014）を参照。
3　櫻井（2011）は高学歴者に対する相対的な需要が高まった要因として、技術進歩の影響や経済のグローバル化（貿易の拡大）を指摘する。

【参考文献】　※50音順
天野郁夫（2006）『大学改革の社会学』玉川大学出版会.
有賀健（2007）「新規高卒者の労働市場」林文夫編『経済停滞の原因と制度』勁草書房, pp.227-263.
厚生労働省（2015）『若年者雇用実態調査』厚生労働省.
小杉礼子（2016）「『周辺』の若者の職業能力

形成──現状と今後の課題」『職業とキャリアの教育学』No.21, pp.121-133.
佐口和郎（1990）「日本の内部労働市場──1960年代末の変容を中心として──」吉川洋・岡崎哲二編著『経済理論への歴史的パースペクティヴ』東京大学出版会, pp.207-234.
佐口和郎（2003）「第1章　新規高卒採用制度──A社を事例とした生成と展開──」佐口和郎・橋元秀一編著『人事労務管理の歴史分析』ミネルヴァ書房, pp.15-62.
櫻井宏二郎（2011）『市場の力と日本の労働経済──技術進歩、グローバル化と格差』東京大学出版会.
筒井美紀（2006）『高卒労働市場の変貌と高校進路指導・就職斡旋における構造と認識の不一致──高卒就職を切り開く──』東洋館出版社.
内閣府（2016）『就職・採用活動開始時期変更に係る学生の就職活動等調査』内閣府.
日本労働研究機構編（2001）『日欧の大学と職業──高等教育と職業に関する12カ国比較調査結果』（調査研究報告書No.143）日本労働研究機構.
朴弘文（2010）「日本企業の生産部門における採用行動の変化──製造業2社の事例

研究──」『日本労働研究雑誌』No.602,
pp.39-49.

堀有喜衣（2016）『高校就職指導の社会学──
「日本型」移行を再考する──』勁草書房.

本田由紀（2005）『若者と仕事──「学校経由
の就職」を超えて──』東京大学出版会.

労働政策研究・研修機構編（2005）『新規学卒
採用の現状と将来──高卒採用は回復するか
──』（労働政策研究報告書No.28）労働政
策研究・研修機構.

労働政策研究・研修機構編（2008）『「日本的
高卒就職システム」の変容と模索』（労働政
策研究報告書No.97）労働政策研究・研修機
構.

労働政策研究・研修機構編（2012a）『大都市
の若者の就業行動と意識の展開』（労働政策
研究報告書No.148）労働政策研究・研修機
構.

労働政策研究・研修機構編（2012b）『学卒未
就職者に対する支援の課題』（労働政策研究

報告書No.141）労働政策研究・研修機構.

労働政策研究・研修機構編（2014）『若者の就業
状況・キャリア・職業能力開発の現状②──平
成24年版「就業構造基本調査」より──』,
（JILPT資料シリーズNo.144）労働政策研
究・研修機構.

労働政策研究・研修機構編（2015）『若者の地域
移動──長期的動向とマッチングの変化──』
（JILPT資料シリーズNo.162）労働政策研
究・研修機構.

労働政策研究・研修機構編（2016）『壮年期の
正社員転換──JILPT「5年前と現在の仕事
と生活に関するアンケート」調査結果より』
（JILPT調査シリーズNo.160）労働政策研
究・研修機構.

労働政策研究・研修機構編（2017）『「個人化」
される若者のキャリア』（JILPT第3期プロ
ジェクト研究シリーズNo.3）労働政策研究・
研修機構.

第3章 雇用システムと高年齢者雇用

　この章では、わが国の雇用システムにおける高年齢者雇用の位置づけとその変遷を踏まえ、いくつかの主要な論点を提示し、今後の課題を展望する。その際には、近年における高年齢者雇用の動向と高齢期における就業行動の変化をみることとなるが、本書のねらいに沿うとともに紙幅の関係もあり、高年齢者雇用に関する十全な解説にはなっておらず、雇用システムに関連する部分に焦点を当てたものとなっていることを前もって申し添えておきたい。

　以下の構成を述べると、第1節で主に理論的な面から日本的雇用システムのもっとも重要な柱である「長期雇用システム」と高年齢者雇用との関係を整理し、「長期雇用」の終点として定年制が必要とされることを示し、高年齢者雇用をめぐっては定年制が重要な課題・論点であることを確認する。次いで第2節では、急速な高齢化を背景に取り組まれた「定年延長」ないし「定年後の雇用継続」の動きと、それを可能とするために併せて実施された人事管理面の調整について、主に賃金調整に絞って実態を跡づける。第3節では、そうした定年延長・雇用継続の進展を背景として、高年齢期の雇用ないし引退過程に中期的にどのような変化がみられるかを確認する。以上を受けて第4節では、長期雇用システムにおいて、高年齢期にある従業員（社員）は従来その終了ないしそれからの排出の対象であったが、近年の取組みと推移を通じて、その原則は維持されながらも、再包摂の対象でもあり得るとの認識を示すとともに、今後の展望について若干の論考を行っている。

第1節　長期雇用システムと高年齢者雇用

　本書が定義的な前提としている日本的雇用システムを特徴づけるいろいろな要素の中で、高年齢者雇用との関連においては、企業内システムとしての

115

「長期雇用の中での能力蓄積とそれに応じた処遇制度」がとりわけ重要である。また、それに関連した「長期選抜を通じた企業の経営人材の育成」も重要な要素の1つとなる。このシステム（＝長期雇用システム）の下では、勤続を重ねるに連れて処遇水準が向上することを原則とする処遇制度とともに、そうした処遇制度の終期としての定年制が一般的なものとなる。一方、このシステムの下で職業生活を送ってきた高年齢者にとっては、長い職業生活の最終局面であり、その総決算期ともいえる段階であるが、長年勤めた企業からの退出を伴うこととなる。その際、当該企業からの退職が職業生活からの引退を意味する場合が多いとはいえず、それ以降における就業の場を得ることとなるが、高齢化が進展する中で、日本の雇用システムの中でどのように対処されるのか（あるいはされないのか）が注目される。

1 長期雇用システムの典型的イメージ

長期雇用システムの典型的なイメージを確認しておこう（図表3-1参照）。長期雇用システムが学卒一括採用で始まること、そしてそれは先進諸国の間ではかなり独特な慣行であることは異論なくかなり広範に認められている。この新規学卒就職者のうちかなりの割合が就職後3年までの間に辞職していることもかなり知られるようになったが、一方において、長期雇用システムが典型的にみられる主要企業ではそうした離職割合は相対的に低いことには留意する必要がある。学卒一括採用が成立している背景の1つに、自社にお

図表3-1　長期雇用システムの典型的なイメージ

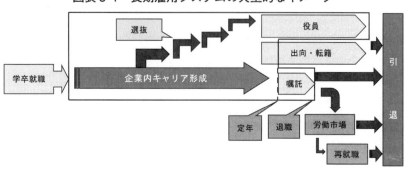

いて業務を遂行するのに必要な知識や技能は、基礎的なものも含めて企業が採用後にOJTやOff-JTを通じて身につけさせる、平たくいえば自前での人材育成を行おうとすることがある。新規学卒段階の採用基準は、基礎的能力や仕事に対する向上意欲、能力開発可能性により重点が置かれ、その時点での職業人材としての完成度はあまり重視されないので、学卒一括採用が可能であるばかりでなく、企業としてもそれを強く選好する。

新規学卒就職者は、就職後勤続を重ねるにつれて、一人前の職業人に育ち、その会社組織の組織人（社員）となり、企業が求める仕事上の役割を果たすようになっていく。仕事上の役割には自己の職業能力を的確に活かして事業目的である財やサービスを作りだし、顧客に提供するといったもの（現業職務）とともに、複数の従業員の働きをより価値の高い協業にまとめあげるもの（管理職務）、企業の事業そのものを企画し、方向性を与えるもの（経営職務）といった大きく３つがある。一般に勤続が増すに従って、求められる役割の中で現業職務よりも管理職務の、さらには経営職務のウェイトが高くなるといえる。ただし、少なくともある程度以上の規模の企業においては、明示されているかどうかは別として、これらの３つの職務を担うことを想定する人材をそれぞれ区分して採用しており、採用後も異なる人事管理、キャリア管理が行われる。とはいえ、主に現業職務を担う人材であっても、勤続を経るに従ってその中でより管理職務的性格の強い業務（役割）を担うこととなるのであって、３つの職務分類（特に現業職務と管理職務）はそれぞれ「入れ子」構造になっている。

長期勤続の中でのこうした職務（仕事上の役割）の変遷は、社内資格の上昇（昇格）や組織上の職階の上昇（昇進）となって表わされる。もとより、個々の社員にとっては、長期の勤続の中で、社会のニーズや技術の変化に対応して時宜的確に自身の職業能力を開発しつつ遂行してきた仕事の連なりを職業キャリアとして意識されると考えられるが、長期雇用システムにおける高年齢期となった社員の取扱いの観点からは、長年の選抜の結果であるその時点の職位がより重要である。高齢期までに到達した職位は、第１次接近としては、その社員の職業能力の内容と程度を強く反映したものであると考えることができるので、企業がそうした人事政策をとることも十分合理的であ

るといえる。

　図表 3-1 に示したように、一般的には、会社の役員にまで「昇進」できた場合には、社員に適用される定年を越えて勤務し、長年培ってきたその会社の事業に関する知識や判断力を活かすことができる。また、相当の職位まで昇進できた場合には、その会社の役員になることはできないものの、定年前であることが多いが、関連（子）会社の役員または役員クラスの職位に出向・転籍をし、勤務を継続するルートが用意されることが少なくない。一方、そうした職位にまで到達できなかった社員層は、原則として定年によりその会社を退職し、長期雇用システムから離脱する（排出される）こととなる。しかしながら、後にみるように、かなり以前から、定年後も再雇用されて「嘱託」などといった雇用形態で勤務を続けることも少なくなかった。

　以上が、典型的な長期雇用システムのイメージとその中での高年齢者社員の取扱いであるが、そこにおいて前提とされている「定年」の制度が必要とされる背景についてみてみよう。

2　長期雇用システムの終期としての定年制

　長期雇用システムが安定的に運営されるためには、雇用する側（企業）・雇用される側（雇用者）双方にとって有益で納得的な制度が求められ、長期雇用が双方にインセンティブをもたらすように制度設計が行われる。その 1 つが勤続に伴って向上する処遇システムであるが、そこでは向上する処遇の終期としての定年制が必要となる。その経済的・経営的な説明図式が、図表 3-2 である[1]。

　上述した長期雇用システムのイメージに沿って図を説明しておこう。なお、ここでの問題は制度設計であるので、主体は企業の側にあり、社員は主に当該制度へ反応する側であると考える。まず図の横軸は年齢を示す。学卒一括採用の下では年齢は勤続年数とほぼ対応するので、横軸はまた勤続年数を示すものともいえる。縦軸は、開発し蓄積された社員の能力に基づき期待できる成果と制度的に定められた賃金の水準を示している。グラフの実線は成果の、破線は賃金のそれぞれ年齢プロファイルを示している。一般に、勤続を重ねるに従って賃金が増加する処遇システムは社員にとって長期勤続へ

図表 3-2　長期雇用のための能力・賃金の年齢プロフィール想定（概念図）

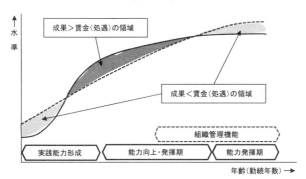

のインセンティブとなるので、賃金プロファイルは右肩上がりに設定される。ところで企業が長期雇用システムをめざすのは、基本的にはそれが自社の事業にとって利益となるからであり、長期雇用により社員の仕事遂行能力が高まり生産性が増大するからであると認識されていると考えてよい。したがって、成果プロファイルも年齢（この場合は勤続年数により重点がある）が上昇するとともに右肩上がりであると捉えられていると考えられる。とはいえ、期待できる成果が高年齢期になってもいつまでも上昇を続けるとは考えられない。一般には、勤続の初期は学卒直後の状態から当該企業の事業遂行の視点からみて「一人前」になる「実践能力形成期」であり、やがて「一人前」になって以降も能力は向上を続けるもののそのスピードは遅くなり、むしろ形成された能力を十二分に発揮して企業に貢献してくれることが期待される「能力向上・発揮期」を迎える。そして、高年齢期にさしかかるとともに、仕事能力自体は維持するのがせいぜいでむしろ減退に向かう中で、蓄積された経験をも活かしながら高い成果を保つことが期待される「能力発揮期」となる。また、勤続がある程度以上になると、自身の仕事能力の高まりよりも後進の社員の能力開発を支援したり、社員の協業効果を高めたりといった機能（図では「組織管理機能」と一括している）がより重要となっていく。こうした点をすべて加味してグラフとするのは困難な面が多いが、成果プロファイル（実線）は、勤続の初めの方の時期には急勾配で上昇し、勤

続の半ばの時期では上昇するもののその上昇幅は逓減し、やがて後期にはせいぜい横ばいとイメージされているとして大きな誤りはないと思われる[2]。

　以上の想定の下で、「長期雇用」の総決算として、成果の総計と賃金の総計とが等しくなるように終期すなわち定年を定めることが求められるというのがこの説明図式のポイントである。勤続の初期は、学卒入職した社員が「一人前」になっていく時期であり、また将来への先行投資として優秀な人材を確保するためにも、当面期待できる成果を上回る賃金を支払うことから、企業にとって持ち出しの期間である[3]。また、高年齢期は横ばいとなった成果に対して賃金（処遇）はいくばくかでも高めていくことから、企業にとってやはり持ち出しの期間となる。この持ち出しの原資を埋め合わせるものが中堅期であり、「一人前」となって飛躍的に高まる成果と緩やかに上昇する賃金との下で成果が賃金を上回り、埋め合わせの原資が生まれる[4]。これらの持ち出しと埋め合わせ原資とがちょうど釣り合うように「長期雇用」の終期すなわち定年年齢が設定される。これは、企業にとっても社員にとっても特別な損得がない状態である[5]。

　長期雇用システムを維持・運営するためには、勤続を重ねるに従って処遇水準が上昇するような「年功処遇」の様相を呈する処遇制度が必要とされる。その結果、高年齢期においては社員が提供する成果よりも賃金の方が高くなるので、高年齢の社員は長期雇用システムからの排出を考えるべき段階に入る。そのため、定年を設定することが一般的となることが説明・理解される。また、この図式からは、定年ないし長期雇用システムの終期をより高年齢まで延伸しようとする場合には、賃金制度についてどのような改変が求められるかの論点を示すことができる。詳細は省くとして、次のような方向が提示される。

①長期勤続に対するインセンティブとして十分機能する水準で高年齢期の賃金を固定ないし一定程度の逓減化を図ること。（高年齢期の持ち出しの圧延）

②中堅期における賃金上昇ペースの鈍化（埋め合わせ原資の増大）

③能力開発による高年齢期社員の成果の増大（高年齢期の持ち出しの削減）

なお、これに加えて、

④定年時にいったん長期雇用システムの総決算をした上で、それ以降は成果に見合った賃金水準で再雇用

という「プラス・アルファ」の方式も考えられる。この④の場合は、長期雇用システムの中にあるのか外にあるのか微妙な問題が提起される。

3 長期雇用システムの終期をめぐるいくつかの問題

　ここまでの議論は、企業が長期雇用システムに対応した処遇制度を講じるときには、その終期として「定年」も併せて設定されることの必要性を説明するものであった。定年は（経済）合理性のある制度であり、定年年齢は合理的な均衡点であるとされる。しかしながら実際には、成果・賃金プロファイルに基づき（経済）合理的に定年年齢が設定されるというよりは、社会的な認識をベースとしてある定年年齢を想定し、それを前提に賃金プロファイルの制度設計が行われていると考えた方がよい。そして、いったん制度設計された定年制度および賃金制度は粘着性を帯びる。すなわち、平均寿命の伸長や高年齢者の一般的な体力面での向上などにより、社会的に定年ないし長期雇用の終期を延伸することが求められ、また、その条件がそろっていたとしても、なかなかそれに取り組む誘因が働かない面が大きいと考えられる。これが長期雇用システムの特に終期をめぐるもっとも大きな問題であり、現在まで長期にわたって定年延長や雇用継続の課題として法政策を含めて取り組まれてきたものである。これに関しては、次節（第2節）でやや詳細に解説してみたい。

　長期雇用システムの終期をめぐっては、このほかにいくつかの問題が指摘できる。1つは、経済の構造変化などに伴い、企業が長期雇用システムの要である「雇用維持」をどうしても果たすことができなくなり、人員整理を実施しなければならなくなった場合において、先の図式からも理解されるように、企業としては中高年齢社員を削減の対象とする誘因が働くことである。2つは、1つ目とも関連するが、中高年齢者が人員整理等によりある企業の長期雇用システムから排出された場合において、他の企業のそれと同等の長期雇用システムに入り込むことはかなり困難であることはもとより、一般的

に再就職先を見つけることも容易ではないということである。これは、人員整理等によらずに、中高齢期になって社員が自己の都合で辞職した場合にも、当てはまる。さらに3つ目として、「長期雇用」の中での選抜に取り残されて、中高年齢期になって初めて当該企業の事業に係る仕事内容に適性がないことが確認された場合や、能力はあるものの社内ポストの状況などから十分な活躍の場が与えられない場合などにおいて、キャリアをやり直す機会が非常に限られたものになることも問題点として挙げておきたい。こうした課題については、本章で十分に取り上げる余裕はないが、章の末尾で若干の問題提起を試みたい。

第2節　高齢化を背景とした定年延長・雇用継続の課題化とその進展

1 高齢化の進展と定年延長、雇用継続の課題化

　わが国の高齢化の進展については、既に周知のことであるので簡単におさらいしておこう。男性（女性）の平均寿命は、戦後まもなくの1950年（昭和25年）には58.0歳（61.5歳）であったものが、1971年には70.17歳（75.58歳）となり、2014年（平成26年）には80.50歳（86.83歳）に達している。こうした平均寿命の伸長を主な背景として、人口に占める65歳以上の割合は1970年に7.1％と7％を超えて「高齢化社会」に、1995年に14.6％と14％を超えて「高齢社会」となり、2014年には26.0％と「超高齢社会」とでもいえるまでになっている（厚生労働省社会保障・人口問題研究所「人口統計資料集」より）。また、労働力人口に占める55歳以上（60歳以上）の割合は、1968年に14.5％（8.7％）であったものが1990年には20.2％（11.5％）となり、2015年には28.9％（19.6％）に達している[6]。

　こうした高齢化の急速な進展に伴い増大する高年齢者の雇用の安定をめざして、定年延長ないし高年齢者の雇用継続が課題化した。これにはまた、定年年齢と厚生年金の支給開始年齢との関連ないし接続の視点も重要な要因となっていることも周知のことであろう。次に述べる取組みの第1段階である

第3章　雇用システムと高年齢者雇用

定年年齢の60歳への引き上げにあっては、1954年の抜本改正により厚生年金の支給開始年齢は60歳となっていたのに対して企業の定年年齢は55歳が主流であったことが大きな問題であった[7]。また、取組みの第2段階である65歳までの雇用継続にあっては、厚生年金の支給開始年齢が60歳から65歳までに段階的に引き上げられることが大きな背景となっている。後者の段階的引き上げの過程を確認しておくと、厚生年金の定額部分は2001年から2013年までにかけて、次いで報酬比例部分が2013年から2025年までにかけて3年ごとに1歳ずつ開始年齢が引き上げられることとされ、本章の執筆時点（2017年夏）では報酬比例部分の支給開始年齢は62歳まで引き上げられている[8]。なお、これは男性の場合であり、女性については男性よりも5年間ずつ後れて支給開始年齢が引き上げられる。

2 第1段階／60歳への定年延長

わが国企業における定年制は、明治初期の海軍工廠における職工に関する規定を嚆矢とするが、明治時代の中期から後期にかけて金属機械工業の一部の企業に導入され始め、大正時代に入って産業全体に徐々に拡がった。そして戦後、1950年代半ば（昭和30年代）以降は中小企業にも導入が進み、広く実施されるようになった（【コラム1】参照）。また、定年の年齢は、50歳や55歳とされる場合が多く、戦前では50歳とするところの方が多かったようである。戦後の復興期についてはデータの裏付けが必ずしもあるわけではないものの、一般には55歳とすることが多かったものと考えられる。これは、当時の平均寿命の状況（男性は50代後半）や高年齢者の体力等の実態からみて妥当なものであったといえる。

しかしその後、上述のような平均寿命の伸長に代表されるように、高齢化の進展と高年齢者の就業の可能性と必要性との高まりがあり、1970年代以降、定年年齢の少なくとも60歳までの延長が社会的な課題となった。詳細な説明は省くこととしたいが、種々の行政的な促進策等も講じられ、労使等関係者の取組もあって、定年年齢は1970年代以降着実に延長された（図表3-3）。

123

【コラム1】 企業の定年制の変遷

　荻原勝「定年制の歴史」（昭和59年、日本労働協会）によれば、わが国の企業における定年制の始まりは、明治8年（1875年）の海軍退隠令にまで遡ることができるとのことであるが、同書に紹介されている定年関係の具体的な規定は、明治20年（1887年）3月制定の海軍火薬製造所職工規程（第25条）である。そこでは、「職工ハ年齢満五五年ヲ停年トシ、此期ニ至ル者ハ服務ヲ解ク。但満期ニ至ルモ技業熟練且身体強壮ニシテ其職ニ堪ユル者ハ、年限ヲ定メ服務ヲ命スルコトアルヘシ」と規定されていたとのことである。

　民間企業ないし軍事以外の官営企業では、明治27年（1894年）の松山紡績株式会社の「職工規則」に50歳定年が規定され、明治40年（1907年）の官営八幡製鉄所の「職工規則」でも55歳定年（特例60歳）が規定されていたとのことである。また、明治30年（1897年）の三菱長崎造船所の「職工救護法」のように、退職手当を規定する中で実質的な定年年齢が示されていた場合もあったとのことである（小頭級60歳、組長・小汽船長機関士55歳、それ以下50歳）。

　そして、「明治時代の中期から後期にかけて、金属機械工業の一部の大規模な官営工場および民営企業に導入された定年制は、大正時代に入ってから、経済活動の発展に伴う事業規模の拡大と従業員数の増加、近代的な人事労務管理制度の整備などの条件変化の中で、金属機械工業のみならず、広く産業全体にわたって徐々に普及していくことになる」（p.41）とされている。ちなみに、昭和8年の内務省社会局調査では、調査対象336工場（職工50人以上で退職手当制度のあるところ）中140工場（42%）に定年制があり、うち55歳が34%、50歳が57%であったと報告されている。

　なお、一定の年齢（55歳など）を停年年齢としながらも、「『身体強健で技備優秀』など、特別の事情のある者については再雇用の道を用意しておく、というのが当時（＝昭和初期／引用者注）の定年制の一般的な状況であった」（p.105）とされている。

　その後、戦時下の労働力不足に対応した適用中断の時期を経て、戦後、定年制は復活し、さらに昭和30年代以降は中小企業にも普及し、広く実施されるようになった。

図表3-3　一律定年制企業における定年年齢別企業割合の推移

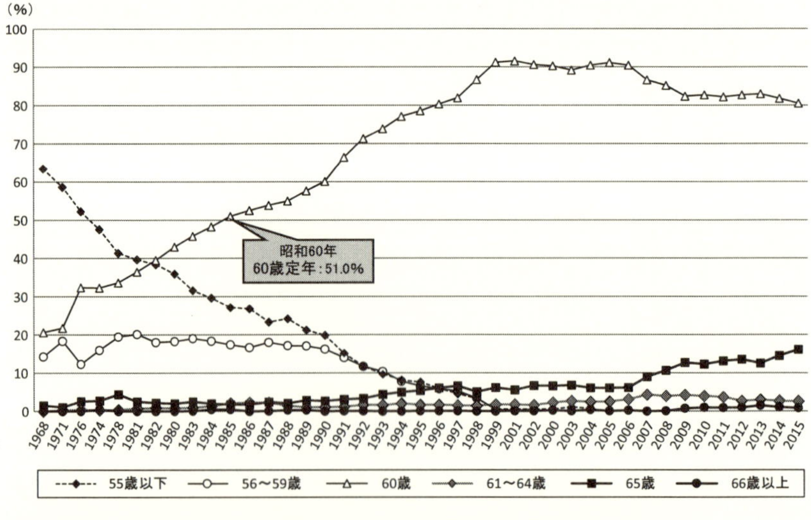

出所：2004年以前：厚生労働省「雇用管理調査」、2005年以降：厚生労働省「就労条件総合調査」。
注1：2002～04年は「59歳以下」で一括して調査され、2005年以降は59歳以下は調査されていない。
注2：1980年前は、毎年調査されていないことに留意されたい。

3 第2段階／65歳までの雇用継続

このように、20年以上の長い期間をかけて60歳までの定年延長が実現したが、少子化とあいまって人口の高齢化は一層の進展をみせており、今度は60代前半層の就業機会の確保が大きな社会的な課題となってきた。60歳までの定年延長の過程においても60歳定年以降の雇用継続も併せて徐々に進展してきたといえるが、とりわけ2000年代以降本格的な課題となった。これは、特に人口の多い「団塊の世代」が2007年には60代に入り始めることが展望されたことや、いわゆる定額部分についてではあるが厚生年金の支給開始年齢の段階的引き上げが2001年から開始され、やがて60代前半は公的年金が支給されない期間となることが見通されたことなどが大きな背景となっている。

65歳までの雇用継続については、後述のような政策展開に促されつつ取り組まれ、継続雇用制度のある企業の割合は2000年代以降急速に上昇し、2007年以降ほとんどの企業で導入されている（図表3-4）[9]。

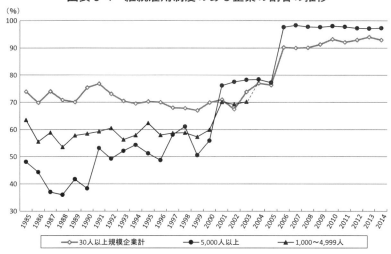

図表3-4　継続雇用制度のある企業の割合の推移

出所：2004年以前：厚生労働省「雇用管理調査」、2005年以降：厚生労働省「就労条件総合調査」。
注1：2005年以降は、1,000人以上は一括して集計されており、図では5,000人以上に接続させて表示している。
注2：一律定年制のある企業において継続雇用制度のある企業の割合（％）を示したものである。

4 定年延長、雇用継続に向けた政策展開

第1節の末尾近くで述べたように、一般に定年年齢は制度的に極度な粘着性を持ち、たとえ条件がそろっていたとしても、企業が率先してその引き上げに着手することに多くを期待することはできない。また、企業の定年制は、特別の事情がある場合には定年に達した後も引き続き再雇用され得るよう制度設計されており、必要な人材は個別に定年以降も活用できた。したがって、定年延長や高年齢者の雇用継続が実現されるためには、社会的または政策的な後押しが求められるといえる。高年齢者の一般的な体力の状況、その他の社会的条件にかんがみて定年年齢または継続雇用する年齢を何歳くらいに設定することが求められるかに関する情報が与えられたとき、事情が特に許さない企業は別として、当該年齢をベースとして第1節で述べたようなスキームを参照しつつ、それに適合するように賃金制度をはじめとして人事制度を再設計することとなるものと考えられる。

この間における第1段階、第2段階についても、法制度を中心とした政策が重要な役割を果たした（【コラム2】参照）。前者の60歳までの定年延長の促進については、雇用対策法に基づく「雇用対策基本計画」において「60歳定年」という目標が示され、手厚い助成措置（例：定年延長奨励金）も講じられながらより啓蒙的な方法が採られたということができる。これには、1970年代以降には2度のオイルショックがあり、より慎重な対応が求められたという面もあったものと思われる。そして、60歳定年の企業の割合が50％を超えた年の翌年1986年に法改正が行われ、定年を定めるときは60歳以上とする努力義務が初めて法律上規定された。さらに10年以上が経過した1998年に、それが努力義務ではなく「60歳を下回ることができない」との法的義務とする法改正が施行された（制定は1994年）。

一方、第2段階においては、1990年において高年齢者雇用安定法で65歳まで継続して雇用することが努力義務とされたのを皮切りに、10年後の2000年には同法が改正施行され、65歳までの雇用確保のために定年延長や継続雇用制度といった措置（「高年齢者雇用確保措置」）を講じることが努力義務とされた。次いで2006年には、一定の場合に継続雇用の対象となる高

第3章　雇用システムと高年齢者雇用

【コラム2】　定年延長、雇用継続を中心とする高年齢者雇用に関する主な法政策の推移

（注）原則として法制定、改正の年は施行日による。

1970年	中高年齢者等の雇用の促進に関する特別措置法（制定） ※以下「中高年齢者雇用促進法」という。	厳しい中高年齢者（45歳以上）の就職環境に対応して、求職手帳制度に基づくきめ細かな職業指導を図るとともに、その就業に適した職種について雇用率を設定。
1973年	雇用対策法に基づく「雇用対策基本計画」（第2次）策定	「定年延長」が重要な政策課題として盛り込まれる。
1976年	中高年齢者雇用促進法の改正	職種別の雇用率に替えて企業単位の高年齢者雇用率（55歳以上／6％）が努力義務として導入された。
1980年	雇用対策法に基づく「雇用対策基本計画」（第4次）策定	「昭和60年度に60歳定年を一般化する」ことが政策目標に設定される。
1987年	高年齢者等の雇用の安定等に関する法律（中高年齢者雇用促進法の全面改正による制定） ※以下「高年齢者雇用安定法」という。	定年を定めるときは、60歳を下回らないようにすることの努力義務規定。
1990年	高年齢者雇用安定法の改正	定年後65歳まで雇用継続することの努力義務規定。
1995年	雇用保険法の改正	「高年齢雇用継続給付」（60歳以上の継続雇用により賃金が一定割合を超えて低下した場合における補填給付）の導入
1998年	高年齢者雇用安定法の改正 ※法改正は1994年	定年を定める場合は、60歳を下回ることができない規定。
2000年	高年齢者雇用安定法の改正	65歳までの安定した雇用を確保するため、定年の延長、継続雇用制度等の必要な措置（「高年齢者雇用確保措置」と規定）を講じる努力義務を規定。
2001年	雇用対策法の改正	原則として求人（採用）条件に年齢を付することを禁止。
2006年	高年齢者雇用安定法の改正 ※法改正は2004年	65歳までの「高年齢者雇用確保措置」（定年の廃止、定年年齢の引き上げ、定年後の雇用継続のいずれかの措置を講ずること）を法的義務とする。ただし、対象者に一定の基準を設けることができる経過措置が付く。
2013年	高年齢者雇用安定法の改正	上記経過措置が削除され、原則として希望者全員の65歳までの雇用確保が法的義務となる。

年齢者に基準を設けることができるとする経過的措置を設けてではあるが、高年齢者雇用確保措置が法的義務とされた。さらに、2013年には希望者全員の65歳までの雇用確保が義務づけられた。なお、2013年改正施行では、継続雇用制度には一定の関係にある関連企業への転籍等による雇用継続を含む旨が明記された。こうした結果、65歳までの雇用確保措置はほとんどの企業において実施されるところとなった。図表3-4にみられるように、こうした法的措置がとられるごと（制度導入に直接の関連の小さかった2013年改正を除く）に、大企業を中心に継続雇用制度を導入している企業の割合が大きく上昇し、ほとんどの企業で導入されるに至った。団塊の世代の60代入り、厚生年金の支給開始年齢の引き上げといった年限の切られた背景事情があったこともあって、第1段階に比べて第2段階では努力義務を含めて法的義務規定が先導的な役割を果たしたように思われる。

5 高年齢者の雇用継続と賃金調整

　高年齢者の雇用継続の進展は、それ自体が経済社会における重要な動きであるが、本書の中心的な視点である長期雇用システムとの関連では、長期雇用システムの終了期を変更するということである。それらに伴い種々の制度上の変更が求められる結果となった。その代表的なものが、第1節において理論面から整理した賃金面での調整（賃金プロファイルの変化）であったといえる。以下、厚生労働省「賃金構造基本調査」の結果に基づき、個々の企業の賃金制度を示すものではなく、あくまで平均的な姿を反映したものであることには十分留意しながら、その概要をみておこう。

　第1段階では、1970年代から1990年代にかけて主に60歳への定年延長が行われたわけであるが、定年延長は長期雇用システムの想定期間そのものの延長、その中でも中核的な期間の延長ととらえることができる。対象となった社員は、雇用システム上のコアメンバーとしての位置づけそのものは特段に変わることなく、その終期が先に延びることとなった。当時において、例えば早期退職制度や若年定年選択制度、役職定年制度などのシステム分岐的な措置に注目されることもあったが、経営状況の厳しい企業での雇用調整の一環としての場合は別として、総じて大きな流れとなることはなかった。この時期における賃金プロファイルの変化は、図表3-5にみられるとおりである[10]。総じていえば、主に50歳台において賃金水準の上昇をストップさせ、また、定年が延長された55歳以降の賃金水準をある程度（10〜15％程度）引き下げるといった動きがみられており、相対的に緩やかな対応がとられたものといえる。なお、30歳台、40歳台といった中堅期において賃金水準が相対的に低下したこと、いわゆる賃金カーブの中だるみ現象もみられている。これも、第1節の理論的な枠組からいえば定年延長と整合的な動きということができる[11]。

　一方、第2段階である2000年代から2010年代半ばにかけての65歳までの雇用継続においては、現在までのところ、定年延長によるところは少なく、再雇用によるところがほとんどとなっている。その場合、定年によってそれまでの「正社員」形態は終了し、多くの場合「嘱託」ないし「契約社員」

第3章 雇用システムと高年齢者雇用

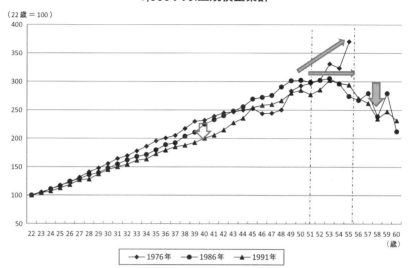

図表 3-5　標準労働者の年齢別所定内給与額指数（高卒・男性）
―1,000 人以上規模企業計―

出所：厚生労働省「賃金構造基本調査」（各年6月）。
注1：1976 年は 55 歳までのみ集計されている。
注2：「標準労働者」とは、学卒後直ちに就職した後継続して勤務していると考えられる年齢と勤続年数との組合せに該当する者を対象として集計したものである。（1976 年以降発表されている）

といった雇用形態に転換する。定年の時点でそれまでの長期雇用システムにおける処遇体系は終了・切断されたということができる。雇用継続部分は、広い意味では長期雇用システムの終期の延伸ととらえることができる一方で、それはコア部分のままでの延伸とはいえない性格づけのものといえる。再雇用後の「嘱託社員」は、総じていえば、仕事内容には大きな変化はないものの仕事に伴う責任が軽減され、多くはフルタイム就業であり、賃金水準は平均的には 3 〜 4 割程度定年直前よりも低下するというのが平均的な姿である（【コラム 3】）。

　この時期における賃金プロファイルの変化をみると（図表 3-6）、雇用継続者が多いと考えてよい 61 〜 65 歳層の賃金水準はかなりの低下を示している。ちなみに、この年齢層の単純平均額を（定年直前の）59 歳の賃金水準と対比すると、2010 年は 65.4 ％、2014 年は 67.7 ％と計算される。また、50 歳台になると賃金がほぼ横ばいとなること、55 歳以降になると 1 割程度

[コラム3] ①JILPT「高年齢者の雇用に関する調査」(2015年)にみる60代前半の雇用継続者の就業実態
(1,000人以上企業の集計結果)

< 雇用形態 >　（複数回答 ％）

合計	100.0
正社員	25.7
嘱託・契約社員	78.8
パート・アルバイト	38.3
関連会社等で継続雇用	18.0
その他	3.2
無回答	6.8

< 仕事の内容 >　（％）

合計	100.0
定年前とまったく同じ仕事	26.6
定年前と同じ仕事であるが、責任の重さが変わ	50.0
定年前と一部異なる仕事	14.4
定年前とまったく異なる仕事	1.4
その他	4.5
無回答	3.2

< 60歳直前と比べた賃金水準 >　（％）

合計	100.0
30%未満	0.5
30～40%未満	2.3
40～50%未満	9.9
50～60%未満	13.1
60～70%未満	20.3
70～80%未満	14.4
80～90%未満	7.7
90～100%未満	3.2
100%	7.2
無回答	21.6

注：調査の詳細は、労働政策研究・研修機構編（2016）参照。

②JILPT「60代の雇用・生活調査」にみる定年前の職業別定年直後の職業
（55歳時の正社員男性／定年経験あり／調査時65～69歳）

（%）

定年到達前の職業	計	管理的な仕事	専門的・技術的な仕事	事務的な仕事	販売の仕事	サービスの仕事	農林漁業の仕事	生産工程の仕事	輸送・機械運転の仕事	建設・採掘の仕事	運搬・清掃・包装等の仕事
計(100.0)	100.0	31.1	17.1	14.1	5.9	12.9	0.8	5.2	4.3	2.6	6.0
管理的な仕事(32.2)	100.0	87.5	5.0	0.0	5.2	0.0	2.4	0.0	0.0	0.0	0.0
専門的・技術的な仕事(19.7)	100.0	6.3	78.5	0.0	0.0	5.3	0.0	0.0	0.0	0.0	9.9
事務的な仕事(13.5)	100.0	12.6	0.0	87.4	0.0	0.0	0.0	0.0	0.0	0.0	0.0
販売の仕事(5.0)	100.0	0.0	0.0	47.3	52.7	0.0	0.0	0.0	0.0	0.0	0.0
サービスの仕事(13.4)	100.0	0.0	0.0	0.0	12.0	88.0	0.0	0.0	0.0	0.0	0.0
生産工程の仕事(6.9)	100.0	0.0	0.0	0.0	0.0	0.0	0.0	75.6	0.0	0.0	24.4
輸送・機械運転の仕事(4.3)	100.0	0.0	0.0	0.0	0.0	0.0	0.0	0.0	100.0	0.0	0.0
建設・採掘の仕事(2.6)	100.0	0.0	0.0	0.0	0.0	0.0	0.0	0.0	0.0	100.0	0.0
運搬・清掃・包装等の仕事(2.3)	100.0	0.0	0.0	0.0	0.0	0.0	0.0	0.0	0.0	0.0	100.0

注：調査の詳細は、労働政策研究・研修機構編（2015）参照。

第3章　雇用システムと高年齢者雇用

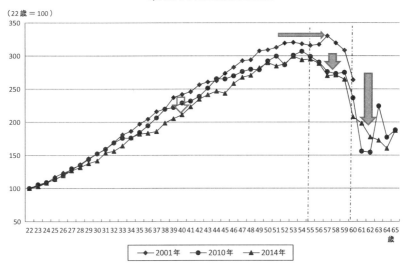

図表 3-6　標準労働者の年齢別所定内給与額指数（大卒・男性）
—1,000 人以上規模企業計—

出所：厚生労働省「賃金構造基本調査」（各年6月）。
注1：2001 年は 60 歳までのみ集計されている。
注2：「標準労働者」とは、学卒後直ちに就職した後継続して勤務していると考えられる年齢と勤続年数との組合せに該当する者を対象として集計したものである。(1976 年以降発表されている)

賃金水準が低くなること、そして中堅期において「中だるみ」がみられることなど、第1段階における特徴はそのままほぼ維持されていることもみてとれる。

　このように、定年延長、継続雇用制度など長期雇用システムの終期の延伸をするに当たって企業は、十全であったかどうかは別として労働組合をはじめとして働く人々の納得を得つつ、賃金制度を中心とした人事・処遇制度の修正を図ってきたといえる。その動向を詳細に論ずる余裕もデータもないが、賃金プロファイルの変更の視点から若干の指摘のみしておくと、第1段階でみられた50歳前後からの賃金横ばい化（＝定昇停止）や定年が延長された期間における賃金水準の低下には、定年が延長される期間に応じた所得増大分に見合った調整という性格付け（ないし理由付け）がもっとも大きかったと思われるが、それとともに専門職への位置づけ換えなどライン職からスタッフ職への移行や役職定年制による役職からの離脱といった措置も少

131

なくない役割を果たしたと考えられる。また、第2段階における定年後再雇用時の賃金水準のかなりの幅の低下は、定年の時点で長期雇用システムの成果貢献と報酬との長期的な精算をした上で、経常的な成果貢献と報酬とのバランスをとったものと考えられるが、業務責任の低下を含めて管理的職務機能を持たなくなることによる調整という性格付け（ないし理由付け）も少なくない役割を果たしたと考えられる。しかし、それとともに、働く側の視点からは、これまで60歳を1つの目安として長期にわたり生活上の準備をしてきていたことを背景として、雇用延長されることの代償として賃金低下を受け入れているという面も少なくないと考えられる。この要素はやがて65歳までの雇用継続が「普通のこと」となるに従って薄れていくことも考えられる。その意味で、60代前半層における賃金・人事制度が現状のままでよいかどうか、今後対応が必要な課題となっていく可能性があることを指摘しておきたい。

なお、中堅期における「賃金の中だるみ」には、定期昇給幅の縮小とともにポスト不足を背景とした昇進の遅れや成果主義的賃金制度の導入なども寄与したものと考えられる。

第3節　多様化する高齢期の就業と課題

前節までで、企業の長期雇用システムの下で高年齢者をめぐる最大の課題であった定年延長や継続雇用に関する動向と対応について、ひととおりの解説をしたところである。この第3節では、視点を変えて、この間において、高年齢者の就業および引退過程にどのような変化があり、現状においてどのようになっているか、データを中心に確認しておきたい。

1 高年齢期の就業・引退プロセスの変化──1970年代半ばと2000年代半ば以降との比較

図表3-7-1は、厚生労働省「高年齢者就業実態調査」（1988年）により、調査時点で65〜69歳であった男性の高年齢期に入って以降の就業・引退プロセスをみたものである。図は、55歳の時点で雇用者であった人を100とし、

第3章　雇用システムと高年齢者雇用

図表 3-7-1　1988 年における男性 65～69 歳層の就業・引退プロセス

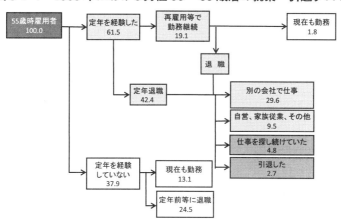

出所：厚生労働省（当時：労働省）「昭和 63 年高年齢者就業実態調査」。

図表 3-7-2　2014 年における男性 65～69 歳層の就業・引退プロセス

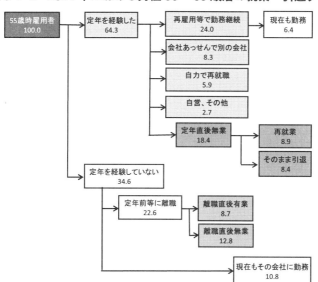

出所：JILPT「60 代の雇用・生活調査」（2014 年 7 月実施）。
注：それぞれの設問に無回答があるので、合計は合わない。

133

その後の就業の変遷を指数で示している。1988年の65〜69歳が55歳であったのは1974〜78年であるので、前後を含めてほぼ1970年代半ば以降における状況を示すものと考えることができる。多くが60歳未満の定年制の下にあったと考えられる。一方、図表3-7-2は、労働政策研究・研修機構（以下、JILPT）が2014年に実施した「60代の雇用・生活調査」により、ほぼ同様のデータをみたものである。これは、ほぼ2000年代半ば以降における状況を示すものと考えることができる。多くが60歳定年制の下にあり、2005〜09年に定年年齢に到達したと考えられる[12]。なお、両調査間には、設問内容など微妙な違いがあり、厳密な比較は困難な面があることには留意する必要がある。

　データの詳細は図表をご覧いただくこととし、注目しておきたい点のみ挙げておきたい。

　①1988年データに比べ2014年データ（以下「88調査」および「14調査」と略す）では、定年年齢が延長されているにもかかわらず「定年を経験した」（企業で定年年齢に到達した）割合（88調査：61.5／14調査：64.3）も高く、「再雇用等で勤務継続」している割合（19.1／24.0）も高くなっている。企業の長期雇用システムの終期が延伸されたことが示されている。ただ、1970年代においても、少なくない人々が定年後に再雇用されていたことも確認できる。

　②定年年齢が延長された結果、すなわち88調査では多くが50歳台後半で定年を迎えたのに対して14調査では定年は60歳ないしそれ以上であったことから、定年を経験し定年後に「別の会社で仕事」していた割合は、14調査（14.2）よりも88調査（29.6）の方がかなり高くなっている。

　③大きな差ではないものの、88調査よりも14調査の方が55歳時点で雇用者として勤務していた会社等に調査時点もそのまま勤務していた割合（14.9／17.2）が高くなっており、とりわけ定年を経験し雇用継続された経路でかなり違い（1.8／6.4）がみられている。

　これらは、定年延長や継続雇用の進展によってもたらされた効果であるということができるが、一方において、②にみられるように、元の企業からの退職後に必要となる転職が50代後半から60代に繰り上がったという面もあることには留意する必要がある。

第3章　雇用システムと高年齢者雇用

2 大企業男性高年齢者の就業・引退過程と課題

　前項でみたデータは、男性・65〜69歳を対象としたデータであるが、これには広範な中小企業の雇用者も含まれている。それはそれで貴重なデータではあるが、焦点である長期雇用システムの下で働いてきた人のものとは少なからず違いがあると思われる。そこで、少しでもこれに接近するために、55歳時点で1,000人以上の大企業に正社員として勤務していた男性（以下「大企業正社員」という）に限って、JILPT「60代の雇用・生活調査」データを再集計した。結果は、図表3-8のとおりである。図には、調査時点（2014年7月）で60〜64歳層と65〜69歳層とのデータを並べて表示している。

　定年経験の有無をみると、定年経験ありが60〜64歳層で77.5（当該年齢の集計対象総数を100としたときの割合指数。以下「指数」という）、65〜69歳層で83.3となっており、後者の方が高くなっている。しかし、60〜64歳層にはこれから定年を迎える人もいるので、単純には比較できない。ちなみに、65〜69歳層の定年経験者で定年年齢が61歳以上であった割合は15.9％（指数では13.2）であった。ここまで増えるかどうかはわからないが、60〜64歳層も今後最終的には定年経験ありがかなり上昇すると思われる。このように定年経験者の指数は低いにもかかわらず、「再雇用等で勤務継続」は60〜64歳層（33.3）の方が65〜69歳層（23.9）をかなり上回っている。両者間の時間経過の中で継続雇用がかなり進展したことが窺われる。一方、定年直後に「会社あっせんで別の会社」で勤務している人（6.2／14.3）については、60〜64歳層の方がかなり少なくなっている。また、定年直後に「自力で再就職」（会社のあっせんによらずに自力で再就職先を見つけた）した人（4.3／7.9）についても、同様に60〜64歳層の方がかなり少なくなっている。これらは、定年を迎えた時期における就職環境の違いを反映しているものと思われる。すなわち、60〜64歳層はリーマンショック後の雇用情勢が特に厳しい時期に定年（60歳）を迎え、総じて労働需要が収縮していたことが反映しているもの考えられる。一方、65〜69歳層が60歳を迎えた時期は、2005〜07年の雇用情勢が比較的改善していた時期が含まれていた[13]。

135

図表3-8　55歳時点で1,000人以上規模企業の正社員であった男性の
　　　　 就業・引退プロセス
　　　　 （調査時点で60～64歳および65～69歳）（2014年）

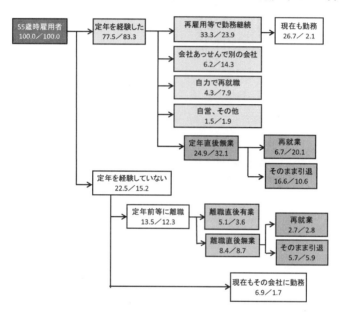

出所：JILPT「60代の雇用・生活調査」（2014年7月実施）。
注：それぞれの設問に無回答があるので、合計は合わない。

　経年変化の視点はこれくらいにして、65～69歳層のデータから大企業正社員（男性）の引退過程をみることとしよう。その際、65～69歳男性全体を対象とした結果（図表3-7-2）との比較もしてみたい[14]。55歳時に大企業正社員であった人は、8割を超える人が定年を迎えた。一方、定年を経験しなかったが大企業正社員では15.2となっており、定年非経験で（60歳前後に）離職した人は12.3となっている。その離職の年齢を尋ねた結果からは、60歳未満での離職が8.7となっている。それぞれの時点における状況に影響されるとは思われるが、55歳から60歳の定年に達するまでの間に1割弱の人がその会社を退職している[15]。
　定年を迎えた割合を男性全体の場合と比較すると、大企業正社員の場合の方がかなり高い（指数で大企業正社員：83.3／男性全体：64.3）といえ

第3章　雇用システムと高年齢者雇用

る。これは、男性全体の方が大企業正社員よりも定年を経験していない割合（同 15.2 ／ 34.6）が高いことであるが、中でも定年前等に離職する割合（同 12.3 ／ 22.6）の高さによるところが大きい。55 歳から定年までの間において も、程度問題ではあるが長期雇用システムの性格が出ているといってよいであろう。なお、定年前等に離職しそのまま引退した割合（5.9 ／ 9.5）は、離職した人のほぼ半数弱となっている。

大企業正社員について定年を迎えた直後に「再雇用等で勤務継続」が 23.9（定年経験者の中での割合は、28.7 ％）、「会社あっせんで別会社」で勤務が 14.3（同 17.2 ％）で、合計して 38.2（同 45.9 ％）が従前の勤務先の会社関係で定年後雇用確保・継続されている。また、「自力で再就職」して定年直後に仕事をしていた人が 7.9（同 9.5 ％）となっている。このほか、起業したり内職等雇用以外の多様な形態で仕事をしたりしていた人もわずかながらいる（合わせて 1.9（同 2.3 ％））。一方、定年直後には仕事をしていなかった人が 32.1（同 38.6 ％）となっている。そのうち仕事を探していたとした人が 17.0（同 20.4 ％／仕事をしていなかった人の中では 53.0 ％）、求職活動もしていなかったとした人が 15.1（同 18.1 ％／ 47.0 ％）となっている。その後、「再び働くようになった」が 20.1（同 24.2 ％／ 62.6 ％）、「そのまま引退した」が 10.6（同 12.7 ％／ 33.0 ％）であった。定年を機に職業生活から引退した人は 1 割程度である。

定年経験者についてのこうした結果を男性全体の場合と比較すると、まず会社関係で定年後雇用確保・継続されている割合（指数で大企業正社員：38.2 ／男性全体：32.3）で大企業正社員の方が高いが、これは自社での雇用継続というよりも「会社あっせんで別会社」（同 14.3 ／ 8.3）の違いが反映している。また、定年直後に無業であった割合（同 32.1 ／ 18.4）は大企業正社員の方がかなり高くなっている。ただし、そのまま引退した割合（同 10.6 ／ 8.4）にはそれほど大きな差はみられない。

引退過程の最後として、定年経験の有無別に調査時点における就業状況をみると（図表3-9）、仕事をしている人の割合が定年経験ありのグループでなしのグループよりも 10 ％ポイント程度低くなっている一方、仕事をしておらず今後も仕事をしたいと思わない割合（引退している割合）が、定年経

137

図表 3-9　定年経験の有無別調査時点の就業状況
（55 歳時に雇用者であった 65〜69 歳・男性）

(%)

	55歳時大企業正社員		計（55歳時雇用者）	
	定年経験あり （83.3%）	定年経験なし （15.2%）	定年経験あり （64.3%）	定年経験なし （34.6%）
計（65〜69歳男性）	100.0	100.0	100.0	100.0
調査時仕事していた	49.6	60.0	47.8	59.3
（うち雇用者として）	30.8	38.6	33.5	32.4
（うち会社役員等として）	0.8	0.0	1.9	11.9
調査時仕事せず	50.4	34.8	52.2	39.3
仕事はしたい	10.5	8.3	13.2	14.5
仕事をしたいと思わない	39.8	26.5	38.1	23.7

出所：JILPT「60 代の雇用・生活調査」（2014 年 7 月実施）。
注：表頭の（　）内は、定年経験の有無の構成比である。（他に無回答あり）

験ありの方が定年経験なしよりも 10 ％ポイント以上上回っている。調査時点での就業状況を大企業正社員と男性全体とで比較してみると、就業しているかどうかにはあまり大きな違いはみられない中で、現在仕事をしていないものの「仕事をしたい」とする割合が、大企業正社員に比べ男性全体の方が数％ポイント程度高くなっていること、男性全体の定年経験なしのグループにおいて会社役員として働いている人が 1 割程度いるのに対して大企業正社員では会社役員はほとんどいないこと、といった違いがみられている。

　このように、60 代における就業・引退過程を概観したとき、次のような課題を挙げることができるように思われる。すなわち、長期雇用システムの下で働いてきた人は、そうでない人に比べて、定年年齢を迎えたときに（雇用継続のための措置にのらずに）いったん退職する人が現在のところ少なくなかった。退職した後そのまま引退する人はそれほど多いわけではなく、結局は何らかの再就職をしている。データ的な裏付けは必ずしも十分にあるわけではないが、再就職したときの労働条件は、特別な場合を除き元の企業に継続雇用されていたとした場合に比べかなり下回ったものになっていることが推測できる。こうした事態の背景には、長期雇用システムの下で就業してきた場合、経済的に相対的に良好な状況にあり 60 歳定年をめざして長期に一定の蓄えもできていることに加え、公的年金が 60 歳から給付される状況にあったことが大きいと考えられる。しかしながら、今後においては、長期

雇用システムの終期が65歳へと延伸し、それをめざして高齢期（老後）に向けた準備がされるようになり、また、公的年金の支給開始年齢が65歳まで引き上げられるとともに、現在よりも多くの社員が継続雇用を希望するようになることが確実であると思われる。雇用が継続された場合の就業条件・環境の整備を含め、雇用システムの再編見直しが課題となるであろう。

３ 賃金調整に関する若干のデータ

　長期雇用システムの終期が延伸される際には、これまで述べてきたように賃金調整がもっとも大きな課題の１つとなる。そこで、「60代の雇用・生活調査」から参考とすべきデータを紹介しておきたい。いずれも55歳時において1,000人以上規模の正社員であった男性で定年を経験し、定年前後で賃金が減少した人について集計したものである。

　１つは、定年前後で賃金が減少することについて会社からどのような説明を受けたかを尋ねた結果である（図表3-10）。調査時の年齢で60〜64歳層と65〜69歳層とを比べてみると、「仕事の責任の重さが変わるので」（事項の表現は適宜略している。以下同じ）（それぞれ7.7％、16.4％）が65〜69歳層に比べ60〜64歳層はかなり割合が低下し、また、「役職からはずれたから」（同4.7％、7.2％）でもそれほど大きなものではないが同様に60〜64歳層の方が低くなっている。一方、説明内容としてもっとも多い「雇用確保のための再雇用だから理解してほしい」（33.9％、29.4％）は、60〜64歳層の方が高くなっている。より最近に定年を迎えた層ほど「責任の重さ」などの理由を挙げられる割合が低下し、「雇用確保の代償」的な説明を受けたとする割合が上昇している。なお、「特に説明はなかった」が両方の年齢層とも３分の１程度いることは課題を投げかけるものと思われる。

　図表3-11は、賃金が減少することに関する思いを尋ねた結果である。同様に年齢層間で比較してみると、「会社への貢献度は異なるので仕方がない」（22.3％、32.1％）などで60〜64歳層の方が低くなっている一方、「雇用が確保されるからやむを得ない」（51.4％、35.8％）が60〜64歳層の方がかなり高くなっている。先の結果と併せてみれば、この間「雇用確保の代償」的な説明が一定の納得感をもって受け止められてきたということが出来

る。ただし、上述したところでもあるが、「雇用確保の代償」的な説明が今後ともずっと有効かどうかは注視していく必要がある。とりわけ、「仕事がほとんど変わっていないのに」や「貢献度が下がったわけではないのに」、「責任の重さがわずかに変わった程度なのに」賃金が下がることに疑問をもつ層が少なくないことには留意しておく必要があるであろう。

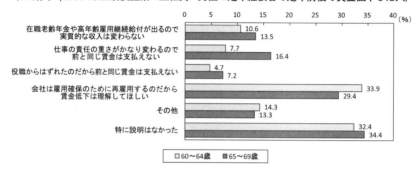

図表3-10 賃金が減少することに関する会社からの説明（複数回答）
（55歳時1,000人以上規模企業の正社員・男性の定年経験者で定年前後で賃金低下した人）

出所：JILPT「60代の雇用・生活調査」（2014年7月実施）。

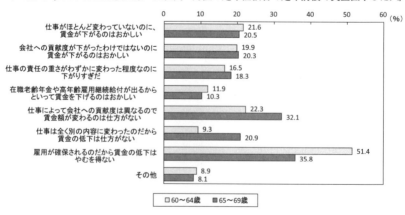

図表3-11 賃金が減少することに関する自身の思い（複数回答）
（55歳時1,000人以上規模企業の正社員・男性の定年経験者で定年前後で賃金低下した人）

出所：JILPT「60代の雇用・生活調査」（2014年7月実施）。

第3章　雇用システムと高年齢者雇用

第4節　雇用システムの中への高年齢者包摂の課題

　企業の長期雇用システムの下では、高年齢の社員は、最終的な選抜におい
て企業の経営層となる人等を除いて退（排）出の対象であり、定年制を軸と
してそのための制度が整備され、運用されてきた[16]。本章で取り上げなかっ
た退職金制度も、長期勤続への誘因としての制度であると同時に、円滑な退
職を促すための制度であったといえる。企業の定年制は、明治時代中期の黎
明期から大正、昭和初期にかけて主要な企業に導入・整備され、太平洋戦争
期には一時棚上げ状態となったが、戦後になって再生、中小企業にまで普及
した。定年年齢は平均寿命に近い年齢に設定され、「終身雇用」ともいわれ
るように職業生活からの引退時期と重ねて考えられたものと思われる。しか
しながら、経済復興、高度経済成長、そして公衆衛生の進展とともにわが国
は長寿化が進み、定年年齢は若すぎる定年となって、社会的要請と齟齬を来
すこととなった。すなわち、長期雇用システムの終期に関する制度の見直し
が求められたのであって、一定期間ではあれ高年齢者を再びそのシステムへ
包摂することが課題となった。

　この課題に対して、政策的要請の下で、企業は上述のような対応を講じて
きたところである。本章執筆の2016年時点においては、「60歳定年プラス
65歳までの雇用継続」がほぼ一般的な姿であるといえるが、これがこの課
題の終着点であるとは考えにくい。近年、主要企業において65歳への定年
延長をめざすところも散見されてもいる。長期雇用システムの終期のあり方
は、今後とも課題であり続けることと思われる。そこで、試論的に若干の展
望をしておきたい。ここでも、第1節の「能力・処遇の年齢プロファイル」
が思考の枠組を提供するが、大きく分けて次の2通りの方向があると思われ
る。

①定年を引き続き原則的な退職年齢として設定し、採用される若年期から
　その定年までの全期間を通じた能力（発揮）と処遇との均衡を図る処遇
　システムの構築を図る。

②定年を原則的な退職年齢ではなく長期雇用システムの第1の「精算期」
　としてとらえ、それ以降は原則として能力（発揮）と処遇とがそれぞれ

141

の時点で均衡する処遇システムを構築したうえで、原則として希望者は就業を継続する雇用システムの構築を図る。

①は定年延長と親和的である。雇用継続の実績を踏まえながら、当面65歳までの定年延長が課題となる場合が多いと思われる。それに伴い、人事・処遇制度について広範な見直しが行われるとともに、長期雇用システムの対象となる社員の範囲の絞り込みも行われる可能性も考えられる。しかし一方、「定年延長」という打ち出しであっても、賃金プロファイルとりわけ50歳以降のそれ（50歳以上頭打ち、55歳で1割、60歳でさらに3～4割ダウン）を維持したままで行われるとすれば、それは②の類型にかなり接近したものといえる。なお、①において、定年が原則的な退職年齢とされる場合においても、役員が定年を超えて別建てで就業継続するように、「特に必要と認められる」定年到達者は雇用継続の対象とすることは一般的に考えられる。

②は、「60歳定年プラス65歳までの雇用継続」という現在の状態と親和的であるが、その中でも賃金調整における上述のような課題に的確な対応がなされることが求められる。定年後の雇用継続における仕事の内容、会社の事業にとっての役割と価値、それに見合った報酬制度などについて整備するとともに、定期的に加え必要に応じてそれらに関して会社と当該従業員とが情報交換し話し合っていくことが必要となろう。また、②の類型にあっては、定年は社員にとってもキャリアの精算期としての役割をもつので、当該企業での雇用継続を希望せずに他の企業や仕事で働こうとする人が一定程度いることが前提となっている。その際、可能な限り、他の企業や異なる仕事であっても長期雇用の中で育成された能力が適切に評価されて採用・活用される環境の整備が必要となり、これは企業の課題という面とともに社会システムの課題であるともいえる[17]。

付論 中堅・中年期の転職の課題──三方得の「排出と次なる包摂」戦略

長期雇用システムがもつと思われる短所の1つとして、「長期雇用」の中での選抜に取り残され、中高年齢期になって初めて当該企業の事業に係る仕事内容に適性がないことが確認された場合や、能力はあるものの社内ポスト

第3章　雇用システムと高年齢者雇用

の状況などから十分な活躍の場が与えられない場合などにおいて、キャリアをやり直す機会が非常に限られたものになることを挙げることができる。往年のように比較的高い成長が見込める場合には、そのような場合でもなんとか活躍の場を社内に創出することができたが、低成長となった現在は困難となっている。加えて、今後における人口減少の下では、労働力（＝人材力）の有効活用という面からもより問題とされてよいと思われる。すなわち、中堅・中年期においてキャリアをやり直し、これまでの蓄積も活用しつつより活躍できる職場へ転職できる職業社会の構築が大きな課題となる。このためには、企業と社会システムの双方からの促進的取組みが求められる。そこで不可欠なのは、①求める人材の情報とキャリアのやり直しを図る人材の情報とを流通させるシステム、②転職に伴い（一時的に）低下する所得を一定程度補填するシステム、③転職（候補）先における見極めのための一定の期間が用意され、また、やり直しができるシステム、④こうした一連の過程を見守り、成功に導く相談・支援システム、といったものが考えられる。こうした中堅・中年期におけるキャリアのやり直しができる機会が用意され、適切に運用されることを通じて、定年制をはじめとした高年齢期の雇用のあり方についても良好な影響を与えるものと考えられる。

【注】

1　この図式は、米国のラジアーによって定式化されたものとされるが、ここでは清家篤「高齢者の労働経済学」第6章に大きく依拠している。ただし、説明方法や解釈において異なる部分がある。

2　ここでは平均的な姿をイメージしていることとなる。高年齢期においては、「組織管理機能」がより重要になるが、「組織管理機能」に適合した能力や心理的構えをもっている社員はそれほど多くはないので、高年齢期における成果プロファイルは人によって大きな違いがあり、実際の能力は低下傾向にあるとみなされる社員も少なくないと想定されていると考えた方がよいかも知れない。

3　この図式の元祖であるラジアーには、このような発想はない。採用時点で入職者は「一人前」の職業人であるのであろう。

4　中堅期における高い成果は、一部にはそれ以前における企業の能力開発投資によるものであり、また一部は（中）高年齢の管理職による組織管理機能の賜物であると考えることもできる。したがって、ときどきの成果貢献と賃金とは概ね見合っていると考えることもできる。その場合でも、長期雇用システムが長期逓増処遇制度に基礎づけられている限り、定年などの終期の設定が必要であることに変わりはない。

5　この図式について、社員は若い時期（ここでは主に中堅期）において企業に貯蓄し、高

年齢期においてそれを取り戻すというように説明されることがある。個々の社員の意識としてはそのようにいうことができる面もあるが、企業会計の視点からはそのように理解することは困難であるように思われる。企業に貯蓄するといっても、どのような勘定項目に蓄積されるのであろうか。もし内部留保とすれば、企業の内部留保は従業員の年齢構成によって規定されることとなるが、そうした傾向があるとは思えない。すなわち、この図式は、個々の社員の生涯的なバランスを示したものというよりは、各年齢層に万遍なく社員がいるような大企業における年齢層間の賃金配分方式を示したものと考えた方がよいと思われる。

6　なお、労働力人口に占める55歳以上の割合の推移をみると、1968年に14.5％であったものが15.7％となったのは1979年で11年かかっているのに対して、その11年後の1990年には上述のとおり20.2％であり、その間に4.5％ポイントも上昇している。さらに11年後の2001年は23.0％（2.8％ポイント上昇）、そのまたさらに11年後の2012年は28.4％（5.4％ポイント上昇）となっている。1980年代以降労働力の高齢化が加速したことがわかる。なお、近年は2008年に28.0％と28％台となって以降は、2015年の28.9％まで相対的に緩やかな上昇となっている。

7　1954年改正施行により一般的な厚生年金支給開始年齢はそれまでの55歳から60歳に引き上げられたが、その引上げは20年間をかけて段階的に行われたことは留意しておく必要がある。

8　正確にいえば、誕生日により規定されている。例えば、1941年4月2日～1943年4月1日に生まれた人については、定額部分の支給開始年齢が61歳（報酬比例部分は60歳のまま）となり、次のグループである1943年4月2日～1945年4月1日に生まれた人は62歳となり、以下、誕生年が2年加算されて次のグループとなり定額部分の支給開始

年齢が1歳引き上がっていき、1949年4月2日以降に生まれた人は定額部分の支給開始年齢が65歳となる。次いで、1953年4月2日～1955年4月1日に生まれたグループから報酬比例部分の支給開始年齢の引き上げが開始され、61歳となる（定額部分（＝老齢基礎年金）は65歳のまま）。以下、定額部分の場合と同様に、誕生年が2年加算されて次のグループとなり報酬比例部分の支給開始年齢が1歳引き上がっていき、1961年4月2日以降に生まれた人の報酬比例部分の支給開始年齢が65歳となり、全体の引き上げスキームが完了する。

9　図表3-4から分かるように、中小企業においてはもともと定年後も雇用を継続することが一般的であったことは注目されてよい。

10　図表3-5（図表3-6も同じ）は、一般に長期雇用システムであると考えてよい大企業（統計上1,000人以上）について、その脚注にあるような標準労働者の所定内賃金の賃金カーブを示している。それは、企業の賃金制度をより反映するものであると考えることができる。また、第1段階を対象とした図表3-5では高卒男性のデータを、第2段階に係る図表3-6では大卒・男性のデータを示している。当該学歴のデータが全年齢にわたり万遍なく把握されていることを考慮したものである。

11　この時期における賃金の中だるみには、高学歴化が進展する中で、高卒社員の位置づけの変化を示す部分もあると考えられる。すなわち第1節で論じたところでいえば、管理的職務を担う人材という性格が後退し、現業的職務を担う人材という位置づけがより大きくなったものと考えられる。

12　労働政策研究・研修機構編（2015）を参照されたい。

13　このデータをみる際に留意する必要がある点を2つ挙げておきたい。1つは、60歳を迎えたと一応みてよい年を計算すると、調査時点現在の60～64歳層では2009～14年、65～69歳層では2004～2009年となる。後者

には、高年齢者雇用安定法の 2006 年改正施行の前に（ただし、法改正は成立している）60 歳となった人が一部含まれる。2 つ目は、リーマンショックとの関係であるが、それが勃発した 2008 年 9 月に何歳であったかを試算すると、それぞれ 54～58 歳（一部 59 歳）および 59～63（一部 64 歳）となる。その影響はなんともいえない面もあるが、前者はショック後の厳しい時期に 60 歳を迎えたこと、後者は 60 代前半で例えば就業しているときにショックを経験したことには留意する必要があろう。なお、団塊の世代はほとんどが 65～69 歳層に含まれている。

14　この比較には、企業規模による違いと併せて正社員とそれ以外の形態との違いも反映することとなる。ただし、男性 65～69 歳層で 55 歳時点において正社員の割合は 85.6 ％であり、後者による違いはそれほど大きくはないと考えられる。

15　定年前の離職には、他社への出向やあっせんによる移籍なども考えられるが、「60 代雇用・生活調査」ではそうした動きはとらえられなかった。定年後には「あっせんで別会社」に勤務が少なからずみられているので、55～59 歳でなくその前後で出向・転籍が行われることが多いのか、それともこの調査の時期に特有の要因があったのか、どちらかはなんともいえない。

16　会社統治の観点からは、経営層の退（排）出も論点の 1 つであるが、本章の対象ではない。ただし、経営層の選抜や待遇、任期等のあり方は、長期雇用システムのあり方にも影響を与えることには留意が必要である。

17　より長期のスパンで考えるならば、2020 年代半ば以降の公的年金支給開始 65 歳時代の到来を遠望すれば、65 歳定年を前提とした①の類型が広まるとともに、それをベースにさらに②の類型が可能な限り多くなっていくことが望まれる。

【参考文献】　※ 50 音順

伊丹敬之（2000）『経営の未来を見誤るな——デジタル人本主義への道』日本経済新聞社（特に第 9 章：シニアを生かして、シニア市場を開拓）.

今野浩一郎（2014）『高齢社員の人事管理——戦力化のための仕事・評価・賃金』中央経済グループパブリッシング.

エドワード・P. ラジアー〔樋口美雄／清家篤：訳〕（1998）『人事と組織の経済学』日本経済新聞社.

荻原勝（1984）『定年制の歴史』日本労働協会.

清家篤（1992）『高齢者の労働経済学』日本経済新聞社.

清家篤・山田篤裕（2004）『高齢者就業の経済学』日本経済新聞社.

清家篤（2006）『エイジフリー社会を生きる』NTT 出版.

樋口美雄（2001）『雇用と失業の経済学』日本経済新聞社.

労働政策研究・研修機構編（2015）『60 代の雇用・生活調査』（JILPT 調査シリーズ № 135）労働政策研究・研修機構.

労働政策研究・研修機構編（2016）『高年齢者の雇用に関する調査結果（企業調査）』（JILPT 調査シリーズ № 156）労働政策研究・研修機構.

日本的雇用システムと女性の キャリア――管理職昇進を中心に

第1節 はじめに

　日本的雇用システムは女性差別的性質をもつといわれてきた（稲上 1986；大沢 1993；武石 2006；川口 2008）。昨今経営課題として女性の活躍推進に取り組む企業が目立つが、こうした流れは日本的雇用システムの維持・変容とどのように関係しているのか、この点をデータに基づいて明らかにすることが本章の目的である。

　人事管理から男女の区別を撤廃し、男女の職域を統合することは日本でも男女雇用機会均等法制定以来の課題となっており、1999年施行の改正均等法はポジティブ・アクションの取組みを企業に求めている。だが、依然として男女の職域分離、特に垂直分離は根強く、日本の管理職に占める女性の割合（以下、女性管理職割合と呼ぶ。）は国際的にみて今もなお低い水準にある[1]。背景として日本の企業に一般的な内部昇進の問題がたびたび指摘されてきた。すなわち、長期雇用と年功制に基づく「遅い選抜」のもとでは長期にわたって継続的に蓄積した能力が評価されて管理職に昇進する。その過程には長時間の残業をともなう職務への配置や転居をともなう転勤もある。こうした昇進競争は結婚や出産を機に労働供給が制約される女性には不利だといわれてきた（稲上 1986；脇坂 2014）。だが、近年、女性の力を企業の競争力や日本経済の成長力に生かす目的で「女性活躍」への関心が高まりつつある。安倍政権も2013年に発表した成長戦略において「女性活躍」をその柱の1つに位置づけている。その柱として2015年に女性活躍推進法が制定され、2016年から施行されている。「活躍」の意味するところは様々であるが、最大の関心は女性管理職割合の引き上げにある。

　注目したいのは「女性活躍」への関心の高まりと軌を一にするように企業は人事制度改革にも取り組んできたことである。女性管理職比率が、今なお

傾きは緩やかではあるものの上昇傾向を示し始めたのは2000年代のことである。1つの背景として1986年の男女雇用機会均等法（以下、均等法と略す。）施行後にキャリアを形成した女性が管理職候補となる勤続年数に達していたことがある。だが、加えて2000年代はバブル崩壊後の景気低迷から一時的に日本経済が回復した時期であり、企業が人材活用に前向きになっていたことに留意したい。武石（2006）が分析しているように、1990年代は厳しい経済情勢の中で企業が雇用に前向きになれなかったことから均等施策は進まなかった。男性でさえ「リストラ」の対象になり、人員削減や賃金抑制が経営課題になっていた時代に女性だけが登用されてその待遇が上がることは考えにくい。だが、2000年代に景気が回復し始めると女性を積極的に活用しようとする企業が目立ち始めた[2]。その主たる目的は人材活用の効率化であるが、同じ目的から日本の企業は様々な人事制度改革に取り組み始めている。それは広い意味で日本的雇用システムの改革と呼べるものであるが、問題としたいのは日本的雇用システムのどこを改革することが女性活躍と親和的であるかである。

　「日本的雇用システムは女性差別的である」と大括りにいってしまうと、長期雇用はやめて雇用を流動化し、年功的な賃金制度はやめて成果主義を徹底し、人材活用は長期育成ではなく即戦力型に、内部昇進よりも外部登用を、「メンバーシップ型」から「ジョブ型」の雇用システムへといったように日本的雇用システムを全面的に改革しないと女性は活躍できないかのような議論になるだろう。しかし、日本的雇用システムとはそれ自体が1つの人事制度ではなく、長期的な雇用保障、年齢や勤続年数に応じた安定的所得保障、広範な配置転換、内部昇進といった複数の人事制度の結合体である。本書の各章で議論しているように、1990年代初頭のバブル崩壊後に多くの企業が人事制度を見直しているが、それは日本的雇用システムの全面的な否定を意味するものではない。現実に企業が行っているのは個別の人事制度改革であり、雇用システム全体としてみれば長期雇用を維持しつつ年功的な賃金制度は見直すといった部分修正にとどまっている。その実態を踏まえて、今後の課題を検討するためにはまずこの部分修正と女性活躍の関係をとらえることが重要であろう。

以上のような問題意識に基づいて日本的雇用システムの諸相と女性の働き方の関係について検討したい。

第2節　女性の働き方と日本的雇用システムの諸相

1　長期雇用と年功制

　日本的雇用システムがなぜ女性のキャリア形成の桎梏となるのか、そのロジックを確認しておこう。その上で女性の活躍を企業に促す要因を考えてみることにする。

　一般に日本的雇用システムの特徴といわれる長期雇用慣行は女性にとって不利に作用するといわれる。大企業の多くが新卒採用を主とし、勤続年数に応じた処遇（年功制）を採用しているため、一定の年齢を過ぎた労働者が新規に就職して待遇の良い仕事に就く機会は著しく制約される。女性は結婚や出産を機に就業を中断してしまうと育児が一段落した後に再び就業しようとしても待遇の良い仕事をみつけることが難しい。反対に結婚や出産の後も仕事を辞めずに同じ会社に勤務し続けていればキャリア上の不利を受けずに済む可能性が高くなる。男女雇用機会均等法や育児・介護休業法は、こうした就業中断のデメリットを回避できるよう企業の人事管理を規制している。

　しかしもう少し抽象的に考えてみれば、長期雇用それ自体は性別に対して中立的である。女性だから就業中断が不利になるということではなく、中高年のリストラや男性介護者の離職問題に表れているように、男性であっても壮年期以降に長期の就業中断を経験すれば待遇の良い仕事に就いてキャリアアップする機会は制約される。年功制についても同様であり、それ自体は性別に中立的である。同じ職能資格制度のもとで雇用される従業員は男女にかかわらず1年の勤続を経た後に同じ比率で賃金が上がる。男性と同じ賃金制度のもとで等級を上げていく限りにおいて女性だから男性よりも不利になるということは、少なくとも均等法施行後の現在においてはない。

　日本的雇用システムが女性差別的であるといえるためには、もう一歩踏み

込んで別の要素を加味する必要がある。

2 属性主義的管理

　一般に日本的雇用システムの特徴といわれる長期雇用や年功制はすべての従業員に適用されるルールではない。広く知られているように、その対象となるのは基幹的な労働力として雇用される正規雇用の従業員（いわゆる正社員）であり、その外部にパートや契約社員、派遣社員など、今日「非正規雇用」と呼ばれる一時的・補助的な労働力が存在する。のみならず、正社員も将来の経営の担い手つまり管理職候補として期待される基幹的な正社員と、その候補にならない周辺的な正社員とに分類することができる。前者の典型は総合職であり、一般職は後者に当たる。

　留意したいのは、総合職は「男性」、一般職は「女性」といったように、これら人事管理上の区別が性別と強い相関をもってきたことである。稲上（1986）は、性別や入社年次、学歴といった属性ごとに従業員を階層化して、同じ区分の従業員に大きな格差を設けないようにする「層別の『一括管理』」を日本的雇用システムの特徴の1つに挙げる。この各層の従業員の待遇は社会的な性別規範や年齢規範と深く関係している。主たる家計支持者となる男性が多数を占める雇用区分の賃金は高く安定しているが、女性が多数を占める雇用区分の賃金は低く不安定である。また明確な年功制をとっていなくても職能資格制度に基づく従業員の待遇は年次別に管理されるため年齢と賃金の相関は高い。結果として、未婚の若年層よりも、家族を養う中年層の賃金が高くなるように設計されている。こうした層別一括管理のもと、均等法以前は結婚退職慣行のような形で正社員についても男性は長期勤続、女性は短期勤続を前提とした人事管理が行われていた。均等法や女性活躍推進法は、こうした男女別管理の撤廃を企図しているが、実質的な人事管理として男女の職域を統合させることは容易ではない。

　総合職のように男性を主戦力とする基幹的な正社員は「男性は仕事」という男性規範を帯びており、労働供給の制約なく「妻子を養うために」家庭生活よりも仕事を優先する働き方を求められる。しかもそうした働き方は長期雇用慣行のもとで、何十年にもわたって継続的に求められる。同期

入社同士の競争を軸に管理される昇進においても、そうした累積的な会社への貢献が評価の対象となる。こうした男性主義と長期雇用が結合した人事制度は仕事を辞めなくても家族的責任にともなう労働供給制約のある女性には不利に働く。結果として、男性と同じように働けない女性は男性と同じ雇用区分で就業継続できても管理職昇進の可能性は低いキャリアになりがちである。

しかし、このような属性主義的な一括管理は人材活用の効率性という観点でみたときに非効率である。本人の適性よりも性別を優先して集団的に「男性はこの職務、女性はあの職務」を割り当てることは適材適所に反する。それでも大量採用により男性だけで十分な労働力を確保できていた好況期には男性の中だけで適材適所を考えていればよかった。しかし、1990年代初頭のバブル崩壊後の景気低迷から今日に至るまでの厳しい経営事情の中で企業は人員をギリギリの人数まで絞っている。そのような状況では男女によらずに適材適所を考えないと業務を回していけなくなる。つまり、要員管理を少数精鋭にすればするほど属性主義的な人材活用よりも本人の能力に応じた管理をする必然性が高くなるといえる。

3 両立支援と家族的責任

しかしながら、人事管理から属性主義を払しょくすることは容易ではない。性別は働き方だけでなく労働者の生活を規定してもいるからだ。そして、労働者がどのように働きたいかという就業ニーズは、仕事以外の生活と深く結びついている。

前述のように、長期雇用慣行それ自体は性に中立的であり、男女にかかわらず離転職を繰り返すより1つの企業に長期勤続した方がキャリア形成にプラスに作用する。育児や介護といった家族的責任は、この長期勤続を阻害する可能性があることから、育児・介護休業法は同一事業主との雇用関係の継続に主眼を置いた両立支援を企業に求めている。なお、妊娠・出産と区別される育児および介護もまた抽象的には性に中立的であり、育児・介護休業法は両立支援制度の利用対象を女性に限定していない。だが、現実に育児や介護のために仕事を辞める労働者は圧倒的に女性であり、仕事を続ける場合も

育児休業や短時間勤務といった両立支援制度の利用者は女性に偏っている。企業が性に中立的な人事管理をしようとしても、家族において「女性は家庭」という役割規範が根強く女性の生活を規定する限り、家庭生活に支障のない範囲で働きたいという就業ニーズが性に中立的な管理を阻害することになる。結果として、特に育児や介護を担う女性は長期勤続をしても家庭優先の働き方をし、男性とは異なるキャリアを形成することになる。こうした女性のキャリアは特に育児との関係において顕著であることから、「マミートラック」と呼ばれる。このマミートラックの解消は男女の職域を統合し、女性活躍を推進するための鍵として関心を集めている。

なお、仕事と家庭生活の両立においては育児休業や短時間勤務、所定外労働免除、看護休暇といった育児・介護休業法が定める制度だけでなく、異動の範囲が限定された限定正社員制度を導入する企業が目立つ。特に転居をともなう転勤については育児・介護休業法において育児・介護を担う労働者に配慮することが企業に求められているが、単なる配慮にとどまらず明確な規定を設けて勤務地限定正社員制度を導入している企業もある。転居をともなう転勤の経験が管理職昇進と深く結びついている企業において転居転勤を回避することは、管理職昇進を断念することを意味しかねない。そうした不利を受けやすいのもやはり女性である。したがって、転勤についても管理職昇進のある勤務地限定正社員制度を導入するなど、柔軟な対応のもと人材を効率的に活用していく必要性に企業は迫られつつあるといえる。

以上のような観点から、企業の人事管理と女性の管理職登用の関係を分析していきたい。

第3節　女性管理職割合と女性昇進者割合

従来の研究は管理職全体に占める女性の比率を問題としてきた。だが、こうしたストックとしての女性管理職割合は過去の累積的な昇進の結果であり、女性活躍推進の歴史が浅い企業の近年の取組みは反映されにくい。こうした最近の取組み結果をデータに反映するにはフローとして、直近の管理職昇進者に占める女性比率（女性昇進者割合）をみた方が良い。

実際、女性管理職割合の高い企業で女性昇進者割合が高いとは必ずしもいえない。図表4-1は厚生労働省の「平成27年度雇用均等基本調査」（2015年）における、これら2つの割合を産業別に示している。女性管理職割合の高い順に産業を並べているが、「医療、福祉業」や「生活関連サービス、娯楽業」は女性管理職割合が相対的に高く、女性昇進者割合も高い。もともと女性昇進者が多く、その傾向が近年も変わっていない業種といえる。「宿泊、飲食サービス業」も女性管理職割合は高いが、女性昇進者割合は低い。対照的に「不動産、物品賃貸業」や「金融、保険業」は女性管理職割合に比べて女性昇進者割合が高い。もともと女性管理職は少なかったが、近年女性登用に取

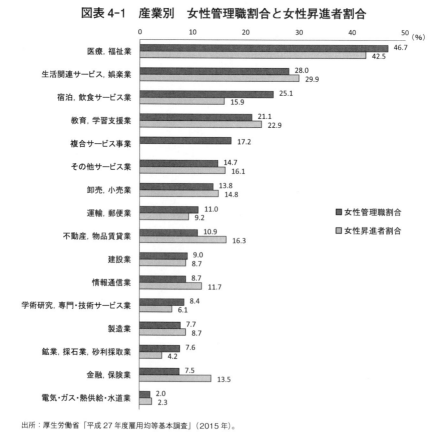

図表4-1　産業別　女性管理職割合と女性昇進者割合

出所：厚生労働省「平成27年度雇用均等基本調査」（2015年）。

第4章　日本的雇用システムと女性のキャリア──管理職昇進を中心に

り組んでいる様子がうかがえる。

こうした女性管理職割合と女性昇進者割合のズレは企業規模との関係においてより顕著である。図表 4-2 に同じ「平成 27 年度雇用均等基本調査」の結果を企業規模別に示す。「10〜29 人」「30〜99 人」つまり 100 人未満の企業規模に比べて 100 人以上の企業規模は相対的に女性管理職割合が低い。だが、規模の小さい企業は組織がそれほど階層化されておらず、また「男女」というより本人の能力に応じて個別に役職登用しやすい傾向がある。反対に、規模の大きい企業はそれだけ組織が階層化されており、昇進が集団的に管理されている。つまり、管理職昇進をめぐる女性差別的な日本的雇用システムの内部労働市場の性格とは主に大企業に該当する話であるといえる。しかし、100 人以上の企業規模は女性昇進者割合が女性管理職割合に比べて高いことにも注目したい。特に「5,000 人以上」の企業において、その傾向は顕著である。大企業にみられる近年の女性活躍推進の動きが統計的なデータにも表れているということができる。

以上のような傾向を踏まえて、以下では 100 人以上の企業規模における女性昇進者割合に焦点を当てる。もちろん 100 人未満の企業規模でも女性管理職割合と女性昇進者割合はどちらも 1 割から 2 割であり絶対的水準として高いとはいえない。しかし、日本的雇用システムとの関係でいえば階層化された大規模な組織における人事制度と昇進の関係を問うことが重要である。また、過去から現在に至るもともとの男性中心的な企業体質ではなく、そう

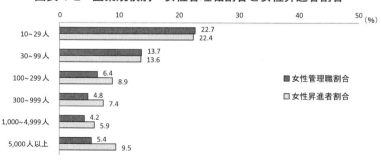

図表 4-2　企業規模別　女性管理職割合と女性昇進者割合

出所：厚生労働省「平成 27 年度雇用均等基本調査」(2015 年)。

153

した体質改善を図りつつ今後女性管理職が増えていく可能性を占う観点から女性昇進者割合に焦点を当てる。

なお、図表4-1と図表4-2の「管理職」は課長以上の役職者を示しているが、課長・部長・役員など役職ごとに昇進基準や女性割合は異なるため、女性登用の具体的な課題は異なる。図表4-3に示すように女性割合の差が役職間で最も大きいのは係長級と課長級であり、差し当たっては管理職一歩手前の役職から管理職への昇進を推進していくことが重要な課題であることから、以下では課長昇進に焦点を当てる。

分析するデータは労働政策研究・研修機構（以下、JILPT）が100人以上の企業を対象に2016年に実施した「企業の人材活用と男女正社員の働き方に関する調査[3]」である。

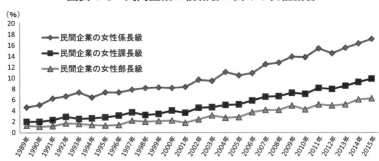

図表4-3　民間企業の役職者に占める女性割合

出所：厚生労働省「賃金構造基本統計調査」。

第4節　人事管理と女性の課長昇進

1　人材活用方針と女性の課長昇進

日本的雇用システムの昇進管理は長期雇用に基づく新卒採用者の長期育成と年功的な昇進を中心とし、管理職やその候補者を中途採用することは一般的でないといわれる。また、雇用区分ごとに配置と異動が管理され、中でも正社員と非正社員の間には明確な人事管理上の区別があった。だが、本書の

出発点となる問題意識に示されているように、1990年代以降の長期的な景気低迷とグローバル化等によって厳しさを増す経営環境の中、企業は従来型の人事管理のあり方を見直す必要性に迫られた。具体的には正社員の人件費負担の軽減が図られ、日本的雇用システムの特徴といわれる長期雇用が適用される範囲は縮小し、正社員1人当たりの賃金も抑制された。

図表4-4はそのような観点から人材活用の基本方針を示している。「新卒者の長期雇用」は今日においても約8割の企業が重視している。反対に「管理職の中途採用」を重視する企業は15％程度にとどまる。明確に「重視していない」という企業も36.0％ある。人材の長期育成に基づく内部登用を基本とする方針は大きく変わっていないようである。しかし、「脱年功的役職登用」、つまり年齢や勤続年数にこだわらないとする企業も半数にのぼる。つまり、役職登用する順序については年功にこだわらなくなっているといえる。また、人材の内部登用という意味では「非正社員の正社員転換」を重視する割合が約35％という結果も注目に値する。雇用区分ごとの管理を徹底するよりも能力のある非正社員は正社員に登用した方が人材活用の効率性は

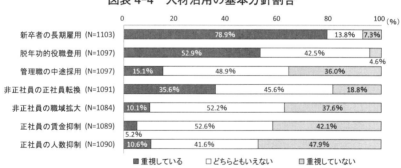

図表4-4　人材活用の基本方針割合

新卒者の長期雇用：新卒者を定期採用・育成し長期雇用すること
脱年功的役職登用：年齢や勤続年数を問わず能力に応じて役職につかせること
管理職の中途採用：管理職や管理職候補者を中途採用すること
非正社員の正社員転換：非正社員の正社員への転換を進めること
非正社員の職域拡大：責任のある仕事を非正社員に担当させること
正社員の賃金抑制：正社員一人当たりの賃金を抑えること
正社員の人数抑制：正社員の人数をなるべく少人数に抑えること

出所：JILPT「企業の人材活用と男女正社員の働き方に関する調査（企業調査）」（2016年）。

高まる。このようにみると、前述した日本的雇用慣行の部分修正とは内部労働市場を維持しつつ、内部労働市場の中で人材の配置や異動の効率化を図ることだといえよう。なお、1990年代以降の経営合理化は正社員の人数と賃金を抑制する方向で進められ、非正社員の職域を拡大させることになった。「正社員の人数抑制」・「正社員の賃金抑制」・「非正社員の職域拡大」はこうした事情を反映しているが、こうした施策を「重視している」という企業は図表4-4をみる限り少なく、「重視していない」という企業の方が多いようだ。1990年代の平成不況期とリーマンショックという2度の大きな景気低迷を経験する中ですでに相当程度の経営スリム化をしているからではないだろうか。

では、こうした日本的雇用システムをめぐる動向は女性の管理職昇進とどのように関係しているだろうか。図表4-5にこれらの方針の重視度別に過去1年間（調査実施直前の2015（平成27）年度）の課長昇進者に占める女性割合（女性課長昇進者割合）を示す。

長期雇用慣行の中心的施策である「新卒者の長期雇用」についてはこれを重視するか否かで女性課長昇進者割合の差はみられない。その意味で長期雇用慣行それ自体は女性差別的とはいえない。「脱年功的役職登用」については、これを「重視していない」つまり年功制を維持する方針である場合に女性課長昇進者割合は低い。年功制の見直しは脱属性主義的な人事管理の1つといえるが、特に女性採用と定着の歴史が浅い企業においては長期勤続者の多くが男性であることから女性の昇進者を増やすために重要であるといえそうである。1つ留意したいのは「重視している」と「どちらともいえない」の差がほとんどないことである。「どちらともいえない」の内実は解釈が難しいところであるが、年功的要素を考慮しないというほどの強い方針がなくても、つまり多少の年功的要素を維持しつつも、能力に応じて柔軟に役職登用するという企業では、女性の昇進者割合が高くなっているのではないだろうか。その意味では、年功制も女性の昇進に対して中立的になりつつあるといえる。背景として、1986年の均等法施行から30年、1999年の改正均等法施行からも15年以上経っていることを考慮する必要があるだろう。この間に勤続を重ねた管理職候補の女性が企業内部に増えていることが関係して

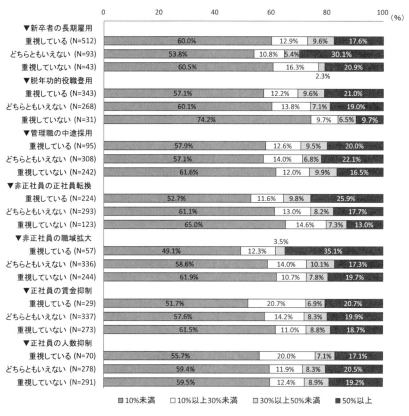

図表4-5 人材活用方針の重視度別 女性課長昇進者割合

出所：JILPT「企業の人材活用と男女正社員の働き方に関する調査（企業調査）」（2016年）。

いるのではないだろうか。つまり、女性の勤続が短かった時代には「長期勤続の男性と短期勤続の女性」という形で年功制は管理職昇進の男女差を生む要因になっていたが、女性の勤続が伸びたことにより、そのような年功制と昇進格差の関連性は薄くなっていると考えることができる。

同じく内部登用という観点から「非正社員の正社員転換」を重視している場合に女性課長昇進割合が高いことにも注目したい。「非正社員の職域拡大」を重視している場合にも女性課長昇進割合は高い。正社員の管理職登用と非正社員の管理は一見すると別物のようであるが、経営スリム化の過程で

多くの企業が正社員の職務の一部を非正規化したことは広く知られている。非正社員の職域拡大はその結果であり、責任のある仕事を担う非正社員を対象に正社員転換制度を導入している企業もある。つまり、適材適所で能力のある人材を配置するという点で女性の管理職登用と非正社員の正社員登用は文脈を共有する。

　一方、管理職の中途採用については、これを重視するか否かによる女性課長昇進者割合の差はみられない。つまり、管理職昇進に至るキャリアを内部労働市場型から外部労働市場型にしても女性の課長昇進が増えるとはいえない。

　これらの結果から、日本的雇用システム改革と女性活躍の関係について、以下のようにいうことができる。日本的雇用システムを改革し、人材の流動化を図ることは女性の管理職昇進と親和的であるといえる。だが、それは日本的な内部労働市場を否定し、転職を通じたキャリア形成を可能にする外部労働市場型の雇用システムへとシフトすることを意味しない。内部登用は維持しつつ、その内部の人材の動きを流動化することが重要であるようだ。年齢や勤続・雇用区分といった層別に人材を仕切って一括管理する従来の人事管理はその硬直性ゆえに適材適所の配置を阻害し、女性活躍のブレーキとなりうる。この点は本章のデータからも確認できるが、その改革の方向性はあくまでも内部登用を基本に女性が活躍できるようにすることであるといえる。

2 採用・勤続と女性の課長昇進

　同じことを客観的な人事情報を把握したデータからもいえるだろうか。長期雇用との関係からみていこう。

　図表4-6は平均勤続年数と女性課長昇進者割合との相関係数を示している[4]。本章ではフローとしての昇進者割合を問題にしているが、参考情報としてストックとしての女性課長割合も合わせて示す。一般的に平均勤続年数の長さは長期雇用の指標として扱われ、伝統的にその適用対象となってきた男性は女性よりも平均勤続年数が長い。長期雇用が女性活躍にマイナスであるとしたら、平均勤続年数は女性課長昇進者割合と負の相関を示すはずである。

　結果をみると、男女とも女性課長昇進者割合と平均勤続年数は負の有意な

第４章　日本的雇用システムと女性のキャリア──管理職昇進を中心に

図表 4-6　男女の平均勤続年数と女性課長昇進者割合・女性課長割合の相関

		男性の平均勤続年数	女性の平均勤続年数	平均勤続年数男女差
女性課長昇進者割合	相関係数	−.197**	−.132**	−.057
	N	627	626	626
女性課長割合	相関係数	−.322**	−.170**	−.162**
	N	888	885	884
女性課長昇進者割合 （女性課長割合を制御）	偏相関係数	.068	−.020	.091*
	自由度	604	604	604
女性課長昇進者割合 （産業、常用労働者数、 女性課長割合を制御）	標準化回帰係数	.056	−.016	.068*
	N	608	607	607

出所：JILPT「企業の人材活用と男女正社員の働き方に関する調査（企業調査）」（2016 年）。
注：**は 1 ％水準で有意、* は 5 ％水準で有意。

相関を示している[5]。つまり、長期雇用慣行の企業ほど女性が課長に昇進していないといえる。だが、ストックとしての女性課長割合も男女の平均勤続年数と負の相関を示している。前節でみたように、もともと女性管理職割合が高い企業と近年女性管理職昇進割合が高い企業の特徴はやや異なる。その点を考慮して、女性課長割合の影響を取り除いた女性昇進者割合と平均勤続年数の偏相関を図表 4-6 の中段に示しているが[6]、女性課長昇進者割合と男女の平均勤続年数には有意な相関がなく、平均勤続年数の男女差のみ有意な正の相関がある。またこの結果を踏まえて、図表 4-6 の下段には女性課長割合に加えて産業と企業規模（常用労働者数）を制御したOLSの標準化回帰係数を示しているが[7]、結果は同じく平均勤続年数の男女差と女性課長昇進者割合のみ正の有意な相関がある。つまり、もともと女性課長割合が高い企業を除いて最近女性を登用し始めた企業に限定すれば長期雇用であるか否かは女性の昇進と関連しないといえる。また、平均勤続年数の男女差と女性課長昇進者割合の正の相関は、男性の勤続年数が女性のそれよりも長い企業が、今日においては女性を管理職に登用する傾向があることを示唆している。前節でみた 100 人以上の中規模・大企業の傾向は、ここでの結果と整合的である。

　年功的な昇進管理については役職昇進に係る年数が指標となる。図表 4-7 には平均年数と最短年数を示しているが、最短年数が長い場合は当該役職に就くまでに最低それだけの年数を要する。つまり、年功的要素が強いといえる。ここでの関心は課長昇進にあるが、「最初の役職」に就くのが遅ければ

159

図表 4-7　役職昇進に要する勤続年数と女性課長割合・
女性課長昇進者割合の相関

		最短勤続年数			平均勤続年数		
		最初の役職	課長相当職	部長相当職	最初の役職	課長相当職	部長相当職
女性課長昇進者割合	相関係数	-.042	-.084	-.057	.005	-.037	-.024
	N	513	507	455	503	496	449
女性課長割合	相関係数	-.033	-.130**	-.140**	.000	-.096*	-.140**
	N	711	691	611	689	667	591
女性課長昇進者割合 （女性課長割合を制御）	偏相関係数	.006	-.010	.020	.030	.019	.034
	自由度	401	401	401	401	401	401

出所：JILPT「企業の人材活用と男女正社員の働き方に関する調査（企業調査）」（2016 年）。
注：**は 1 ％水準で有意、* は 5 ％水準で有意。

それだけ「課長相当職」への昇進も遅くなる。また「部長相当職」への昇進
が早い企業は「課長相当職」昇進も早い可能性がある。そのような想定のも
と、3 つの役職の結果を示している。結論からいえば、女性課長昇進者割合
はいずれの役職への昇進年数とも有意な相関を示していない。女性課長割合
の効果を制御した偏相関も有意な効果を示していない。つまり、「遅い選抜」
が女性の昇進に不利に作用するとはいえない。だが、「女性課長割合」につ
いては「課長相当職」・「部長相当職」昇進に要する勤続年数と負の相関を示
しており、伝統的には「遅い選抜」が女性の管理職昇進のブレーキになって
いたこともうかがえる。しかしながら、直近の管理職昇進者は 2015 年度の
ものであり、1986 年に均等法が施行されて 30 年目、1999 年の改正均等法
施行からも 18 年目に当たる。つまり、すでに管理職昇進要件の勤続年数は
満たしている女性が一定数企業にいる可能性が高い。そのために昇進者割合
は有意な相関を示していないと考えることができる。

　中途採用か新卒採用かでいえば、どちらにしても女性採用割合が高ければ
管理職候補となる正社員女性の割合を高めることになる。図表 4-8 は直近の
新卒採用者・大卒新卒採用者・中途採用者に占める女性の割合と女性課長昇
進者割合の相関を示しているが、いずれの採用者についても女性の割合が高
いほど女性課長昇進者割合は高い。ただし、女性課長割合と採用者に占める
女性割合も同様の相関関係を示しており、この点の影響を除いた偏相関係数
をみると中途採用は女性課長昇進者割合と有意な相関を示していない。つま
り、かつては中途採用で女性を多く雇用する企業が女性を多く課長に就けて

図表 4-8　直近の採用者に占める女性の割合と女性課長割合・
　　　　　女性課長昇進者割合の相関

		新卒採用者	大卒新卒採用者	中途採用者
女性課長昇進者割合	相関係数	.396**	.357**	.423**
	N	532	454	475
女性課長割合	相関係数	.446**	.370**	.551**
	N	742	613	678
女性課長昇進者割合 （女性課長割合を制御）	偏相関係数	.144**	.142*	.031
	自由度	329	329	329
女性課長昇進者割合 （産業、常用労働者数、 女性課長割合を制御）	標準化回帰係数	.091*	.103*	.068
		518	443	465

出所：JILPT「企業の人材活用と男女正社員の働き方に関する調査（企業調査）」（2016年）。
注：**は1％水準で有意、*は5％水準で有意。

いたが、最近はそうでなくなっている可能性を示唆している。一方、新卒採用者と大卒新卒採用者に占める女性割合においては、産業と常用労働者数を制御した標準化回帰係数も正の有意な相関を示しており、もともと女性課長割合が高いか否かにかかわらず、女性の管理職登用を進めている企業は女性の新卒採用にも積極的であることがうかがえる。

　賃金については勤続に応じた定期昇給との関係をみたい。1990年代の平成不況期に多くの企業が、賃金抑制を目的に定期昇給制度を見直した。図表4-9は管理職候補になる可能性が高い大卒の一般正社員（管理職以外の正社員）における定期昇給の有無別に女性課長昇進者割合を示している。どちらかといえば定期昇給「ない」より「ある」方が昇進者割合は高い。だが、このような標本の結果と同じことが母集団でもいえるか、χ2乗検定をしてみると、その結果は有意でなく、定期昇給の有無は女性の課長昇進と関係があ

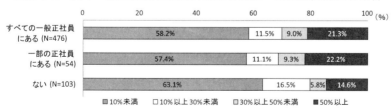

図表 4-9　大卒一般正社員の定期昇給の有無別　女性課長昇進者割合

出所：JILPT「企業の人材活用と男女正社員の働き方に関する調査（企業調査）」（2016年）。

るとはいえない。

　このような結果をみる限り、新卒採用・長期勤続・定期昇給・内部昇進といった日本的雇用システムの特徴が女性の管理職昇進の妨げになっているとはいえない。女性課長割合からうかがえるかつての課長昇進においては「中途採用」や「短い勤続」といった日本的雇用システムと逆向きの人事管理をしている企業の方が女性を管理職にしていたようだが、現在はそのようにいえなくなっている。背景には、伝統的な日本的雇用管理をしてきた大企業が女性活躍に関心を持ち始めていること、そして依然として少数だとしても伝統的な日本企業で長期勤続してきた女性が管理職一歩手前までキャリアを形成してきていることが関係していると考えられる。

　しかし、それではなぜ伝統的な日本企業が女性活躍に関心をもつようになったのか。前述したように、1つの理由は正社員の少数精鋭化である。1990年代の不況期に人件費抑制を目的に労働者に占める正規雇用の割合が低下したことは広く知られている。企業は正社員の数を最低限まで絞り込み、代わりにパートや派遣といった非正社員を増やした。こうした正社員の人数抑制の結果として、正社員は人員が極限まで削られ慢性的な人手不足となっている。これにより男女を区別して管理することが難しくなった可能性を考えることができる。その観点から図表4-10において常用労働者に占める正社員の割合（正社員割合）と女性課長昇進者割合の相関を示すが、両者は負の有意な相関を示している。つまり、正社員の人数抑制と非正規雇用の増加は女性課長昇進者割合と関係しているといえる。だが、正社員割合は女性課長割合とも負の相関を示している。そこで、女性課長割合の影響を取り除いた偏相関係数をみると、正社員割合と女性課長昇進者割合の相関は有意でなくなっている。

　また、女性課長昇進者割合と正の相関がある新卒採用者に占める女性の割合と正社員割合の相関も図表4-10に示しているがこれをみると、やはり負の有意な相関がある。この点は女性課長割合の影響を取り除いた偏相関係数においても変わらない。つまり、非正社員の割合が高い企業は新卒採用で女性を多くとる傾向があり、新卒採用者に占める女性割合が高い企業は管理職に昇進する女性の割合も高いという関係がみられる。ここでいう非正社員の

図表 4-10 正社員割合と女性課長割合・女性課長昇進者割合および採用者に占める女性割合の相関

		女性課長昇進者割合	女性課長割合	新卒採用者	大卒新卒採用者	中途採用者
正社員割合	相関係数	−.094*	−.071*	−.184**	−.105**	−.115**
	N	646	927	860	704	770
正社員割合 （女性課長割合を制御）	偏相関係数	−.024	−	−.133*	−.079	.009
	自由度	314		314	314	314

出所：JILPT「企業の人材活用と男女正社員の働き方に関する調査（企業調査）」（2016 年）。
注：**は 1 ％水準で有意、* は 5 ％水準で有意。

多くが女性であることは改めて説明を要しないだろう。つまり、新卒採用で女性を多く採用している企業はそれだけ女性労働需要があり、それを満たす労働供給もあるということである。その女性労働需要の内訳として、一方で管理職候補となる正社員の需要と他方で人件費の安い非正社員としての需要どちらもあることがデータからうかがえる。

しかし、その非正社員を非正社員のままにしておかずに正社員に転換させる方針がある企業は女性の課長昇進者割合も高い、という可能性を前述の図表 4-5 は示唆していた。そこで、図表 4-11 において男女別の正社員転換者の有無別に女性の課長昇進者割合をみてみよう。男性の正社員転換者の有無別では女性昇進者割合に差はみられず、女性の正社員転換者の有無別のみ女性昇進者割合の差がみられる。つまり、上述した図表 4-4 の「非正社員」とは女性の非正社員であり、一般正社員から管理職正社員への昇進という形で女性の内部化を進める企業は、非正社員から正社員への内部登用という方法でも女性労働力の内部化を進めていることがうかがえる。

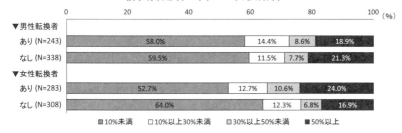

図表 4-11 非正社員から正社員への転換者有無別課長昇進者に占める女性割合

出所：JILPT「企業の人材活用と男女正社員の働き方に関する調査（企業調査）」（2016 年）。

女性の非正社員の正社員転換は社内の女性正社員人材のプール（量的確保）につながる。そして、管理職に昇進する女性を増やすためには候補者となる女性正社員の数を増やすことが重要である。実際、非正社員からの転換者に限らず、女性を多く正社員採用する企業は管理職に昇進する女性の割合も高い。この女性人材の量的確保の観点から、さらに分析を進めてみよう。

第5節　両立支援と女性の管理職昇進

1　女性の育児支援と管理職昇進

　女性人材の量的確保にとって採用とともに重要なのが、長期勤続者を増やすことであり、政策としては仕事と家庭の両立支援が課題となってきた。とりわけ 101 人以上の企業においては育児・介護休業法のみならず次世代法による子育て支援の強化が図られたことに留意したい。次世代法の趣旨は少子化対策にあるが、仕事と育児の両立支援の拡充は女性の就業継続支援にもなる。そこで仕事と家庭の両立支援の拡充は女性活躍に資するといえるか、データに基づいて検討してみよう。

　はじめに次世代法の認定マークである「くるみん」取得の有無と女性課長昇進者割合の関係を図表 4-12 に示そう。「くるみん取得あり」の場合は課長昇進者に占める女性割合「10 ％以上 30 ％未満」の企業割合が高く、「10 ％未満」の企業割合は「くるみん取得なし」やそもそも「行動計画策定なし」よりも低い。その意味で女性課長昇進者割合が低いとはいえないが、「30 ％以上 50 ％未満」の企業割合をみると行動計画策定企業における女性昇進者割合の差はない。しかし「行動計画なし」よりは明らかに高い。つまり、「くるみん」取得の有無はさておき、次世代法に基づく行動計画の策定は女性の管理職昇進につながっている可能性があるといえる。

　また図表 4-13 は過去 1 年間の育児休業取得率と女性課長昇進者割合の関係を示しているが、「くるみん」認定の基準である「70 ％」以上でもそれ以下でも女性課長昇進者割合の差はない。それよりも個々の企業が認める育児

休業の最長可能期間別に女性課長昇進者割合を示している図表4-14の結果に注目したい。調査時点の育児・介護休業法は法定の育児休業を子が1歳に達するまでとしているが、保育所に入ることができないなど、特別な事情がある場合は1歳6か月まで延長できるとしていた。就業規則等に定める育児休業期間がこの法定期間どおりである場合に「法定どおり」、これを上回り2歳まで認められる場合は「法定を超え2歳まで」、さらに「2歳を超え3

図表4-12 くるみん取得の有無別 女性課長昇進者割合

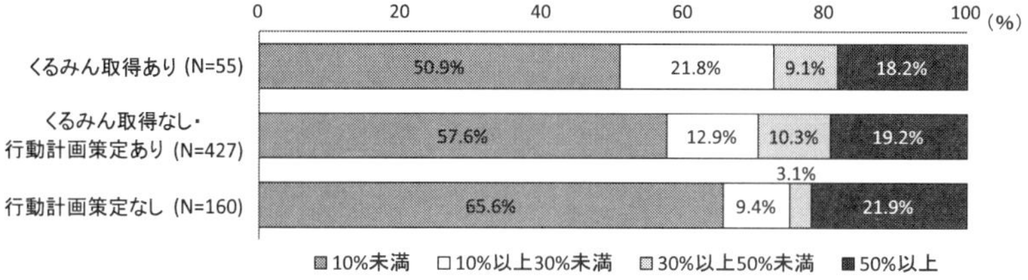

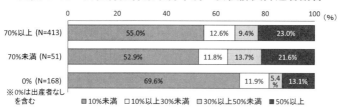

出所：JILPT「企業の人材活用と男女正社員の働き方に関する調査（企業調査）」（2016年）。

図表4-13 女性育児休業取得率別 女性課長昇進者割合

出所：JILPT「企業の人材活用と男女正社員の働き方に関する調査（企業調査）」（2016年）。

図表4-14 育児休業最長可能期間別 女性課長昇進者割合

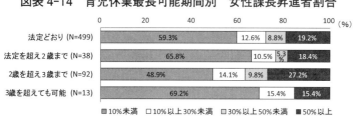

出所：JILPT「企業の人材活用と男女正社員の働き方に関する調査（企業調査）」（2016年）。

歳まで」「3歳を超えても可能」としてそれぞれの女性課長昇進者割合を示している。「3歳を超えても可能」はサンプルサイズが13と極端に小さいため参考までに示す。

「法定どおり」と「2歳まで」の間の女性課長昇進者割合の差はほとんどなく、「3歳まで」の場合に昇進者割合が高くなっている。この結果をみる限り、法定を上回る長期間の育児休業を就業規則等で認めてもキャリアロスやマミートラックが生まれるとは考えにくい。それどころか「3歳まで」の場合には女性課長昇進者割合が高くなっている。キャリアロスやマミートラックが生まれているなら反対の結果になるはずだが、そうなっていない。

その理由は実際に「3歳まで」取得しているとは限らないからだ。図表は割愛するが「3歳まで」育児休業が認められる企業でも復職した女性の46.7％は1年未満の取得期間で復職している。育児休業はあくまでも離職防止のセーフティーネットであるという育児・介護休業法の趣旨に照らせば、制度として認められる休業期間が長いに越したことはない。その上で、上限いっぱい取得するのではなく、早く復職できるならそのようにするという制度利用の仕方が良いといえる。

短時間勤務についても同様であり、長すぎる制度利用はキャリアロスとなって管理職昇進にマイナスの影響を及ぼす可能性がある。しかし、だからといって一切なくても良いということでもない。図表4-15に示すように制度の利用者がいる企業の方が女性課長昇進者割合は高い。特に女性昇進者割合「50％以上」において「利用者なし」「制度適用該当者なし」との差が顕著である。昇進者割合が50％以上の企業は、昇進の候補となる女性がそれだけいる企業である。そうした企業でみんなが短時間勤務なしで仕事と育児を両立できるとは限らない。女性正社員の離職を防ぎ、人材を量的に確保するという点で短時間勤務制度はやはり必要であるといえる。なお、短時間勤務の最長可能期間については図表4-16に結果を示すが、法定を上回る期間の短時間勤務が可能であっても、そのことは女性の管理職昇進にプラスにもマイナスにもならないようだ。

要するに育児休業も短時間勤務も、制度の拡充自体に問題があるとはいえない。離職防止の観点から制度が必要な場合に限って利用するという利用の

第4章 日本的雇用システムと女性のキャリア——管理職昇進を中心に

図表 4-15 女性短時間勤務制度利用者有無別 女性課長昇進者割合

	10%未満	10%以上30%未満	30%以上50%未満	50%以上
利用者あり (N=402)	52.5%	14.9%	10.0%	22.6%
利用者なし (N=119)	61.3%	13.4%	7.6%	17.6%
制度適用該当者なし (N=105)	78.1%	5.7%	4.8%	11.4%

出所：JILPT「企業の人材活用と男女正社員の働き方に関する調査（企業調査）」(2016年)。

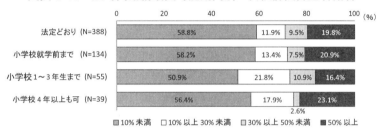

図表 4-16 短時間勤務最長可能期間別 女性課長昇進者割合

	10%未満	10%以上30%未満	30%以上50%未満	50%以上
法定どおり (N=388)	58.8%	11.9%	9.5%	19.8%
小学校就学前まで (N=134)	58.2%	13.4%	7.5%	20.9%
小学校1～3年生まで (N=55)	50.9%	21.8%	10.9%	16.4%
小学校4年以上も可 (N=39)	56.4%	17.9%	2.6%	23.1%

出所：JILPT「企業の人材活用と男女正社員の働き方に関する調査（企業調査）」(2016年)。

仕方をすれば、制度として認められる最長期間がいくら長くても、両立支援制度と管理職昇進は矛盾しない。そのような制度の運用ができている企業の結果が、ここでの数値に表れていると考えることができる。一般に、このような法定を上回る両立支援についてはキャリアロスやマミートラックを生みやすく、女性の管理職昇進にマイナスだという考え方がある。実際にそのことを指示するデータもある（伊岐 2014；周 2016）。それゆえ、キャリア形成において女性が不利を被らないために、育児休業期間や短時間勤務の期間は長くなりすぎないように、できるだけ休業は短く、フルタイムで同じように働く期間を長くすることが重要であると考えられている。しかしだからといって、子どもを放置して出勤し、遅くまで働いているわけにはいかないだろう。つまり、男性と同様の能力開発という女性正社員の「質」的向上と離職防止による就業継続率向上という「量」的拡大はトレードオフの関係にある。だが、みてきたような本章のデータは、育児のためのやむを得ない離職

を防ぎ管理職候補者となる人材を量的に確保するという意味で、両立支援制度は充実していた方が良い面もあることを示唆している。

ただし、この点には以下の補足が必要である。図表 4-17 をみよう。図表 4-17 は前述の次世代法行動計画におけるくるみん取得の有無、育児休業最長可能期間、短時間勤務最長可能期間のそれぞれについて、該当企業が女性管理職登用比率の目標を策定している割合を示している。1999 年施行の改正均等法は職場の男女格差を是正するポジティブ・アクションを企業に求めているが、その中でも女性管理職登用比率の目標を定めている企業は女性の管理職登用に積極的だといえる。

次世代法行動計画との関係においては、「くるみん取得あり」の女性管理職登用目標策定割合が顕著に高く、反対に「行動計画策定なし」は明らかに女性管理職登用目標の策定割合が低い。また育児休業の最長可能期間との関

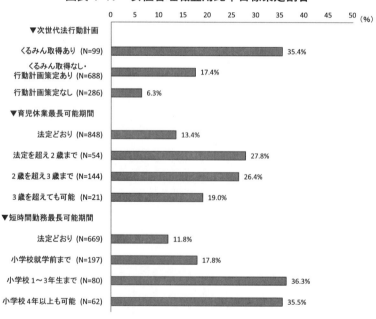

図表 4-17　女性管理職登用比率目標策定割合

出所：JILPT「企業の人材活用と男女正社員の働き方に関する調査（企業調査）」（2016 年）。

係に目を向けると「法定どおり」の管理職目標策定割合が法定を超える企業より低い。「3歳を超えても可能」はサンプルサイズが小さいため参考に留めるなら、法定を超える「2歳まで」と「3歳まで」の差はないといえる。短時間勤務の最長可能期間についても同様であり、「法定どおり」は女性管理職目標の策定割合が低く、育児・介護休業法が努力義務としている「小学校就学前まで」についても「法定どおり」と大きな差はない。それよりも「小学校1～3年生まで」と「小学校4年以上も可能」において女性管理職登用目標の策定割合は高くなっている。このように、両立支援の充実した企業は単に女性人材のプールを厚くするだけでなく、その人材を管理職に引き上げることにも同時に取り組んでいる。その結果が女性課長昇進者割合に表れていると考えることができる。

2 女性の管理職昇進における転勤の問題

前述のように、内部労働市場における広範な人事異動は日本的雇用システムの特徴の1つである。育児・介護休業法は休業や短時間勤務のほかにも仕事と家庭の両立支援として様々な規定をもっているが、その1つに転居をともなう転勤（転居転勤）に配慮することを事業主に求める規定がある。また昨今はワーク・ライフ・バランス型の限定正社員として転勤がないもしくは転勤の範囲を限定した地域限定正社員という雇用区分をもうける企業もある。しかしながら、転勤の免除を受けることは離職の回避にはつながっても、管理職昇進というキャリア形成には不利に作用する可能性がある。この点について企業はどのように対応しているのか、データをみていこう。

図表4-18は転勤制度の有無別に女性課長昇進者割合を示している。転居をともなう転勤の有無は支社や店舗・工場などの事業所を広域に展開しているか否かに規定されている。

その観点から企業規模（常用労働者数）をコントロールしているが、規模の大きさにかかわらず、転居をともなう転勤がある場合には女性課長昇進者割合が低い[8]。「転居をしない転勤のみある」場合も「転勤はない」に比べて女性課長昇進者割合が低い。転居をともなわなくても事業所を移ることは通勤時間等に影響するため、家族的責任のある女性は昇進を回避しやすいのか

169

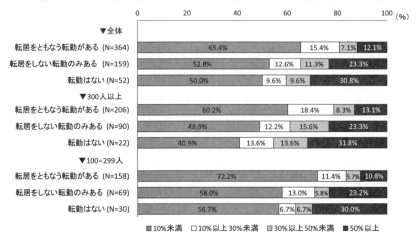

図表 4-18 企業規模別 転勤制度の有無別 女性課長昇進者割合

出所：JILPT「企業の人材活用と男女正社員の働き方に関する調査（企業調査）」（2016 年）。

もしれない。転居をともなう場合にはなおさらであろう。

　では転勤の免除を受けることのできる企業とそうではない企業に違いはあるか。図表 4-19 をみよう。「育児理由の転勤免除規定」、「介護理由の転勤免除規定」、「転居転勤のない雇用区分」の３つについてその有無別の女性課長昇進者割合を示しているが、育児理由・介護理由とも転勤免除規定は女性課長昇進者割合に差がない。企業の中には就業規則等に転勤免除の規定をもうけず個別の希望を聞き入れて転居転勤に配慮しているところもある。また、転勤を一時的に免除されたことが将来の管理職昇進にそれほど大きく影響しない企業もあるだろう。企業の転勤政策は様々であるため、結果として転勤免除の規定の有無による差が表れなかったのではないだろうか。

　これに対して、転居転勤のない雇用区分は明確な昇進の上限を定めて運用されているケースがほとんどである。図表 4-20 に結果を示すが、転居転勤のない正社員の雇用区分をもつ企業の半数は昇進の上限を「役職なし」か「係長相当職」としている。つまり、課長以上の管理職昇進のない雇用区分として転居転勤のない雇用区分はつくられている。そのことが図表 4-19 の昇進者割合に影響していると考えられる。だが、「役員」まで昇進できる、

図表 4-19 転居転勤免除制度の有無別 課長昇進者に占める女性比率
（転居転勤のある企業）

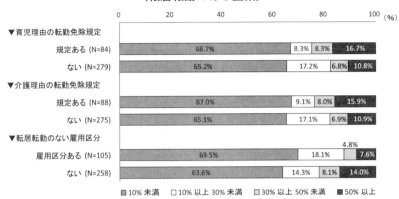

出所：JILPT「企業の人材活用と男女正社員の働き方に関する調査（企業調査）」（2016 年）。

図表 4-20 企業規模別 転居転勤のない勤務地限定正社員の昇進上限
（転居転勤のある企業）

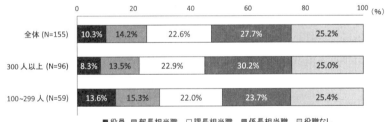

出所：JILPT「企業の人材活用と男女正社員の働き方に関する調査（企業調査）」（2016 年）。

つまり昇進上限がない企業も約 1 割あり、「部長相当職」の 14.2 ％を加えると約 2 割の企業は転居転勤のない雇用区分で上級管理職まで昇進できるとしている。

このように転居転勤のない雇用区分、つまり勤務地限定正社員と管理職昇進の関係は一様ではないが、昇進上限によって勤務地限定正社員の男女構成比が異なることを指摘しておきたい。図表 4-21 が示すように「役職なし」は「女性のみ」の企業割合が高い。しかし、「課長相当職」以上に昇進でき

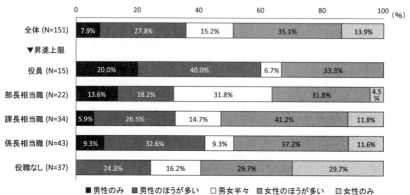

図表 4-21　昇進上限別　転居転勤のない勤務地限定正社員の男女比
（転居転勤のある企業）

出所：JILPT「企業の人材活用と男女正社員の働き方に関する調査（企業調査）」（2016 年）。

る雇用区分でも「女性のみ」、「女性の方が多い」という企業割合は一定程度あり、女性比率の高い雇用区分は管理職に昇進できないとは必ずしもいえない。

　そこで転居転勤のない正社員区分（勤務地限定正社員制度）の昇進上限が課長以上であるか否か（管理職昇進あり）で分け、これらの女性課長昇進者割合を、図表 4-19 の転居転勤はあるが勤務地限定正社員制度はない企業、図表 4-18 でみた転居をしない転勤のみ正社員にある企業、転居の有無を問わず転勤そのものが正社員にない企業の女性課長昇進者割合と比較してみよう。図表 4-22 に結果を示す。「管理職昇進のある勤務地限定正社員制度がある」企業は、「管理職昇進のない勤務地限定正社員制度はある」企業に比べて女性課長昇進者割合が高く、正社員は「転居転勤がある社員のみ」の企業とほとんど差がない。だが、「転居をしない転勤のみある」や「転勤なし」企業に比べると女性課長昇進者割合は低い。転居転勤制度の運用というよりも、転居転勤制度それ自体が女性のキャリアにマイナスの影響を及ぼしている可能性があるといえる。

第4章　日本的雇用システムと女性のキャリア——管理職昇進を中心に

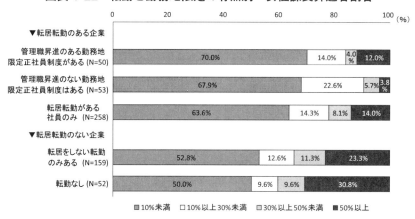

図表4-22　転勤と勤務地限定の有無別　女性課長昇進者割合

出所：JILPT「企業の人材活用と男女正社員の働き方に関する調査（企業調査）」（2016年）。

第6節　まとめ

　日本的雇用システムは女性差別的な性質をもつといわれてきたが、昨今の女性活躍は日本的雇用システムの維持・変容とどのような関係にあるのか。人事管理の基本方針、両立支援に着目して分析した。その結果から以下のようにいうことができる。

　第1に、今日の企業における女性の管理職昇進は日本的雇用システムの見直しと関係しているが、それは日本的な内部登用の否定を意味しない。中途採用によって管理職や管理職候補者を外部から登用しようとする企業は少なく、多くの企業は今日もなお内部登用を基本とした昇進管理を行っている。

　そのためには、女性正社員の量的な確保が重要であり、採用における女性割合を高めることはその第一歩といえる。さらに、充実した仕事と家庭の両立支援は女性人材の企業定着にプラスに作用していることがデータからうかがえる。もちろん従来からいわれているように、闇雲な両立支援の拡充は「マミートラック」と呼ばれる昇進から離れたキャリアに女性を導く可能性がある。だが、「くるみん」取得企業や法定を上回る育児休業・短時間勤務の制度を導入している企業は女性の管理職登用にも積極的であり、プールし

た人材を有効に活用しようとする姿勢がうかがえる。その意味で育児・介護休業法や次世代法は間接的に女性管理職を増やすことに貢献しているといえる。パートや契約社員といった非正社員から正社員への転換実績がある企業も女性の管理職昇進者割合が高い。非正社員から転換した正社員が課長以上の管理職に昇進しているかは今後のさらなる検討課題であるが、一般正社員から管理職正社員への内部登用であれ、非正社員から正社員への内部登用であれ、プールした女性人材の中から能力のある者は積極的に登用しようとする動きが今日の女性の管理職昇進の背景にあることがうかがえる。

しかしながら、このような内部登用が円滑に進むためには、従来の日本的な内部労働市場の改革が不可避であることも分析結果は示している。長期勤続にともなって役職昇進する年功制の見直しはその典型とされてきたが、86年均等法施行から30年、99年改正均等法施行からも15年以上経った今日においては勤続要件自体が女性の管理職昇進の妨げになってはいないようである。それよりもキャリア形成の過程で経験する広範な人事異動、特に転勤が昇進の妨げになっている可能性を示唆している。この躓きの石を取り除く施策として、近年は転居転勤のない雇用区分（勤務地限定正社員）を導入し、勤務地限定でありながら管理職に昇進できる制度を整えている企業もある。だが、その効果は今のところ限定的であり、女性管理職を大幅に増やすためには転勤制度自体を見直す必要があるといえる。

要するに、日本的雇用システムの骨格を維持している企業においても個別の人事制度を改革することで女性は活躍できる可能性がある。また、年功制のように日本的雇用システムの構成要素と女性活躍の関係が歴史とともに変化することもある。本章では管理職昇進に焦点を当てたが、これらの点に留意して、日本的雇用システムと女性のキャリアの関係を多角的に検討し、知見を深めていくことが今後の課題である。

【注】
1　以下で特に断りなく「管理職」という場合は課長相当職以上の役職者を指している。
2　その実態は労働政策研究・研修機構

（2010）の事例調査でも報告されている。以下に述べる人材活用の効率化という観点は同報告書の事例にある銀行業2社において特に顕著である。

第4章　日本的雇用システムと女性のキャリア──管理職昇進を中心に

3　調査概要は以下のとおり。調査対象は常用労働者数100人以上の企業10,000社と各企業に勤務する大卒以上ホワイトカラー職種6名ずつ。調査対象企業は、帝国データバンクが保有する企業データベースから産業大分類別・従業員規模別に経済センサスの分布に近似するよう企業を層化無作為抽出。企業調査票は郵送配付、郵送回収。従業員調査票は30代、40代、50代の男女を各1名ずつとし、課長以上の役職にあるものを最低1名含めるよう、企業調査の対象企業に調査票配付を依頼し、回収は郵送とした。調査期間は2016年4月4日から6月30日。調査実施は株式会社アリスに委託した。回収数は企業調査が1,141件（回収率11.4%）、従業員調査が3,689件（回収率6.2%）。

4　相関係数とは2つ変数の関連性の強さを−1から1の範囲で示したものであり、値が+1に近いほどXが高ければYも高いという正の相関が強く、−1に近いほどXが高ければYは低いという負の相関が強いといえる。反対に、値が0に近いほど関連性は低くなる。

5　「有意な相関がある」とは標本において確認された相関関係が母集団にもある可能性が高いことを示す。反対に、有意な相関が「ない」場合は、標本において確認された相関関係は誤差に過ぎず、母集団では相関がない可能性が高いことを意味する。

6　女性課長割合と女性課長昇進者割合に相関関係がみられ、女性課長割合と平均勤続年数にも相関関係がみられる場合、女性課長昇進者割合と平均勤続年数の相関は女性課長割合の影響によるみかけ上のものである可能性がある。そこで、女性課長昇進者割合と平均勤続年数の相関から女性課長割合の影響を除去する相関分析が偏相関分析である。

7　回帰分析の標準化回帰係数は、産業や企業規模など、複数の変数の影響を除去した相関係数を算出したものといえる。一般に回帰分析は因果関係を特定する手法として理解され

ているが、ここで示す標準化回帰係数は、偏相関係数と同じく、因果関係というよりも相関関係を示すものとして示している。

8　図表は割愛するが、産業と常用労働者数、女性課長割合を制御したOLSにおいても転勤の有無と女性課長昇進者割合には有意な相関がみられる。

【参考文献】　※50音順

伊岐典子（2014）「女性の昇進意欲の決定要因──育児休業制度及びその利用との関連を中心として」『男女正社員のキャリアと両立支援に関する調査結果（2）──分析偏』（JILPT調査シリーズNo.119）労働政策研究・研修機構，第5章．

稲上毅（1986）「労働世界における平等と異質性」『現代社会学』No.22，pp.5-24.

大沢真理（1993）『企業中心社会を超えて──現代日本を「ジェンダー」で読む』時事通信．

大沢真理（2007）『現代日本の生活保障システム──座標とゆくえ』岩波書店．

周燕飛（2016）「育休取得は管理職登用の妨げとなっているか」『季刊家計経済研究』No.111，pp.53-62.

川口章（2008）『ジェンダー経済格差』勁草書房．

武石恵美子（2006）『雇用システムと女性のキャリア』勁草書房．

労働政策研究・研修機構編（2010）『女性の働き方と出産・育児期の就業継続──就業継続プロセスの支援と就業継続意欲を高める職場づくりの課題』（労働政策研究報告書No.122）労働政策研究・研修機構．

脇坂明（2014）「『遅い選抜』は女性に不利に働いているのか──国際比較をめざした企業データと管理職データの分析」『男女正社員のキャリアと両立支援に関する調査結果（2）──分析編』（JILPT調査シリーズNo.119）労働政策研究・研修機構，第7章．

雇用ポートフォリオと正社員の賃金管理

　本章では[1]、雇用ポートフォリオと正社員の賃金管理が今後どのような方向に進むのかを、企業の経営環境・経営戦略を視野に入れつつ議論する。具体的には、労働政策研究・研修機構(以下、JILPT)が実施したアンケート調査、インタビュー調査を用いて、正社員／非正社員割合および正社員の雇用方針の規定要因(第1節)、正社員の賃金体系・賃金制度の動向(第2節)、非正社員の正社員化を含む昨今の雇用区分の再編の動き(第3節)を分析する。第1節と第2節は、主として第1章で描き出された「長期雇用は維持するが、年功賃金は大幅に修正する」というマクロ的トレンドの、ミクロ的根拠を探索する作業として位置づけられる。第3節は、同じく第1章で描き出された日本的雇用システムの「成員」の範囲の縮小というトレンドが今後も継続するのか、それとも反転するのかを占う作業として位置づけられる。

第1節　正社員・非正社員割合と正社員の雇用方針

1　経営環境と正社員・非正社員割合

　JILPTが2014年に実施した「人材マネジメントのあり方に関する調査」では[2]、調査対象企業に、5年後の自社従業員に占める非正社員割合の見通しについてたずねている[3]。本節では、この設問を用いて、企業を取り巻く経営環境が正社員／非正社員割合に与える影響について分析する。図表5-1は、その集計結果(平均値)を示したものである。

　ここから、産業別では、「宿泊業、飲食サービス業」で54.7％と最も高く、以下、「サービス業(他に分類されないもの)」(38.4％)、「生活関連サービス業、娯楽業」(36.9％)と続いていることが分かる。広義のサービス業において非正社員割合が高いことは、官庁統計等でも確認される通りである。

図表5-1 産業別、企業規模別に見た非正社員割合（5年後の見通し）

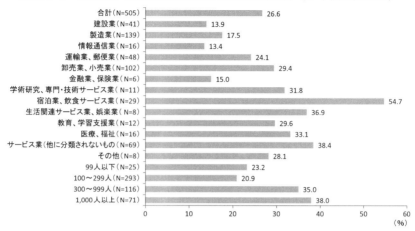

注1：Nが小さかった「電気・ガス・熱供給・水道業」、「不動産業、物品賃貸業」、「複合サービス業」も、「その他」に含めている。
注2：産業、企業規模の回答に「無回答」はない。

　また、企業規模別では、1,000人以上の大企業が38.0％と最も高く、300～999人の中堅企業が35.0％とそれに次いでいることが分かる。企業規模が大きいほど非正社員割合が高いことも、厚生労働省「賃金構造基本統計調査」などからも確認される通りである[4]。

　総じて、「5年後の自社従業員に占める非正社員割合」という代理指標を用いているが、経営環境と正社員／非正社員割合との関係を分析する上で、特段の問題はないと考えられる。

　同調査では、企業を取り巻く経営環境や資本形態についてもたずねている。これらの要因は、正社員／非正社員割合にどのような影響を与えているだろうか。図表5-2は、5年後の従業員全体に占める非正社員割合の見通し（0～100％）を被説明変数、産業ダミー、企業規模ダミー、自社の経営環境、資本形態を説明変数としたOLSの結果を示したものである[5]。

　モデル①は、説明変数として産業ダミー、企業規模ダミーのみを投入したものである。ここから、「製造業」に比べて「卸売業、小売業」、「学術研究、専門・技術サービス業」、「生活関連サービス業、娯楽業」、「宿泊業、飲食サービス業」、「医療、福祉」、「サービス業（他に分類されないもの）」において、

図表 5-2　非正社員割合の規定要因（OLS）

被説明変数＝5年後の従業員全体に占める非正社員割合	モデル① B	モデル① S.E.	モデル② B	モデル② S.E.	モデル③ B	モデル③ S.E.
建設業	-3.111	3.958	-6.794	4.045 †	-3.282	3.961
（製造業）						
情報通信業	-4.470	5.866	-3.570	6.023	-4.673	5.867
運輸業、郵便業	5.131	3.759	-2.614	4.089	5.536	3.791
卸売業、小売業	9.358	2.932 **	6.652	3.077 *	9.639	2.956 **
金融業、保険業	-9.470	9.328	-13.531	9.090	-9.962	9.329
学術研究、専門・技術サービス業	15.636	6.958 *	17.190	6.846 *	15.503	6.957 *
宿泊業、飲食サービス業	33.081	4.584 ***	26.158	4.786 ***	32.654	4.672 ***
生活関連サービス業、娯楽業	16.606	8.106 *	11.863	8.009	16.308	8.107 *
教育、学習支援業	9.140	6.739	6.475	6.883	8.832	6.741
医療、福祉	16.693	5.861 **	12.086	6.132 *	14.926	6.032 *
サービス業（他に分類されないもの）	18.828	3.302 ***	12.641	3.711 **	18.550	3.308 ***
その他	10.655	8.080	0.739	8.559	10.465	8.078
99人以下	-12.967	5.253 *	-12.484	5.135 *	-13.636	5.268 *
100〜299人	-14.180	2.991 ***	-14.862	2.995 ***	-14.839	3.027 ***
300〜999人	-2.987	3.357	-3.872	3.291	-3.210	3.403
（1,000人以上）						
新規参入が多い			3.593	0.863 ***		
商品・サービスの価格が下がっている			1.864	0.967 †		
業界の需要が頭打ちである			2.258	0.964 *		
技術革新が早い			-2.252	1.072 *		
顧客ニーズが高度化・多様化している			-0.388	1.204		
海外企業との競争が激しい			-2.060	0.858 *		
外資系					-6.525	12.998
定数	28.327	3.164	24.437	5.543	29.040	3.202
N	505		496		499	
F値	10.023 ***		9.375 ***		9.393 ***	
調整済みR2乗	0.212		0.262		0.212	

注1：***：p<0.001、**：p<0.01、*：p<0.05、†：p<0.1。
注2：（　　　）は、レファレンス・グループ。
注3：自社の経営環境は、それぞれの項目について「当てはまる」（5点）から「当てはまらない」（1点）の5点スコアで
　　測定している。

非正社員割合が高いことが読み取れる。同時に、1,000人以上の大企業において相対的に非正社員割合が高いことも読み取れる。

　モデル②は、産業ダミー、企業規模ダミーをコントロール変数として、経営環境の影響を見たものである。ここから、「新規参入が多い」場合、「業界の需要が頭打ちである」場合に非正社員割合が高いこと、「技術革新が早い」場合、「海外企業との競争が激しい」場合に非正社員割合が低い（正社員割合が高い）ことが読み取れる。

　モデル③は、産業ダミー、企業規模ダミーをコントロール変数として、資本形態の影響を見たものである。ここから、外資系企業であることは、非正社員割合にほとんど影響を与えていないことが読み取れる。

　これらから、商品・サービス市場において、過剰供給あるいは需要の減退が生じている場合に、非正社員割合が高くなっていると考えられる。逆に、

技術革新のペースが速い場合には、高度な技術に対応できる労働者が必要とされるため、正社員割合が高くなるものと考えられる。「海外企業との競争が激しい」ことが正社員割合に与えるプラスの効果については、グローバルに事業展開をしている先進企業であることが関係していると考えられる[6]。他方、資本形態（外資系企業であるか否か）そのものは、正社員／非正社員割合にはほとんど影響を与えていないと考えられる。

2 経営戦略と正社員の雇用方針

同じく「人材マネジメントのあり方に関する調査」からは、正社員の雇用方針およびそれに影響を与える要因を知ることができる。具体的には、調査対象企業に自社の雇用方針が「A：正社員の長期雇用は維持する」と「B：正社員も柔軟に雇用調整していく」のいずれに近いかをたずねている。

図表5-3は、その結果を示したものである。ここから、全体の59.4％の企業が「Aである（長期雇用を維持）」回答しており、「どちらかというとA（長期雇用を維持）」と合わせると、実に9割弱の企業が正社員の長期雇用を維持する方針であることが分かる。

図表5-3　正社員の雇用方針（A：長期雇用を維持、B：柔軟に雇用調整）

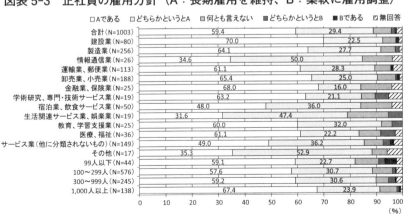

注1：Nが小さかった「電気・ガス・熱供給・水道業」、「不動産業、物品賃貸業」、「複合サービス業」も、「その他」に含めている。
注2：産業、企業規模の回答に「無回答」はない。

ただし、仔細に見ると、産業や企業規模によって回答傾向に違いがあることも分かる。具体的には、「Aである」と回答した割合を産業別に見ると、「建設業」、「製造業」、「運輸業、郵便業」、「小売業」、「金融業、保険業」、「学術研究、専門・技術サービス業」、「教育、学習支援業」、「医療、福祉」では60％を上回っているのに対し、「情報通信業」、「生活関連サービス業、娯楽業」では30％台、「宿泊業、飲食サービス業」、「サービス業（他に分類されないもの）」でも40％台と低くなっている。企業規模別に見ると、「1,000人以上」では67.4％であり、999人以下の企業と比べて10ポイント近く高い。逆に「99人以下」では、「Bである」と「どちらかというとB」の割合が、（合計では2.0％であるのに対し）6.8％と高い。総じて、製造業や金融・保険業、大企業といった伝統的セクターにおいて、長期雇用を維持する方針が強いことがうかがえる。

　図表5-4は、長期雇用の維持の反対概念である、正社員を柔軟に雇用調整する方針の規定要因を、順序ロジスティック回帰分析により探ったものである[7]。説明変数としては、産業ダミー、企業規模ダミーの他に、経営戦略にかかわる変数、資本形態を投入している。

　モデル①は、産業ダミー、企業規模ダミーだけを投入したものである。ここから、産業ダミーの効果として、「製造業」に比べ、「情報通信業」、「宿泊業、飲食サービス業」、「生活関連サービス業、娯楽業」、「サービス業（他に分類されないもの）」において、正社員を柔軟に雇用調整する方針が強いことが読み取れる。

　モデル②は、産業ダミー、企業規模ダミーに加えて、経営戦略にかかわる変数を投入したものである。まず、産業ダミーの効果はモデル①とほとんど変わらないことが確認できる。他方、企業規模ダミーの効果を見ると、「1,000人以上」に比べて、「100〜299人」で正社員を柔軟に雇用調整する方針が強い傾向があらわれる。また、統計的に有意でないものの、「99人以下」の係数も「100〜299人」の係数と同程度に高い。経営戦略にかかわる変数の効果としては、「商品・サービスの低価格化を追求（vs商品・サービスの高付加価値化を追求）」している場合に、柔軟に雇用調整する方針が強いことが読み取れる。他方、資本市場の動向とも関連していると考えられる

図表 5-4　正社員を柔軟に雇用調整する方針の規定要因（順序ロジスティック回帰分析）

被説明変数＝「正社員も柔軟に雇用調整していく」(5段階)	モデル① B	S.E.	モデル② B	S.E.	モデル③ B	S.E.
建設業	-0.266	0.278	-0.354	0.298	-0.236	0.279
（製造業）						
情報通信業	0.994	0.397 *	1.371	0.420 **	0.921	0.400 *
運輸業、郵便業	0.067	0.236	0.155	0.253	0.097	0.237
卸売業、小売業	0.001	0.202	0.103	0.217	-0.002	0.204
金融業、保険業	-0.073	0.458	-0.020	0.506	0.015	0.461
学術研究、専門・技術サービス業	-0.017	0.504	0.087	0.519	0.001	0.504
宿泊業、飲食サービス業	0.680	0.309 *	0.894	0.326 **	0.670	0.310 *
生活関連サービス業、娯楽業	1.314	0.448 **	1.624	0.478 **	1.336	0.449 **
教育、学習支援業	0.263	0.425	0.467	0.460	0.282	0.426
医療、福祉	0.164	0.363	0.052	0.400	0.217	0.366
サービス業（他に分類されないもの）	0.608	0.208 **	0.778	0.224 **	0.655	0.209 **
その他	0.867	0.495 †	0.970	0.530 †	0.829	0.509
99人以下	0.357	0.361	0.432	0.386	0.394	0.367
100～299人	0.385	0.203 †	0.457	0.218 *	0.396	0.205 †
300～999人	0.218	0.226	0.323	0.239	0.216	0.228
（1,000人以上）						
利益率の引き上げを重視[vs売上高の拡大を重視]			0.089	0.062		
海外での事業展開を重視[vs国内の事業展開を重視]			0.122	0.068 †		
主力事業に集中化[vs事業の多角化を追求]			-0.072	0.060		
設備投資以外を重視[vs設備投資を重視]			-0.084	0.075		
不採算事業もテコ入れして維持[vs不採算事業は整理・統合]			-0.076	0.077		
商品・サービスの低価格化を追求[vs商品・サービスの高付加価値化を追求]			0.258	0.081 **		
事業提携・交流に消極的[vs事業提携・交流に積極的]			0.074	0.077		
新技術の取込みに積極的[vs新技術の自社開発に積極的]			0.101	0.087		
外資系					1.899	0.833 *
τ=1	0.927	0.217	1.886	0.539	0.951	0.219
τ=2	2.832	0.239	3.885	0.554	2.871	0.241
τ=3	4.420	0.311	5.466	0.591	4.456	0.313
τ=4	5.640	0.462	6.818	0.705	5.679	0.463
N	981		933		970	
χ2乗	34.910 ***		64.222 ***		39.373 **	
Nagelkerke R2乗	0.041		0.078		0.047	

注1：***：$p<0.001$，**：$p<0.01$，*：$p<0.05$，†：$p<0.1$。
注2：（ ）は，レファレンス・グループ。[ ]は，それぞれの経営戦略の反対概念。
注3：経営戦略にかかわる変数は，[ ]で示した反対概念とどちらに近いかをあらわす5点スコア。

「利益率の引上げを重視（vs売上高の拡大を重視）」は、雇用調整の方針に有意な影響を与えていない。

モデル③は、産業ダミー、企業規模ダミーに加えて、資本形態を投入したものである。ここから、外資系企業は、他の企業に比べて正社員を柔軟に雇用調整する方針が強いことが読み取れる。

以上の分析から、①製造業や金融・保険業、大企業といった伝統的セクターにおいて正社員の長期雇用を維持する傾向が強く、広義のサービス業、中小企業において正社員を柔軟に雇用調整する傾向が強いこと、②経営戦略の影響としては、商品・サービスの（高付加価値化ではなく）低価格化を志向している企業において、正社員を柔軟に雇用調整する傾向が強くなること、③外資系企業は、正社員を柔軟に雇用調整する傾向があること、が指摘できる。

第2節　正社員の賃金体系・賃金制度の動向

日本的雇用システムでは、年齢・勤続に伴って給与が上昇する「年功賃金」が賃金制度上の大きな特徴といわれている。基本給で年功的な給与項目のウェイトが高いほど、年齢や勤続を重ねるにしたがい給与が上昇することになり、賃金体系（カーブ）は右肩上がりとなる。こうした属人的要素による昇給制度は、改められなければならないとして、「職務給」の模索、「職能資格制度」（能力主義）の普及、「成果主義」の導入などによる見直し・修正が試みられてきた[8]。しかし、第1章第3節「年功的賃金・昇進」で見たとおり、年齢や勤続を重ねるにしたがい給与が右肩上がりとなる賃金プロファイルの傾きは1990年と2015年を比べると若干ゆるやかになっているが、右肩上がりのカーブは依然として残っている。

■1 「今後の企業経営と賃金のあり方に関する調査」（2008年）から

（1）「職責・役割」「職能」をより重視

賃金カーブがややなだらかになった背景には、とくに2000年代に入ってから成果主義を導入する企業が増加したことに加え、60歳以降の雇用継続

を前提とした年功的な制度の見直しが進められたことがあると考えられる。

こうしたなか、JILPTの「今後の企業経営と賃金のあり方に関する調査」（2008 年）は[9]、賃金体系の現状や賃金制度の見直し・運用の動向に焦点をあて、その実態を明らかにすることを目的とした。

まず、自社の賃金体系について聞いたところ、「過去」（おおむね5年前 = 2003年頃）については、年齢・勤続・学歴などの「個人属性重視型」（40.5 %）が最も多かった（図表5-5）。また、「現状」においては、「職能重視型」（本人の職務遂行能力を重視）が最も多く（27.7 %）、次いで、「職務重視型（従事する職務・仕事の内容を重視）」（19.1 %）、「個人属性重視型」（18.4 %）などの順となっている。

「現状」と「今後」との差を見ると、「職能重視型」が5.5ポイントの微増、「職務重視型」が19.1 %から14.7 %へ4.4ポイントの減少となる一方、「職責・役割重視型」が8.0 %から16.3 %へ倍増している。

過去から現在への見直し、さらに今後の展望を含む時間経過の中で、年功

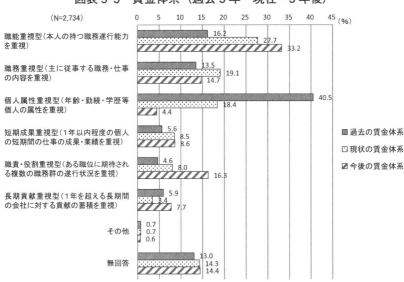

図表 5-5　賃金体系（過去 5 年・現在・5 年後）

出所：JILPT「今後の企業経営と賃金のあり方に関する調査」（2008 年）。

的要素を重視する「個人属性重視型」が大きく後退する一方、「職責・役割」「職能」の順で増加幅が大きくなっている。一方、成果主義賃金の典型といえる「短期成果重視型」については、現状（5.6％）と今後（8.6％）ともに1割に満たない。「人」基準から「仕事」基準へのキャッチフレーズで成果主義導入の根拠となってきた「職務」重視の傾向も頭打ち状態となっている。調査からは今後の賃金体系としては、「職責・役割」「職能」をより重視する企業の意向が強まっている傾向を見出すことができる。こうしたデータは2008年の調査当時、成果主義の見直しを志向する企業が増えていたことと符合する。

（2）賃金カーブは「早期立ち上げ高年層下降型」を志向

賃金制度の見直しや運用にあたっては、「今まで」「今後」とも「従業員個々の職務遂行能力を評価し、賃金に反映させること」と「従業員個々の成果を把握し、賃金に反映させること」を重視する割合がほぼ同率で、約6割を占める（図表5-6）。

一方、今後重視すべきと考えることについては、「組織・チームの成果を賃金に反映させること」が今までに比べ、13ポイント増え、3社に1社が（32.4％）が、よりウェイトを高めたいとしている。個々の実績を重視する成果主義型賃金制度に対する反省が反映していると見ることもできる。

図表5-6　賃金制度のあり方をめぐって重視すること（3つ以内の複数回答）

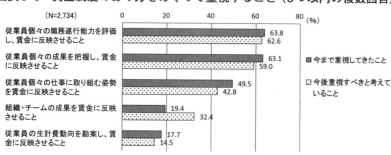

出所：JILPT「今後の企業経営と賃金のあり方に関する調査」（2008年）。

また、昇給を示す各社の賃金カーブについて聞いたところ、「過去」（おおむね5年前）および「現状」では「緩やか上昇後頭打ち型」（それぞれ36.0％、44.6％）の割合が高いが、「早期立ち上げ高年層下降型」が、「現在」に比べておおむね5年の「今後」（37.7％）の割合が、2倍以上の高い伸びを示している（図表5-7）。

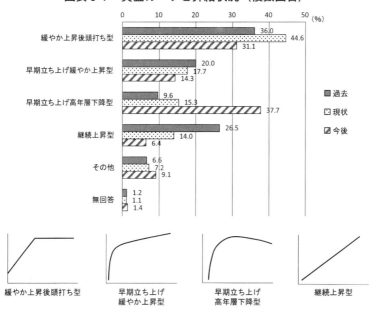

図表5-7　賃金カーブと昇給状況（複数回答）

出所：JILPT「今後の企業経営と賃金のあり方に関する調査」（2008年）。

（3）賃金制度の見直しおよび運用の実態と課題

　賃金制度の見直しについて、「2000年度以降に実施したこと」と「今後実施予定のこと」を聞いたところ、2000年度以降に実施したことでは、「評価による昇給（査定昇給）の導入」「評価（人事考課）による昇進・昇格の厳格化」をあげる割合がともに高く約4割（それぞれ39.2％、38.7％）となっている。また、「高年層の賃金カーブの抑制」（33.6％）、「25～30歳前後の

賃金水準の引き上げ」（30.7％）についても、2000年度以降見直しを行ったと回答している企業が3割を超えている。今後の実施予定では、「評価（人事考課）による昇進・昇格の厳格化」（41.3％）をあげる割合が最も高く、次いで「評価による昇給（査定昇給）の導入」（31.8％）、「評価（人事考課）による降格・降級の実施」（30.2％）などの順となっている（図表5-8）。

　ただし、規模別に見ると制度の見直し・変更の内容に差異が見られる（図表略）。制度の見直しや変更すべきという回答で20％超の回答を得た項目について、100人未満、100人から300人未満、300人以上の規模別に、今後の賃金制度の見直しと変更をすべきことは何かを聞いたところ、100人未満規模の企業では、「評価による昇給（査定昇給）の導入」「高年層の賃金カーブの抑制」など制度面の見直しをあげる割合が100人以上規模の企業より高い。反対に100人以上規模で見ると、「評価（人事考課）による昇進・昇格の厳格化」「評価（人事考課）による降格・降級の実施」など、運用面の課題をあげる割合が高くなっている。

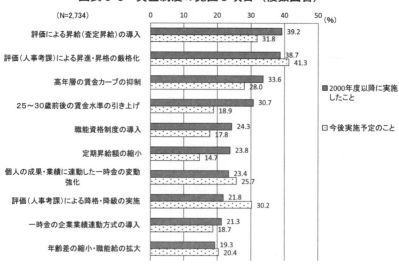

図表5-8　賃金制度の見直し項目（複数回答）

出所：JILPT「今後の企業経営と賃金のあり方に関する調査」（2008年）。
注：回答水準が20％未満の回答項目については割愛した。

第5章　雇用ポートフォリオと正社員の賃金管理

　このことから、100人未満の小規模企業においては、賃金制度のそのものの改革が必要と認識されている一方、100人以上規模の企業では、制度の見直しは一通り行われたものの運用面での課題があり、見直しが必要とされている様子がうかがえる。

　本来は能力主義に基づく職能資格制度をベースとした職能給が実際は年功的に運用されてきたことに対する反省があって、いわゆる成果主義的な賃金制度の導入が進んだ。しかし、調査結果では改めて、職務遂行能力の意義が再評価されている。

　この調査のデータを使った平成21（2009）年版『労働経済の分析』（労働経済白書）は「個々の労働者の評価方法として職務遂行能力の意義は、今後も高いと思われるが、一方で、業績・成果主義的な考え方は後退し、組織やチーム全体への貢献を行うことができるような人物や行動が改めて評価される方向へ転換していくようにみえる」（p.200）と分析している。

　調査結果にあるように、賃金体系は今後、現状の年功的なカーブを是正するための、早期立ち上げだけではなく、中高年での引き下げまでもイメージ（早期立ち上げ高齢層下降型）している。30代までの能力や技能・技術の習熟期間における勤続に見合ったカーブは重視するものの、それ以降は、特に管理職に近づくにつれて、職責・役割を重視する傾向が見て取れる。

　一方、先に触れたように規模が大きい企業ほど、現在の課題は賃金制度自体にあるというより、評価制度の運用面にあると考えている。全体平均でも、今後は定期昇給額の縮小といった賃金体系の見直しよりも、「評価（人事考課）による昇進・昇格の厳格化」をあげる企業が最も多い。さらに、今後の制度見直しについての留意点としても、「1人1人の成果を把握し賃金に反映させる」「長期的な視点に立った労働者の職業能力の引き上げのため、能力評価システムの充実」が必要との回答が過半数を超えており、企業は賃金制度の運用面や不満の高い評価制度の見直しや整備の必要性を感じていることが分かる。

187

2 JILPT「人材マネジメントのあり方に関する調査」（2014年）

（1）非管理職＝100〜999人でウェイトが高い「年齢・勤続給」

2008年の調査後に100年に1度の経済危機といわれたリーマンショックが発生し、さらに戦後最大の自然災害である東日本大震災が日本経済を大きく動揺させ、賃金面でも大きなダメージを与えた[10]。こうした経済危機を経た上で、賃金制度はどのようになっているのか。制度の現状を分析するために基本給の賃金項目の構成とウェイトに焦点をあてる。

賃金体系は月例賃金の所定内給与のうち、いわゆる基本給の賃金項目の構成で形成される。賃金項目としては、年功カーブを描きやすい年齢・勤続給および勤続による能力の伸長を前提とする職能給のほか、職務給、役割・職責給、成果・業績給などからなる。

このうち単一の項目のみで賃金体系を構成する企業もあるが、多くは複数の賃金項目を組み合わせるケースが多い。経団連「2014年人事・労務に関するトップ・マネジメント調査」（497社）によると、「単一項目」が20％、「2項目」が35％、「3項目以上」が45％となっている。

そこで、JILPTが2014年に実施した「人材マネジメントのあり方に関する調査」（有効回答1,003社）[11]から、賃金項目の構成ウェイトを管理職・非管理職別、企業規模別に見てみる。まず、非管理職（平均選択数2.1項目）について、1万人以上では「職能給」（37.0％）、「役割・職責給」（27.1％）のウェイトが高いが、「年齢・勤続給」のウェイトは9.8％と1割を切っている（図表5-9）。100人以上の従業員規模では、「職能給」がすべて3割超で、もっとも構成ウェイトが高いという共通項を見出すことができる。99人以下では「職務給」のウェイトがもっとも高い（29.9％）ことが特徴的である。

その一方、「年齢・勤続給」のウェイトが他の規模より高いのは従業員100〜299人（27.6％）、300〜999人（27.2％）である点が注目される。こうしたいわゆる中堅・中小の企業で、年功的な賃金項目が見直されていない可能性が示唆される。

いわゆる成果主義型賃金制度の項目とされる「成果・業績給」については、

第5章　雇用ポートフォリオと正社員の賃金管理

図表 5-9　非管理職層の月例賃金の構成要素

構成ウェイト

非管理職層		職能給	職務給	職役責割給	成績果給	勤年続齢給	その他	計
全　体		33.4	16.8	10.9	9.0	25.4	4.5	100.0
従業員規模	99人以下	18.8	29.9	15.9	11.1	14.7	9.6	100.0
	100～299人	32.4	17.2	8.7	9.8	27.6	4.4	100.0
	300～999人	36.2	13.9	11.2	8.0	27.2	3.5	100.0
	1,000～9,999人	37.1	17.2	16.8	7.4	16.7	4.8	100.0
	1万人以上	37.0	8.9	27.1	3.8	9.8	13.5	100.0

全体で1割に満たず、1万人以上では3.8％に過ぎない。その一方、従業員規模の増加とともに「役割・職責給」のウェイトが高まっている点も注目される。

（2）管理職＝中堅・中小で残る年功的賃金体系・制度

　一方、管理職を見ると、1万人以上では「職能給」（14.1％）、「年齢・勤続給」（6.3％）のウェイトが他の規模と比べて顕著に低く、年功カーブを描きやすい賃金項目の見直しが進んでいることが示唆される（図表5-10）。

　注目すべきは全体平均ながら非管理職と管理職の「職能給」と「職務給」の構成ウェイトが、前者が3割程度、後者が約16％で大差がないことだろう。また、「成果・業績給」について、非管理職と同様に全体で1割に満たないが、1万人以上では15.2％と若干高い割合となっていることが特徴点として見出すことができる。

図表 5-10　管理職層の月例賃金の構成要素

構成ウェイト

管理職層		職能給	職務給	職役責割給	業成績果給・	勤年続齢給・	その他	計
全　体		30.3	15.7	22.4	9.4	18.4	3.8	100.0
従業員規模	99人以下	22.9	30.0	19.9	4.4	12.4	10.4	100.0
	100～299人	30.4	15.2	20.8	9.5	20.6	3.5	100.0
	300～999人	30.8	14.2	22.9	9.0	19.9	3.2	100.0
	1,000～9,999人	33.0	15.4	29.4	10.6	9.0	2.6	100.0
	1万人以上	14.1	16.7	24.6	15.2	6.3	23.3	100.0

189

その一方、100〜999人の中堅・中小規模の管理職においても「年齢・勤続給」のウェイトが2割程度にのぼっており、他の従業員規模より頭一つ抜きん出ている感がある。管理職においても、同規模での賃金体系・制度見直しが若干遅れている可能性が示唆される。

管理職の賃金項目では規模の違いを問わず、「役割・職責給」が2〜3割弱を占め、ウェイトが高い点を指摘することができる。

この調査から指摘できるのは、賃金項目の構成要素として、「役割・職責給」の割合が高くなっており、賃金制度見直しの方向性を示唆しているともいえる[12]。

2014年12月16日に取りまとめられた政府の「経済の好循環実現に向けた政労使会議」の文書には賃金体系のあり方に関する見直しが盛り込まれた。具体的には「労使は仕事・役割、貢献度を重視した賃金体系とすることや子育て世代への配分を高める方向へ賃金体系を見直すことが一案である。若年層については、習熟期間であることを踏まえて安定的な昇給とする一方、蓄積した能力を発揮し付加価値の創出が期待される層では、個々人の仕事・役割、貢献度を重視した昇給とすることが考えられる」としている。この見直しの方向は既に多くの企業で模索されつつあるともいえる。

ただし、大手企業ではこうした賃金体系の変化が制度的に裏付けられているが、この調査からは中小企業では依然として、年齢・勤続によって賃金が決定する年功色強い体系が残存している可能性が示唆される。人材の確保・定着が中小企業にとって非常に重要な経営課題となるなか、従業員にとって納得性の高い賃金・評価制度の確立が求められているといえる。

第3節　雇用区分の再編の動き——JILPT調査から見た雇用ポートフォリオの現状と展望

■1 無期化、正社員転換、限定正社員の導入で広がる正社員化の動き

昨今の人手不足の動向を反映して、パート・契約社員などの非正規社員を正社員化する動きが広がっている。こうした動きは2014年頃から顕在化し、

同年4月にスターバックスコーヒー・ジャパンが契約社員800人を正社員化すると報道されたのに続き、ユニクロを展開するファーストリテイリングが国内のパート・アルバイトの登用などで約1万6,000人を向こう2～3年間で地域限定の正社員にすると発表した。さらに、家具大手のイケア・ジャパンがパートタイム従業員を無期契約化、三菱東京UFJ銀行も勤続3年以上の契約社員を対象に無期契約にするとの記事も続いた。三越伊勢丹HDは16年4月からすべての契約社員を初年度から無期雇用としている。

こうした動向を反映してか、2013年から非正規雇用から正規雇用に転換する数が、正規から非正規に転換する数を上回って推移している（図表5-11）。

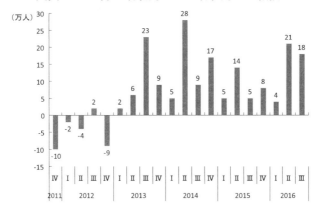

図表5-11　非正規雇用から正規雇用への転換

出所：総務省統計局「労働力調査（詳細集計）」。
注1：60歳以降の継続雇用により非正規雇用に転換する者が多い高齢層を除いて15～54歳層に限定して集計している。
注2：数値は非正規から正規へ転職した者の数から正規から非正規へ転職した者の数を引いたもの。非正規から正規へ転職数については、正規のうち過去3年間に離職し、前職が非正規だった者の数をさし、同様に正規から非正規への転職数については、非正規のうち過去3年間に離職し、前職が正規だった者の数。

こうした新たな変化を踏まえて、JILPTにおいても企業・労組へヒアリング調査を行い、その動向や新たな展開をフォローアップしてきた。事例調査では、職場での非正規雇用労働者の活用状況、雇用形態の変更、正社員登用といった人事・処遇制度の見直しとその運用実態に注目した。これらの事例を見ると、総じて、これまでのような正規、非正規といった2区分から、正

規を従来型の正規と勤務地・職務などを限定する正規とに分類し、従来型の非正規とあわせて、3区分に変更する動向が見られた。この結果、従来型と新たなタイプの正規を含めて、正規雇用者数を増加させる事例が出てきている。

そこで見出された共通点が、2015年7月30日に厚生労働省の「多様な正社員の普及・拡大のための有識者懇談会」の報告書[13]で課題をとりまとめ、政策提言した「限定正社員」をすでに取り入れている点である。「多様な正社員」とは、「無期労働契約であるが職種、勤務地、労働時間等が限定された正社員」を指す。そして、その活用方法の1つとして「非正社員から正社員へのステップアップ」、つまり「正社員化」の受け皿として期待されている。

さらに、改正労働契約法に基づく「無期転換ルール」への対応を含め、正規（無期契約）か非正規（有期契約）かという2区分に分断された働き方から、労働契約の無期化、その先の勤務地・職種などを限定する「多様な正社員」を加えることにより、雇用ポートフォリオを書き換える動きがすでに始まっていると見ることができる。

2 6割超が無期転換に前向き、大手ほど限定正社員の活用を志向

無期化、正社員転換、限定正社員の導入といった非正規雇用の人事・処遇制度見直しの背景には、人手不足のほか、経営・人事戦略の見直し、労働契約法など法改正への対応といった複合的な要因が絡みあっている。

まず、法改正により有期雇用の非正規雇用を無期雇用化する企業の前向きな姿勢が明らかになってきた。JILPTが2015年に実施した調査[14]で、有期労働契約が反復更新されて通算5年を超えたときに、労働者の申込みにより、期間の定めのない労働契約（無期労働契約）に転換できるルール（第18条）への対応方針を聞いたところ、フルタイム契約労働者を雇用している企業・パートタイム契約労働者を雇用している企業ともに、前回調査（2013年）と比較して、何らかの形で（通算5年超から＋5年を超える前に＋雇入れの段階から）無期契約にしていく企業が、フルタイム契約労働者で23.9ポイント増の66.1％、パートタイム契約労働者でも27.6ポイント増の63.1％と大幅に増大した（図表5-12）。

第5章　雇用ポートフォリオと正社員の賃金管理

図表 5-12　無期転換ルール（第18条）への対応方針

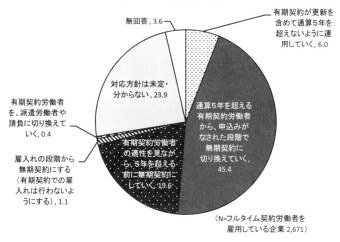

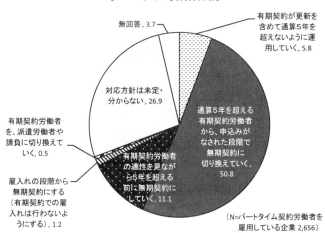

出所：JILPT「改正労働契約法とその特例への対応状況及び多様な正社員の活用状況に関する調査」（2015年）。

一方、「通算5年を超えないように運用」する割合は前回調査に比べて半減した。

また、同調査によると無期化後の受け皿として期待されている職務や勤務地、労働時間等が限定された無期契約労働者（多様な正社員）の正社員区分がある企業は35.5％だった。その内訳は（複数選択）、「職種や職務、職域」が24.6％、「勤務地（配転・異動の範囲）」が19.4％、「労働時間の長さ」が17.1％となっている。

こうした社員区分について、新たに導入（また既存の場合は増員）する予定であるとした企業は全体で20.4％だったが、規模が大きいほど割合は高まり、1,000人以上で4割弱（37.2％）となっている。

３ 企業事例から見る無期転換及び限定正社員の導入

（１）雇用区分再編の動機と先進的な帝国ホテルの事例

ヒアリング調査を実施した事例では、雇用区分の再編にいたった動機として、①無期転換ルールを盛り込んだ改正労働契約法など法・制度改正への対応、②パート・契約社員の長期勤続・定着を促す、③キャリアアップの仕組み整備とモチベーション向上、④非正規雇用へのシフトにより生まれた労務構成の是正、⑤顧客満足度の向上——といった複数の要因を指摘することができる。

具体的な処遇改善の手法として、非正規雇用のなかでも正規雇用に近い仕事を行うものについては、まず雇用期間を無期化して、賃金制度・水準を見直し、その結果として、非正規から正規への移行をこれまでより容易にする手法がとられる。

この契約社員の無期化から限定正社員の導入という一連の流れを、すでに経験済みなのが帝国ホテルの事例である。雇用区分再編の動機としては、非正規雇用に対する「キャリアアップの仕組みの整備とモチベーションの向上」およびそれを通じた、「顧客満足度の向上」が背景にある。

1999年から同社は、大阪に限定されていた有期の契約社員であるエリア社員を全社的に導入した。その後、エリア社員が担当する業務を拡大させつつ、2011年4月から500人のエリア社員の契約を有期から無期に転換した。

さらに、2013年からは人事制度を改定して、正社員とエリア社員の制度を一本化した。エリア社員の名称も、東京社員、大阪社員と改め、地域限定正社員とした。現業分野で各人の能力を活かし、オペレーションをつかさどるプロフェッショナルとなることが期待されている。エリア社員の場合、30歳で昇給がストップとなり年収は最大300万円程度だったが、東京・大阪社員の導入で年収上限が540万円に引き上げられることになった。

無期化や人事制度の一本化を図った理由について、同社は「団塊の世代が職場から去り、団塊ジュニアも高齢化するなか、その代替労働力を確保しつつ、帝国ホテルのDNAやノウハウを伝承するためには、将来を担う若年世代であるエリア社員の戦力化が欠かせなくなった」と説明している。賃金制度もこれまでの職能資格制度から役割等級制度に変更した。正社員と同じ等級に格付けし、面接など同じ評価制度のなかで運用している。

また、2014年4月からはパートタイマーの人事制度を改定した。「サポート社員」に名称変更したうえで、能力が高くやる気のあるパートタイマーに東京社員・大阪社員への登用ルートを制度化した。

（2）新たな制度の導入により正社員数が増加

正社員数の大幅な増加が予想されるケースも出ている。2014年4月から新たな制度を導入した日本郵政、コープさっぽろでは、勤務地を限定する正社員区分を設けた。また、ANAのケースでは従来契約社員区分だった客室乗務員の大多数を正社員化した。

①日本郵政　＜地域限定の新・一般職を新設、無期転換も前倒し＞

2007年10月、日本郵政公社は郵便事業会社、郵便局会社、ゆうちょ銀行、かんぽ生命の4株式会社と、純粋持株会社の日本郵政株式会社に分社化された。その後、2012年10月に郵便事業株式会社と郵便局株式会社が統合し、日本郵便株式会社となり、現在に至っている。日本最大の企業グループとなった日本郵政は2014年4月から、これまでの「勤務場所と連動した職群・職務体系」から役割に応じたコース制に移行する「新たな人事・給与制度」を導入した。役割を基軸としたコース別の人事体系を設定したのに伴い、全

国転勤のある総合職はそのままながら、従来の一般職を「地域基幹職」に移行させ、さらに勤務地・職種を限定した「（新）一般職」を新設した。「（新）一般職」は標準業務に従事し、役職登用はなく、転居を伴う異動はない。

雇用区分再編の最大の要因は、非正規雇用が約半数を占めるに至った労務構成の是正で、新制度による人材の長期勤続・定着を促すことも狙いといえる。

初年度は期間雇用社員（月給制契約社員および時給制契約社員）から新・一般職に登用されたが、まず、月給制契約社員からの登用を優先し、要員状況を見て時給制契約社員からの登用も視野に入れる。同年度は月給制契約社員 6,144 人が新一般職に応募し、4,704 人が合格。2 年目からは、新規採用も行うことになっている。新一般職の要員枠としては毎年度 5,200 人があてられており、新規採用と契約社員からの登用を半々と見ている。なお、2015 年度は郵政グループ全体で新一般職に約 3,000 人が合格したという。

他方、経営幹部や本社の管理者候補生である「総合職」の主な期待役割は、会社業務全般に従事することで、全国転勤もある。現場の役職者や管理者登用の候補生である「地域基幹職」も会社業務全般に従事するが、転勤は一定エリアの支社内程度が原則となる。本人希望と会社承認でコース変更も可能な制度設計になっている。

一方、労働組合の要求を受け、無期転換を申し込める時期について、改正労働契約法に基づく 2018 年 4 月から 2016 年 10 月に前倒しすることを 2016 年春の労使交渉で合意した。無期転換後の新たな社員区分の名称は、「アソシエイト社員」で、交渉時点で約 19 万人にのぼる時給制契約社員のほか、月給制契約社員（約 6,000 人）、日本郵便で働く短時間社員（約 2,500 人）が無期転換制度の対象となる。労働組合側は今後、アソシエイト社員の正社員化を求めるとしている。

②ANA　＜客室乗務員を正社員化＞

ANA グループの中核会社である全日本空輸（ANA）は、2014 年 4 月から契約社員だった客室乗務員を長期社員（正社員）化し、1,500 人が正社員に転換した。また、同年 4 月の客室乗務員の新卒採用 1,000 人はすべて正社員

として入社、さらに2年間で1,700人の新卒採用を予定している。この結果、一部を除き2016年度末でANA本体から有期契約労働者は存在しなくなる見通しとなった。この雇用区分再編の最大の狙いとしては、顧客満足度の向上を指摘することができる。

客室乗務員の雇用区分だった「スカイサービスアテンダント（SS）制度」は、1年契約の契約社員として採用する制度で、1995年にバブル崩壊後の深刻な経済状況や厳しさを増す航空業界の競争環境に対応する構造改革の一環として導入された。それ以降、客室乗務員はすべて契約社員のSSとして採用されることになった。その後は、1年の雇用契約を更新して3年を経過する際、長期社員か引き続き契約社員として働き続けるかを選択する制度だった。

2013年8月、ANA組合は会社側から、このSS制度から長期社員（いわゆる正社員）へ変更する提案を受けた。提案の目的は、さらなる人的価値の向上により、「顧客接点を担う客室乗務員の模倣困難な差別化を図ることで、世界のリーディングエアラインググループをめざす」というもの。以後、労使で職場状況を見ながら協議を重ね、2014年4月からの長期社員化の導入に至った。

長期社員にすることで、従来の契約社員の3年間では実現しなかったキャリアアップや、マネジメントを担う層の早期育成にもつなげたいとしている。

さらに、16年度からはANAグループ全体としても人材の確保に向けて、希望者全員に対する正社員登用を進めている。

③コープさっぽろ　＜エリア限定正職員を新設＞

北海道における大型小売でトップ・シェアを誇るコープさっぽろでは、2014年4月から契約社員（1年契約）を正社員化（無期化）させる新しい雇用区分として「エリア職員」（限定正職員）を新設し、同年6月、約700人が正職員に転換した。

この雇用区分見直しの大きな背景として、非正規雇用へのシフトによる労務構成の是正をあげることができる。1990年代後半、経営危機に陥るなか、

同コープでは正職員の採用を抑えてきた。その影響で、それ以前に入職した世代が退職すると、管理職層の人材が不足することから、正職員に代えて契約職員の採用と総合職員（正職員）への登用を強化してきた。しかし、業績の改善が進み、契約職員が、管理業務を行うまで基幹化が進むなか、「契約職員の処遇を改善しないと人材の流出につながる」との声が現場から多く出ていた。

そこで、2014年4月から新しい雇用区分である「エリア職員」（限定正職員）を新設。2014年6月に採用試験があり、約700人が正職員に転換した。この結果、正規・非正規の人数は正規1,200人：非正規9,400人から2,000人：8,700人に大きく変化した。

毎年1、2回、試験を行う予定で、今後はパート社員であるパートナーから契約職員に登用される人が新たな試験の対象になる。同コープではパートナーから契約職員、契約職員からエリア職員（もしくは総合職員）といった形でできるだけステップアップしてもらうことが望ましいとしている。パートナーから契約職員への登用者は、ここ数年は毎年100人程度が応募し、上司の推薦＋ペーパーテスト＋面談を経て30人程が登用されている。登用されると、基本給が時給制から月給制に変わるとともに、その多くが店舗の部門マネジャー（5等級）クラスになり、管理的な業務も担うようになるため収入も上がる。

その一方、現行の契約職員自体の数が少なくなることから、高卒新卒者の地域採用に力を入れる。その結果、全体的にエリア職員が増える見通しとなっている。

エリア職員制度の給与体系は、総合職員に合わせる形で、「年齢給＋役割等級」としている基本給も正職員比で8割程度を確保する。

4 人材・人手不足が促す新たな社員区分──新たなポートフォリオを形成

これらのアンケートおよびヒアリング調査から浮かび上がるいくつかの傾向を指摘したい。

第1に、地域における雇用機会という意味でインパクトの大きい、JP、コー

プさっぽろに共通しているのは、地域限定の新たな正社員区分を設定したことである[15]。これらのケースでは、パート・契約社員が戦力化し、従来の一般職正社員の業務を代替する形で、基幹化が進んできた職場であるという共通項がある。地域に根を張り、地域密着型の業務を展開するために、新たな正社員区分の必要性が増してきたケースといえる。

第2に、改正労働契約法に対応したパート・契約社員からの無期転換に、前向きな企業が増加傾向にある。こうしたなか、第1の指摘事項とも関連するが、雇用ポーフォリオの見直しを検討しているケースでは、ほとんどが新たな区分として、「限定正社員」の導入を構想している点が注目される。本調査の関連でヒアリングした全国の生協労組が加盟する生協労連には、各地域の生協における共通の動きとして「無期化⇒限定正職員への登用という形で、人材をつなぎとめる流れができつつある」との報告が多く寄せられているという。

第3は、スターバックス、ユニクロ、イケアの事例のように、店舗の拡大に対応して、契約社員を正社員化する動きが出てきていることである。小売・飲食業の関係では若年の人手不足が経営の大きなボトルネックとなってきていることから、人材囲い込みのためにも、店舗の拡大に対応した正社員化の動きがさらに進むことが予想される。

ここまで取り上げたのは大半が非製造業のケースだったが、製造業に対するヒアリング調査では、製造現場における恒常的な人手不足に対応するため、女性パートからの正社員登用を進めたり、OJTによる訓練を施した派遣労働者を直接雇用に結びつける動きも見られている[16]。

外食や小売業だけでなく幅広い業種で人手不足が広がるなか、非正規雇用に対する無期化、正社員転換、限定正社員の導入といった雇用管理の新たな展開は、中長期的な人材の確保・育成に効果を発揮することになるだろう。さらにこうした制度を通じた雇用の安定化は、労働生産性の向上につながり、企業の成長や収益拡大にも寄与することになるだろう。

メディアの一連の報道に加え、JILPTが実施したヒアリング調査およびアンケート調査からも、これまでのパート・アルバイト、契約などの「非正規社員」（有期契約）と限定のないいわゆる「正社員」（無期契約）という2区

分ではなく、無期化や限定正社員を挟み込んだ3区分型で、雇用ポートフォリオを書き換える動きが見られた。その際、明確に3区分するというよりも、雇用区分間の転換制度、均等・均衡に配慮した処遇[17]なども織り交ぜながら、グラデーションを施した形でポートフォリオを構想している点を指摘することができる。

　一方で、こうした新たな動向は、「正社員」とは何かという、再定義を求めてくることになるだろう（期間の定めのない契約ならそれを「正社員」と呼ぶのかどうか）。

　いずれにしても、人手不足による人材獲得競争の熾烈化と相いまって、雇用ポートフォリオに変化の兆しが生じているといえる。

第4節　まとめ

　第1節にて、5年後の正社員／非正社員割合を被説明変数とした分析をしたところ、商品・サービス市場において過剰供給あるいは需要の減退が生じている場合には非正社員割合が高くなること、逆に技術革新のペースが速い場合には、高度な技術を持った労働者が必要とされるためか、正社員割合が高くなることが示された。正社員／非正社員割合は、企業が置かれた経営環境の影響を受けつつ決定されている。また、正社員の雇用方針を見ると、大多数の企業は正社員の長期雇用を維持する方針であることが分かった。だが、その程度を分析すると、製造業や金融・保険業、大企業において特に強く、逆に広義のサービス業、中小企業、商品・サービスの（高付加価値化ではなく）低価格化を志向している企業、外資系企業では相対的に弱い（＝正社員を柔軟に雇用調整する）ことが示唆された。正社員の雇用方針には、企業規模に加えて、業種、経営戦略、資本形態によって若干の振れ幅がある。

　第2節では、正社員の賃金制度の動向を分析した。本来は能力主義に基づく職能資格制度をベースとした職能給が、実際は年功的に運用されてきたことに対する反省があって、2000年代前半にいわゆる成果主義的な賃金制度の導入が進んだ。これに対し、2008年の調査からは、成果主義導入のブームが去った後に、職務遂行能力の意義を再評価する傾向、短期成果ではなく

「職責・役割」を重視する傾向があらわれていることが確認された。なお、2014 年の調査からは、賃金項目の構成要素として「役割・職責給」の割合が高くなっていること、大企業がそれらの導入をリードしていることが改めて確認されたが、それと同時に中規模企業では年齢・勤続によって賃金が決定する傾向が残ることも認められた。ただし、誤解を避けるために言うならば、かつての個人属性（年齢・勤続・学歴）重視型の賃金体系が勢いを増しているというわけではない。

第 3 節では、第 1 章で見たようにこの 20 年で非正社員割合が大幅に上昇したことを踏まえ、それを揺り戻す、非正社員の正社員化を含む昨今の雇用区分の再編の動きを、具体的事例を交えつつ概観した。その結果、外食や小売業など第 3 次産業系の業種を中心として、人手不足の基調、労働契約法改正による追い風の中、経営・人事戦略の見直しとも絡まりつつ、非正社員に対する無期化、正社員転換、限定正社員の導入といった雇用管理の新たな展開が生じていた。こうした制度を通じた雇用の安定化により企図されているのは、中長期的な人材の確保・育成、労働生産性の向上、企業の成長や収益拡大である。これらの事例から得られる知見は、第 1 節で示された、業界の需要の拡大が正社員割合を高め、商品・サービスの高付加価値化が長期雇用の方針を強めるという分析結果と整合する。そして、それらの結果として、非正社員（有期契約）と正社員（無期契約）という 2 区分型ではなく、無期化や限定正社員化を挟み込んだ 3 区分型に雇用ポートフォリオを書き換える動きが、正社員割合を押し上げつつ、生じていると言える。

総じて、本章での分析から、大きな方向性として、賃金制度については大企業のリードにより年齢・勤続から職責・役割を重視する仕組みへのシフトが確認されるが、正社員割合ないし無期雇用割合は揺り戻す可能性があり、正社員の長期雇用も（若干の振れ幅はあるが）おおむね維持されることが見通せる。ただし、日本的雇用システムが今後どのような方向に向かうかは、他章での議論と併せて、終章にて検討される必要があるだろう。

【注】

1　本章の執筆者は、第1節が高橋康二、第2節・第3節が荻野登、第4節が高橋康二である。

2　民間信用調査機関が所有する企業データベースから、従業員100人以上の企業1万社を抽出し、調査票を配布。有効回収数は1,003件（有効回収率10.0％）である。調査実施概要は、労働政策研究・研修機構編（2015）を参照。

3　本来であれば、調査時点での非正社員割合を取り上げることが望ましいが、ここでは変数加工上の制約から、代理指標として5年後の従業員全体に占める非正社員割合の見通しを用いている。また、「5年後の従業員全体に占める正社員割合の見通し」に回答しているのは、その前の設問の「貴企業の従業員全体に占める無期契約の社員の割合は、向こう5年間にどのように変化する見通しですか」に対して、明確な回答をした企業に限られる。そのため、ここでの分析対象は、比較的明確な雇用管理方針を持っている企業に限られている可能性が高い点に留意が必要である。

4　試みに、2015年の同調査から、労働者数（一般労働者＋短時間労働者）に占める「正社員・正職員以外」の労働者数の割合を企業規模別に求めると、1,000人以上では40.0％、100〜999人では32.2％、10〜99人では33.1％となる。

5　産業ダミー、企業規模ダミーについては、それぞれ製造業、1,000人以上を基準として、非正社員割合（0〜100％）が何ポイント高い（低い）と予測されるかが、B係数で示されている。資本形態については、外資系企業が非外資系企業と比べて、非正社員割合が何ポイント高い（低い）と予測されるかが同様に示されている。自社の経営環境は、それぞれの項目について「当てはまる」（5点）から「当てはまらない」（1点）の5点スコアで測定しており、当該項目が1点高いと非正社員割合が何ポイント高い（低い）と予測さ

れるかが同様に示されている。

6　参考までに、「海外企業との競争が激しい」ことと、後述する、経営戦略として「海外での事業展開を重視（vs国内の事業展開を重視）」していることとは、相関係数が0.444（0.1％水準有意）と高い。そして、「海外での事業展開を重視（vs国内の事業展開を重視）」していることは、産業と企業規模をコントロールした上でも、正社員割合に対して1％水準で有意なプラスの効果を与えている（図表は省略）。

7　産業ダミー、企業規模ダミー、資本形態の読み取り方については図表5-2に同じ。ただし、被説明変数が順序尺度であるため、B係数の数値そのものに絶対的な意味はなく、さしあたり符号が正であれば「柔軟に雇用調整」、負であれば「長期雇用を維持」の傾向が強いと理解されたい。経営戦略については、［ ］で示した反対概念とどちらに近いかをあらわす5点スコアであり、当該戦略に近いと「柔軟に雇用調整」（正）と「長期雇用を維持」（負）のいずれの傾向が強いのかを示している。

8　戦後の賃金制度見直しの経過については、西村（2016）に詳しい。

9　従業員数50人以上の企業1万5,000社を対象に2008年12月8日〜12月22日に実施し、2,734社（有効回収率18.2％）の回答を集計した。

10　リーマンショックによる景気後退を受けた2009年には、特別給与（賞与等）を含む現金給与総額が前年比3.9％減と大きく落ち込んだ（厚生労働省「毎月勤労統計調査」）。

11　従業員規模100人以上の企業1万社を対象に、2014年2月12日〜3月末日に実施し、1,003社（有効回収率10.0％）の回答を集計した。

12　石田（2006）は「旧来の「職務遂行能力」という概念に代わって「役割」という概念が大企業を中心に人事賃金制度の中核的概念となる気配が強い」としている。

13　同報告書は厚生労働省サイト（http://

www.mhlw.go.jp/file/05-Shingikai-11201000-Roudoukijunkyoku-Soumuka/0000052523.pdf）参照。

14 「改正労働契約法とその特例への対応状況及び多様な正社員の活用状況に関する調査」（2015年）は、常用労働者50人以上を雇用している全国の民間企業20,000社を対象に2015年7月27日〜9月11日に実施し、有効回収4,854社（有効回収率24.3％）を集計した。なお、2013年の前回調査と経年比較が出来るように調査票を設計している。

15 非正規雇用の数はJPで約20万人、コープさっぽろを含めた全国の生協の総売上高は3兆3,000億円で、イオン、セブン＆アイにつぐことから、地域における雇用の受け皿としてのウェイトは高い。

16 労働政策研究・研修機構編（2014, 2017）を参照。

17 小野（2014）で、賃金の均等待遇に配慮した事例を紹介している。

【参考文献】 ※50音順

石田光男（2006）「賃金制度改革の着地点」『日本労働研究雑誌』No.554, pp.47-60.

小野晶子「非正規雇用者の正社員登用の可能性——働き方と賃金の『汽水域』が鍵」『ビジネス・レーバー・トレンド』2014年8月号, pp.3-7.

西村純（2016）「人事・賃金制度の変遷に関する一考察と今後の研究課題」JILPT Discussion Paper 16-03.

労働政策研究・研修機構編（2014）『「全員参加型社会」の実現に向けた技能者の確保と育成に関する調査』（JILPT調査シリーズNo.120）労働政策研究・研修機構.

労働政策研究・研修機構編（2015）『「人材マネジメントのあり方に関する調査」および「職業キャリア形成に関する調査」結果——就労意欲や定着率を高める人材マネジメントとはどのようなものか』（JILPT調査シリーズNo.128）労働政策研究・研修機構.

労働政策研究・研修機構編（2017）『「改正労働契約法への対応状況に関するインタビュー調査」結果』（JILPT資料シリーズNo.195）労働政策研究・研修機構.

第6章 日本企業における能力開発・キャリア管理

第1節 はじめに

　日本的雇用システムを特徴づけるものとして、本書の序章では年功的昇進やOJTを中心とした幅広い教育訓練が挙げられた。本章ではそれらの核心が、従業員の長期的な能力活用（能力発揮）を図ることを主眼においた能力開発・キャリア管理であると考え、日本企業における能力開発・キャリア管理の現状と方向性を分析する。

　従業員の能力を長期にわたって活用していくことは、①長期安定雇用と、②長期の企業内経験を通じた能力形成により可能となる。長期の企業内経験による能力形成は、勤続年数に沿った昇進管理と、昇進をめぐる従業員間の長期的な競争関係が持つ動機付け機能、および日々の仕事の中でのOJTとによっていると指摘されてきた（稲上1999）。

　しかし、こうした日本企業におけるキャリア管理や能力開発のありようは、大きな転換点を迎えているように見える。具体的には低成長経済、少子高齢化といった社会環境の変化に伴い企業組織の拡大が難しくなること、より高齢期になるまでの雇用継続や女性のキャリア形成機会の拡大に対する社会的な要請、経営活動の国際化を一層進展させる必要といった要因から、数多くの日本企業において従業員のキャリア形成・能力開発のあり方に関し、様々な取組みが模索されている（いく）と考えられる。

　また長期の能力形成を支えるもう1つの要素である「日々の仕事の中でのOJT」についても、それが主に展開される場である職場には、要員・人件費管理、業績向上に対する強い要請、非正規労働者等の比重増加など雇用形態の多様化、同一企業内あるいは企業を超えた組織再編など、経営上、人事労務管理上の様々な変化の影響が及んでいることが予想される。こうした影響下において、「日々の仕事の中でのOJT」の環境や担い手が、長期の能力形

成を支えるだけの充実したOJTを展開しうる状況にあるのかといった点も、日本企業における能力開発・キャリア管理の今後を見通す上で見過ごすことができないだろう。

　本章では、日本企業、なかでもこれまで日本的雇用システムを形成・運用してきた代表的なセクターである大企業を中心的な対象として、これまでのキャリア管理の流れを振り返った上で、現在、キャリア管理・能力開発に関わる施策の重点がどこに置かれる傾向にあるのか、また今後はその重点がどのように変化していく可能性があるのかについて、近年実施されたアンケート調査の結果に基づき、明らかにしていく。その際、重点が置かれるキャリア管理・能力開発施策を、企業経営との関連とともに捉えていくことに留意していきたい。

　もう1つ、本章では、日本企業における長期の能力形成を支えている「日々の仕事の中でのOJT」に関連して、そのOJTのありようを大きく左右すると考えられる、現場管理職（上司）に焦点を当てる。日本の企業・職場をめぐる環境変化の中で、上司は部下に対し、能力開発やキャリア形成に関連して何を成し得ているのか、またその活動に影響を与える職場の状況はどのようなものかを明らかにしていくことを試みる。

　以下、第2節では、従来日本企業において行われてきたキャリア管理について、配置や昇進に関する既存調査研究のサーベイにより跡づけ、さらにそうしたキャリア管理に変化をもたらしうる要因を挙げる。第3節、第4節では2016年に労働政策研究・研修機構（以下「JILPT」と記載）が企業を対象に実施した調査から、日本企業における能力開発・キャリア管理の取り組みの方向性と、そうした取り組みの方向性が企業経営の流れとどのような関連を持ちうるのかについて、確認・考察している。第5節からは日々の仕事の中でのOJTのありように焦点をあてる。まず第5節では、OJTにおける職場集団の位置づけを確認した上で、近年の日本の職場の変化がOJTにいかなる影響を及ぼしうるかについて検討する。第6節、第7節では職場の管理職を対象としたJILPTのアンケート調査の分析から、職場管理職の部下に対する育成・能力開発支援活動の現状と、これらの活動を左右する職場の状況について明らかにしていく。最終の第8節では、本章での分析結果をまとめた

うえで、日本企業における能力開発・キャリア管理についての展望を検討していくこととしたい。

第2節　日本企業におけるキャリア管理の流れ

　企業で働く人、とりわけ同一企業で長期間働く人の能力形成や、能力開発に対するニーズは、どのような仕事を担当するかにより大きく左右される。企業が、所属する従業員の担当する仕事を決めていくのは、主に配置管理と昇進管理によってであり、日本企業の配置管理・昇進管理の状況を振り返っていくことで、これまでのキャリア管理の流れを追うことができるだろう。

　日本企業はどのような配置管理を行ってきたか。全日本能力連盟人間能力開発センター編（1979）は、大手企業の部長職を対象としたアンケート調査から、部長が少なくとも2～3、あるいは4～5の機能部門を経験していることを明らかにしている。また日本労働研究機構編（1993）は、1989年に実施した従業員1,000人以上の企業を対象とするアンケート調査を基に、大卒ホワイトカラーの配置管理に見られる傾向をまとめている。それによると、20代、30代、40代のいずれのホワイトカラーを対象とした異動に関しても、「部門をこえて行う」と回答した企業の割合が、「同一部門内で行う」とする企業の割合よりも高い。これらの調査研究は、日本企業における配置管理が、従来から言われてきた「ジェネラリスト」的、職能横断的に行われていることを示唆している。

　一方で、日本企業における配置管理は、必ずしも職能横断的とは特徴づけられないことを示す研究も積み重ねられてきた。井上（1982）は、ある製鉄会社の事業所に勤務するホワイトカラー1,115人の人事データを基に、最も頻繁に行われているのは技能の関連性が強い職種間の移動であること、また同一職種間と異職種間の移動確率を比べると、前者の方が統計的に有意に高いことを明らかにした。中村（1989）は、ある自動車メーカーに1977年から1981年までの間に入社した従業員74人の人事データを用いてホワイトカラーのキャリアを類型化し、①この企業においては自動車部品工場から自動車部品営業という異動を経験する従業員が最も多いこと、②経理部の従

業員はいったん経理部に配属されるとかなり長期間部門にとどまることが推測されること、などを示した。これらの結果から、中村は日本企業内における配置管理は、企業の性格や扱う商品群に規定されており、一概に職種横断的とは言えないと述べている。

中村の指摘を裏付ける、あるいは発展させた調査研究としては、労働大臣官房政策調整部編（1987）、今田・平田（1995）などがある。労働大臣官房政策調整部編（1987）は、①男性事務職、男性営業職に関しては「異事業所間多職種配置」という方針を持つ企業が半数近くあるものの、男性現業職では2割程度にとどまること、②女性職員については、いずれの職種でも「異事業所間多職種配置」という方針を持つ企業はごく僅かで、「同一事業所内配置」という方針を持つ企業が大半であることを明らかにしている。今田・平田（1995）は、日本を代表する重工業大企業に勤務する男性の事務・技術職正社員7,937人の人事データを分析し、①大卒事務職については職能内にとどまる異動が約半数をしめ、こうした異動の傾向は課長昇進前後で大きく変化しないこと、②大卒技術職に関しては大卒事務職同様、異動の約半数は職能内であるが、課長昇進後職能間異動が増えることを示した。

日本企業の昇進管理については、これまで日本企業の人事労務管理に関する数多くの調査研究で指摘されてきたのが、「ゆっくりとした昇進」、「遅い選抜」（小池編著1991；小池2005など）と称される従業員選抜のあり方である。これらの調査研究は、企業が同一年次に入社した従業員の間で一定期間は昇進における格差をつけず、その期間をすぎた後で徐々に選抜を行っていくという点を強調する。例えば竹内（1988）は、『会社職員録』から無作為に抽出した管理職従業員のデータを分析し、日本の昇進競争は時間によって平等からふるい落とし競争に転調すると指摘し、さらにある大企業の1966年入社者67人のデータをキャリア・ツリー法により分析し、昇進パターンが「同期同時昇進」→「同期時間差昇進」→「選抜／選別」と、入社後の時間の経過とともに変化していくという知見を得ている。また、今田・平田（1995）は、80年代後半に提供された特定大企業の人事データを元に配転・昇進構造を分析し、日本の大企業における主要な昇進管理のパターンが、一律昇進→昇進スピード競争→トーナメント競争と、管理の対象となる職位が

上がるにつれて変化することを明らかにし、「遅い選抜」のプロセスを示した。

　しかしながら、1980年代後半には、安定成長への移行によって企業規模の拡大が鈍化し、それに伴い管理職ポスト数の増加にも歯止めがかかることといった「供給」要因と、従業員の高齢化・高学歴化、男女雇用機会均等法の制定などによる管理職候補者の増加といった「需要」要因の両面から、管理職ポストの不足という事態が見通されるようになり（八代1989）、多くの日本企業が「機会の均等」を重視した昇進管理を徐々に変化させていった。そうした変化は、「抜擢人事（＝後で入社した従業員を先に入社した従業員より先に役職に登用すること）」、「逆転人事（＝先に入社した従業員が、昇進格差の拡大により、後で入社した従業員に昇進において追い越されること）」などの、年功にこだわらない管理職ポストの配分として現れ、やがて日本企業に定着していった（労働大臣官房政策調整部編1995；日本労働研究機構編1993，1998，1999，2000；労働政策研究・研修機構編2004）。

　管理職ポストが不足する中で年功にこだわらない管理職ポストの配分が広がるととともに、一方で企業は管理職への昇進が遅れる従業員、あるいは管理職昇進の可能性が早期になくなる従業員への対応が求められるようになった。そこで、（社内）資格制度や専門職制度などを活用した、いわゆる「複線型キャリア管理」を導入・運用するようになる。もっとも専門職制度は、本来はラインの管理職能とは異なる専門的能力に着目し従業員を処遇する仕組みであるが、日本の大企業では導入にあたって、上述のように管理職につけない従業員への対応という動機が強く働くため、専門職をラインとは別個に担当業務の専門性に基づいて設けられたポストとしてよりも、むしろライン管理職に準じる存在として位置づけることが多かった（高年齢者雇用開発協会編1985；労働大臣官房政策調整部編1995）。

　日本企業におけるキャリア管理はどのように変化してきている可能性があるか。第1章においても類似のデータが示されているが、図表6-1①②は、企業規模100人以上の民間企業に勤める一般労働者（短時間労働者に該当しない労働者）に占める部課長の比率を、学歴別・年齢階級別に示したものである。1990年と2015年を比べると、部長比率については高卒、大学・大

学院卒ともにすべての年齢階級で 2015 年のほうが比率が低くなっている。また課長比率についても高卒はすべての年齢階級で、大学・大学院卒は 50 歳代を除く年齢階級で 2015 年のほうが比率が低い。本書第 1 章でも男性労働者において昇進年齢の上昇や役職到達者比率の低下が見られることが示されており（図表1-25参照）、この 20 年ほどのあいだに選抜の度合いが強まっていることがわかる。

図表 6-1　100 人以上の民間企業に勤務する一般労働者に占める部課長比率
　　　　　　──学歴別、年齢階層別──

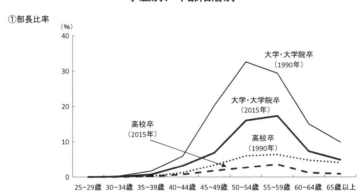

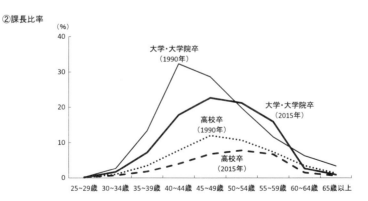

出所：労働政策研究・研修機構編（2016：270）。厚生労働省「賃金構造基本統計調査」より作成。

ここ数年の日本企業のキャリア管理に影響を与えうる事項としてまず挙げることができるのは、職務、勤務地、労働時間が限定的な正社員が現れることなどによる、正社員の間での「多元化」の進行だろう（「多様な形態による正社員」に関する研究会編 2012；労働政策研究・研修機構編 2013a）。多元化の進行は、求められる能力・キャリアや実際の能力開発・キャリア形成における差異が、正社員の間でより顕著になることを伴う。

　2000 年代に入って行われた高年齢者雇用安定法の改正による「雇用確保措置」の義務化も、配置・昇進管理に変化をもたらしうると考えられる。雇用確保措置の義務化により、より高齢に至るまで従業員の雇用を継続しなければならなくなることが、企業の配置・昇進管理に影響を及ぼす展開としては次の 2 つを考えることができる。1 つは 60 歳以降の従業員の増加により増すことが予想される人件費を抑制するため、管理職相当の処遇を行う従業員を減らし、企業が 60 歳に至る前の従業員を対象とした人件費をこれまでよりも減額するというものである。もう 1 つは、従業員の 60 歳以降での活用を目的として、より高い専門性などの習得につながるような配置・昇進管理を進めていくという展開である。

　また今後の事業展開に必要な人材を確保する方法の動向も、配置・昇進管理の変化につながりうる。JILPT が 2013 年に実施した「構造変化の中での企業経営と人材のあり方に関する調査」によると、今後正社員に求める能力・資質としては「リーダーシップ、統率・実行力」（52.1 %）、「専門的な知識・技能、資格」（49.9 %）を挙げる企業が多く、そうした能力・資質をもつ人材の確保方法として、「専門的な知識・ノウハウや経験・資格を持つ若中年者を中途採用する」という企業が約半数に達する（労働政策研究・研修機構編 2013b：16-19）。こうした中途採用者が能力・資質を発揮できる環境を企業が整備しようとすれば、内部育成・内部昇進を主眼に置いた配置・昇進管理のあり方は徐々に変わっていく可能性がある。

第3節　日本企業の能力開発・キャリア管理——現状と展望

1　現在力を入れている取組み

　現在の日本企業の能力開発・キャリア管理施策と今後の展望については、2016年1～3月にかけてJILPTが実施した「企業内の育成・能力開発、キャリア管理に関する調査[1]」（以下、「JILPT能開キャリア管理調査」と記載）の企業調査に基づいて、その傾向を明らかにしていきたい。この調査は従業員300人以上の大企業[2]を対象としており、日本的雇用システムが典型的に見られるとされる大企業セクターにおいて、これまでの流れがどの程度持続し、また一方でどの程度変化しているのかといったことを探ることができる調査である。

　この調査からまず、現在日本企業が正社員の育成・能力開発、キャリア管理に関連してどのような事項に配慮を傾け、力を入れているのかを確認していく。回答を寄せた531企業[3]のうち、最も多くの企業が力を入れていると答えたのは「社員全体の能力の底上げ」で、回答率は約7割に上っている（図表6-2）。この取組みと対照的と捉えられがちな「一部の従業員を対象とする選抜的な教育訓練（選抜型研修等）」に力を入れているという企業は約3割であった[4]。「社員全体の能力の底上げ」に次いで回答が多いのは、「会社全体として共有したい価値観の明確化」であり、回答率は5割を超える。社員全体の能力の底上げといい、会社全体で共有したい価値観の明確化といい、組織全体を見渡した取組みに力を入れているという回答が多数を占めている点は注目に値する。成果主義に代表されるような評価処遇制度や「自律的なキャリア形成」といった、人事労務管理の「個別化」のベクトルが強調される中で（あるいは強調されるからこそ）、大企業の多くでは、組織全体としての機能や存在価値を高めようという動きが見られる。

　3番目に回答が多かったのは半数近くの企業が答えた「経営計画・方針と育成・能力開発の結びつきの強化」である。この取組みも経営計画や方針といった組織全体の活動の方向性を念頭に置いたものであり、社員全体の能力の底上げや会社として共有したい価値観の明確化と同様、組織全体を見渡し

211

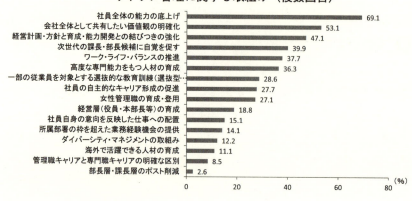

た育成・能力開発の取組みといえよう。

　回答率上位の4〜6番目にはいずれも4割弱の回答率で、「次世代の課長・部長候補に自覚を促す」、「ワーク・ライフ・バランスの推進」、「高度な専門能力をもつ人材の育成」といった取組みが並ぶ。これらに続くのが、先に触れた「一部の従業員を対象とする選抜的な教育訓練」、「社員の自主的なキャリア形成の促進[5]」、「女性管理職の育成・登用」で、ともに3割弱の企業が力を入れてきたと回答している。他方、「ダイバーシティ・マネジメントの取組み」や「海外で活躍できる人材の育成」、「管理職キャリアと専門職キャリアの明確な区別」は、回答率がいずれも10％前後にとどまっており、力を入れている企業は少数派である。

　もっとも「ダイバーシティ・マネジメントの取組み」や「海外で活躍できる人材の育成」は回答企業全体としては力を入れている企業が少数にとどまっているものの、取組みを必要とする企業とそうでない企業がはっきりと分かれているものと見られ、業種や事業展開の相違によって回答率に大きな差があるのではないかと考えられる。そこで、業種や従業員規模によって、取組みの傾向にどのような違いがあるかを確かめてみた。

　図表6-3によると、「ワーク・ライフ・バランスの推進」、「女性管理職の育成・登用」、「ダイバーシティ・マネジメントの取組み」は、従業員規模の

第6章　日本企業における能力開発・キャリア管理

図表6-3　現在力を入れている正社員の育成・能力開発、キャリア管理に関する取組み：従業員規模別・業種別

(%)

	N	会社全体として共有したい価値観の明確化	経営計画・方針と育成・能力開発・能力開発もつ人材価値観の結びつきの強化	高度な専門能力をもつ人材の育成	経営層（役員・本部長等）の育成	社員全体の能力の底上げ	一部の従業員を対象とする選抜的な教育訓練（選抜型研修等）	管理職と専門職の区別	部長層・課長層のキャリアとポスト削減の明確化	次世代のキャリア・部課長候補者の自覚促進	所属部署の枠を超えた業務経験機会の提供	社員自身の意向を反映した仕事への配置	社員の自主的なキャリア形成の促進	ワーク・ライフ・バランスの推進	海外でも活躍できる人材の育成	女性管理職の育成・登用	ダイバーシティマネジメントの取組み
総計	531	53.1	47.1	36.3	18.8	69.1	28.6	8.5	2.6	39.9	14.1	15.1	27.7	37.7	11.1	27.1	12.2
【従業員規模】																	
300~499人	175	53.1	53.1	36.6	16.0	63.4	23.4	5.1	1.7	41.1	13.7	13.1	28.0	32.0	8.0	19.4	7.4
500~999人	172	51.7	39.5	41.9	22.1	73.3	31.4	9.9	3.5	39.5	15.7	12.2	26.7	36.6	14.0	30.2	11.0
1,000人以上	130	58.5	46.2	27.7	17.7	64.6	30.0	9.2	3.1	36.9	10.8	17.7	25.4	43.8	11.5	32.3	19.2
【業種】																	
建設業	38	50.0	44.7	60.5	15.8	73.7	26.3	10.5	0.0	31.6	15.8	18.4	23.7	39.5	5.3	31.6	21.1
製造業	117	53.8	49.6	31.6	20.5	64.1	39.3	8.5	3.4	43.6	14.5	13.7	28.2	33.3	24.8	20.5	12.8
卸売・小売業	60	55.0	46.7	16.7	23.3	75.0	36.7	13.3	0.0	46.7	11.7	18.3	28.3	38.3	11.7	28.3	13.3
医療・福祉	128	53.9	45.3	47.7	21.1	75.0	19.5	6.3	1.6	38.3	12.5	19.5	28.1	45.3	3.1	35.2	5.5
教育・学習支援	51	56.9	41.2	23.5	7.8	60.8	11.8	5.9	7.8	23.5	15.7	5.9	27.5	35.3	5.9	27.5	7.8
サービス業	65	53.8	46.2	49.2	15.4	69.2	32.3	10.8	0.0	43.1	15.4	15.4	36.9	33.8	6.2	16.9	16.9

注：回答企業全体における回答率に比べて10ポイント以上高い回答率には網掛けをし、10ポイント以上低い回答率には斜字にして下線を施している。

大きい集計カテゴリーほど回答率が高い。従業員の多い企業ほど女性正社員の数も多く、女性管理職育成の可能性・必要性がより高いため、女性管理職の育成・登用の回答率が高くなると考えられ、ワーク・ライフ・バランスの取組みは、女性管理職の育成・登用の取組みとある程度連動しているのであろう。ダイバーシティ・マネジメントの取組みについては、従業員の多い企業ほど、性別、年齢、国籍などの面でより多様な構成をとっているという点と、海外での事業展開を行っている可能性が高いという点が集計結果に現れているものと見られる。

業種別の集計を見ると、他の業種では1桁台の比率にとどまることが多い「海外で活躍できる人材の育成」が、製造業では24.8％に達している。他の業種と比べ海外での事業展開が多い製造業の状況を反映していると思われる。また、「高度な専門能力をもつ人材の育成」への取組み傾向において業種間の差異が目立つ。建設業は約6割、医療・福祉やサービス業は約5割が力を入れていると回答しているのに対し、卸売・小売業や教育・学習支援ではいずれも2割前後の回答率となっている。医療・福祉分野では、医師や看護師、介護福祉士など元々多くの専門職によって業務が担われていること、また建設業では手がける建造物や工事の分野が細分化・高度化していることが、他の産業に比べて高度専門人材の養成に配慮を傾ける企業の多い背景であろう。他方、サービス業で相対的に回答率が高くなるのは、日本のサービス業企業（とりわけ大企業）が組織を維持・発展するために十分な収益を上げる上で、高度な専門サービス分野を手がけることが求められるからではないかと考えられる。

２ 今後、力を入れたい取組み

今後力を入れたい育成・能力開発、キャリア管理に関する取組みについて、日本の大企業はどのように考えているだろうか。図表6-4に示した。

回答率の高かった上位5項目は、「女性管理職の育成・登用」（43.3％）、「次世代の課長・部長候補に自覚を促す」（39.9％）、「社員全体の能力の底上げ」（38.0％）、「ワーク・ライフ・バランスの推進」（37.5％）、「経営計画・方針と育成・能力開発との結びつきの強化」（36.0％）であり、いずれも4割

第6章 日本企業における能力開発・キャリア管理

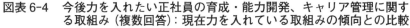

図表 6-4　今後力を入れたい正社員の育成・能力開発、キャリア管理に関する取組み（複数回答）：現在力を入れている取組みの傾向との比較

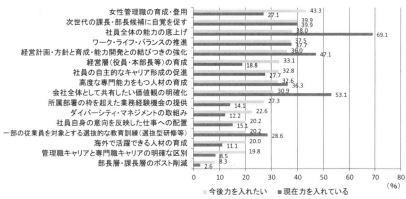

前後の回答率となっている。女性管理職の育成・登用は、2015年8月に「女性の職業生活における活躍の推進に関する法律」（女性活躍推進法）が制定され、2016年4月から労働者301人以上の大企業に、女性の活躍推進に向けた行動計画の策定などが新たに義務づけられたために、大企業のあいだで関心が高まっているものと見られる。ワーク・ライフ・バランスの推進は、女性正社員の活躍や管理職への登用を支える取組みとして今後進めていこうと考えている企業が少なくないと推測できる。次世代の課長・部長候補への働きかけは、近年大企業を中心に高まっている[6]、ミドル・マネージャー層の育成・確保への問題関心を反映していると考えられる。

各取組みについて今後力を入れたいと答えた企業の比率と、現在力を入れていると答えた企業の比率を比較したとき、前者のほうが後者よりも10ポイント以上高い取組みは、「女性管理職の育成・登用」（今後－現在＝16.2ポイント、以下同様）、「経営層（役員・本部長等の育成）」（14.3ポイント）、「所属部署の枠を超えた業務経験機会の提供」（13.2ポイント）、「管理職キャリアと専門職キャリアの区別」（11.3ポイント）、「ダイバーシティ・マネジメントへの取組み」（10.4ポイント）である。これらの取組みを進めていくための諸制度の整備や、取組みの進行に伴う組織・職場・個人の働き方の変化[7]が、日本の大企業セクターにおいて広がっていくことが予想され

215

る。

逆に今後力を入れたいと答えた企業の比率が、現在力を入れている企業の比率よりも 10 ポイント以上低かったのは、「社員全体の能力の底上げ」（－31.1 ポイント）、「会社全体として共有したい価値観の明確化」（－22.2 ポイント）、「経営計画・方針と育成・能力開発との結びつきの強化」（－11.1 ポイント）で、現在力を入れているという回答率が高かった上位 3 つの取組みである。この結果については、現在それぞれの取組みに力を入れている企業が、取組みが一定の成果を得ていると評価していたり、あるいはすでに力を入れている取組みなので改めて今後さらに力を入れていく必要はないと感じていたりするため、今後力を入れたいとは答えなかったと見ることができる。また他方で、取組みの方向性を変えた企業が少なからずあった（例えば、「社員全体の能力の底上げ」に関して言えば、社員全体の能力の底上げを志向する企業が減り、限定された社員の能力向上に注力するように方向性を変える企業が現れた）という解釈もできるだろう。

以上のような今後の取組みに関する企業の考え方の傾向は、どの分野でとりわけ強く現れているだろうか。この点を捉えるため、現在力を入れている取組みについての回答と同様に、従業員規模別、業種別に回答の集計を行った（図表 6-5）

従業員規模別の集計を見ると、今後力を入れたい取組みとして「社員全体の能力の底上げ」を挙げる企業の比率が、300～499 人規模では 45.7 ％であるのに対して、500～999 人規模・34.9 ％、1,000 人以上規模・33.8 ％と、より規模の大きい企業カテゴリーほど回答率が低くなる傾向にある。また、300～499 人規模の企業では、「社員全体の能力の底上げ」は「女性管理職の育成・登用」に続き、2 番目に回答率が高かったのに対し、500～999 人規模の企業では 4 番目、1,000 人以上の企業では 7 番目に回答率が高い項目となっている。従業員 500 人未満の相対的に規模が小さい企業では、「社員全体の能力の底上げ」が引き続き優先度の高い取組みとして捉えられる傾向にある一方、1,000 人以上の企業では「社員全体の能力の底上げ」の重要性が低下しつつあることをうかがうことができる。こうした傾向を別の形で反映していると思われるのが、「一部の従業員を対象とする選抜的な教育訓

図表6-5 今後力を入れたい正社員の育成・能力開発、キャリア管理に関する取組み：従業員規模別・業種別

(%)

	N	会社全体として共有したい価値観の明確化	経営計画・方針と育成・能力開発との結びつきの強化	高度な専門能力・人材の育成	経営層（役員・本部長等）の育成	社員全体の能力の底上げ	一部の従業員を対象とする選抜的な教育訓練（選抜型研修等）	管理職と専門職の区別	部長層・課長層・係長層のキャリアポストの明確な減	次世代の部長・課長・係長候補に自覚を促す	所属部署の枠を超えた業務経験機会の提供	社員自身の意向を反映した仕事への配置	社員の自主的なキャリア形成の促進	ワーク・ライフ・バランスの促進	海外で活躍できる人材の育成	女性管理職の育成・登用	ダイバーシティマネジメントの取組み
総計	531	30.9	36.0	32.6	33.1	38.0	20.2	19.8	8.3	39.9	27.3	20.2	32.8	37.5	20.0	43.3	22.6
【従業員規模】																	
300～499人	175	35.4	34.9	37.7	34.3	45.7	17.7	20.6	10.9	38.3	29.7	20.6	30.9	40.6	21.1	49.1	25.1
500～999人	172	25.6	36.6	29.1	29.1	34.9	19.2	18.0	9.3	42.4	24.4	20.9	30.8	34.3	18.6	35.5	15.7
1,000人以上	130	30.0	33.8	34.6	35.4	33.8	25.4	23.1	3.8	38.5	26.9	19.2	34.6	38.5	25.4	50.8	31.5
【業種】																	
建設業	38	21.1	39.5	26.3	34.2	28.9	15.8	15.8	5.3	36.8	31.6	26.3	28.9	42.1	10.5	39.5	23.7
製造業	117	29.9	29.1	28.2	41.9	35.9	24.8	18.8	7.7	35.0	29.1	17.1	28.2	36.8	39.3	53.8	27.4
卸売・小売業	60	23.3	38.3	26.7	38.3	43.3	21.7	26.7	13.3	40.0	31.7	23.3	36.7	43.3	23.3	66.7	23.3
医療・福祉	128	34.4	40.6	37.5	32.0	41.4	19.5	18.8	8.6	43.8	23.4	21.9	32.8	38.3	7.0	22.7	9.4
教育・学習支援	51	41.2	37.3	31.4	25.5	39.2	15.7	15.7	9.8	47.1	19.6	13.7	35.3	29.4	13.7	43.1	19.6
サービス業	65	33.8	32.3	40.0	29.2	40.0	23.1	27.7	9.2	32.3	30.8	24.6	29.2	29.2	16.9	41.5	30.8

注：網掛け、斜字下線については、図表6-3に示したのと同様のルールで施している。

練」の回答傾向で、より規模の大きい企業カテゴリーほど回答率が高くなっている。

　一方、業種別の集計では、卸売・小売業、製造業で「女性管理職の育成・登用」の回答率が他業種に比べ高くなっている。製造業では5割強、卸売・小売業では約3分の2の企業がこの取組みに力を入れたいと考えている。この2つの業種と対照的なのが医療・福祉で、回答率は約2割にとどまっている。製造業、卸売・小売業は他の業種に比べると管理職に占める女性の比率が低い[8]ため、女性活躍推進法の施行を契機に、女性正社員の育成・登用への関心がとりわけ高まったのではないかと推測される。また、製造業においては「海外で活躍できる人材の育成」の回答率が約4割に達し、他業種と比較して目立って高い。他業種に比べ回答率が目立って高いのは現在力を入れている取組みについての回答と同様であり、他業種よりも海外での事業展開が進んでいる、または今後、海外で事業展開をしていこうという傾向がより強いという背景が反映されていると考えられる。

第4節　企業経営における取組みと育成・能力開発、キャリア管理

　育成・能力開発、キャリア管理の取組みは、人材確保の主要手段であることから、各企業の経営のあり方とも何らかの関係を持つものと思われる。そこで、正社員の人事労務管理と同様、経営のあり方に関わる事項を取り出して各企業の方針を尋ねた質問の結果を用い、様々な事項について対照的な考え方をする企業のあいだで、育成・能力開発、キャリア管理の進め方にどのような差異が見られるかを確かめてみた（図表6-6）。

　企業規模の拡大を重視している企業は、企業規模の維持に重点を置く企業に比べて「一部の従業員を対象とする選抜的な教育訓練」に力を入れている企業の比率が高い。企業規模を拡大していく中で、事業や組織を管理する人材へのニーズがより高まり、選抜的な教育訓練の実施へとつながっていることが考えられる。また、「一部の従業員を対象とする選抜的な教育訓練」は、事業戦略と人材との関係についての考え方が異なる企業のあいだでも回答率

第6章　日本企業における能力開発・キャリア管理

図表6-6　企業経営に関する方針と現在力を入れている正社員の育成・能力開発、キャリア管理に関する取組み

(%)

項目	方針の内容	N	会社全体として共有したい価値観の明確化	経営計画・方針・能力育成・能力開発ともつ人材の結びつきの強化	高度な専門能力をもつ人材の育成	経営層（役員・本部長等）の育成	社員全体（正社員）の能力底上げ	一部の従業員を対象とする選抜的な教育訓練（選抜型研修等）	管理職＋キャリアと専門職＋課長層・部長層のポスト削減	次世代の課長・部長層の育成・自覚を促す	所属部署の枠を超えた業務経験機会の提供	社員自身の意向を反映した仕事への配置	社員の自主的なキャリア形成への育成支援	ワーク・ライフ・バランスの促進・推進	海外で活躍できる人材の育成	女性管理職の育成・登用	ダイバーシティマネジメントの取組み
①高品質か低コストか	高付加価値化による競争力強化	419	54.2	48.7	37.5	19.6	70.2	29.8	8.4	3.1	41.5	15.0	15.5	28.9	39.9	11.2	28.4	12.6
	低コスト化による競争力強化	78	50.0	41.0	33.3	17.9	66.7	25.6	9.0	1.3	37.2	9.0	10.3	17.9	29.5	12.8	24.4	14.1
②品質向上か営業・販売力強化か	製品・サービスの品質向上に力を入れる	379	54.4	47.8	39.6	19.5	71.0	27.7	7.9	3.2	39.8	14.2	14.8	28.0	39.6	12.4	29.0	12.7
	営業・販売の強化に力を入れる	116	50.0	45.7	28.4	19.0	67.2	34.5	10.3	1.7	43.1	13.8	14.7	26.7	33.6	8.6	23.3	12.9
③企業規模	企業規模の維持を重視	286	52.4	44.8	38.5	17.8	70.3	24.5	8.4	3.8	39.5	12.6	13.6	30.1	39.2	12.2	25.5	10.8
	企業規模の拡大を重視	209	55.0	51.2	34.4	21.5	69.4	35.9	8.1	1.4	41.6	15.8	16.3	25.8	37.3	10.0	30.1	15.3
④自前主義か専業主義か	開発から生産・営業まですべて自社で行う	254	52.8	48.4	33.9	20.1	67.3	31.1	8.3	3.9	42.5	13.4	15.4	28.0	37.4	15.4	26.8	11.4
	自社の得意な分野に注力する	216	52.8	44.0	38.9	19.4	72.7	28.7	9.3	1.4	40.7	14.4	13.9	26.4	36.6	7.9	26.9	15.3
⑤事業戦略と人材の関係	既存の人材に合わせて事業戦略を立てる	188	50.0	44.7	36.2	16.0	70.7	21.8	8.0	2.1	41.5	12.2	10.6	28.2	39.4	10.6	23.9	11.2
	事業戦略に合わせて人材を採用する	313	55.3	48.6	37.4	21.1	69.0	33.5	8.6	3.2	40.3	15.0	17.6	27.8	37.4	12.1	29.7	13.7
⑥開拓か深耕か	新規事業の開拓を重視	161	55.3	52.8	35.4	21.1	73.3	34.2	9.9	1.2	42.2	13.7	16.8	31.1	43.5	11.8	32.3	18.6
	既存事業の継続・強化を重視	335	51.9	44.2	37.3	18.2	68.4	26.9	7.8	3.6	40.0	14.0	13.7	25.4	35.2	11.3	25.4	9.9
⑦国内の海外か	国内マーケットを重視	432	53.7	46.5	35.4	18.5	70.1	27.8	7.4	3.0	40.0	14.1	14.4	25.9	38.4	7.2	28.0	11.6
	海外マーケットを重視	57	54.4	49.1	45.6	26.3	70.2	43.9	17.5	1.8	49.1	15.8	19.3	33.3	40.4	43.9	24.6	22.8
⑧事業展開のスピード	事業展開にあたってスピードを重視	237	58.6	53.6	36.7	23.6	73.8	33.3	9.3	3.0	46.0	15.6	19.0	31.6	37.6	13.5	32.9	18.1
	事業展開は質重視	263	48.7	41.4	36.9	15.2	66.9	25.5	8.0	2.7	35.4	12.2	11.4	23.6	38.4	9.9	23.6	8.0
⑨意思決定のあり方	トップダウンの意思決定を重視	430	54.7	49.3	37.0	19.5	69.5	29.1	8.6	2.8	41.2	15.3	15.6	29.1	39.8	10.7	29.3	13.5
	ボトムアップの意思決定を重視	76	46.1	35.5	35.5	15.8	69.7	27.6	7.9	2.6	34.2	5.3	11.8	19.7	32.9	15.8	21.1	7.9

注：企業経営に関する各項目につき方針が異なる企業の間で、回答率に10ポイント以上の差がある取組みについて、太字にして網掛けを施している。

219

に差が見られ、事業戦略に合わせて人材を採用するという企業の方が、既存の人材に合わせて事業戦略を立てるという企業よりも回答率が高くなっている。事業展開に応じて必要な人材を確保していくという姿勢は、事業展開に必要な能力や資質をもつ人材を絞り込んで教育訓練を施すという行動により結びつきやすいものと思われる。

　選抜的な教育訓練も含めて、数多くの取組みについて回答率の差が認められるのが、国内マーケットを重視している企業と、海外マーケットを重視している企業との間においてである。海外マーケットを重視しているという企業は、「一部の従業員を対象とする選抜的な教育訓練」のほか、「海外で活躍できる人材の育成」、「高度な専門能力をもつ人材の育成」、「管理職キャリアと専門職キャリアの明確な区別」、「ダイバーシティ・マネジメントの取組み」で、国内マーケットを重視する企業よりも回答率が高い。選抜的な教育訓練は、海外進出に伴いより複雑化する事業や組織の管理を担う人材を育成するために、高度専門人材の育成は国際競争において優位に立つために、より必要性が高まっていると推測される。また、管理職キャリアと専門職キャリアの分化は、海外マーケットを重視する企業が、管理を担当する人材、専門人材双方の高度化を進め、効果的な育成やキャリア管理を図る中で、徐々に課題として意識されるようになっているのかもしれない。

　事業展開にあたってスピードを重視しているという企業は、「経営計画・方針と育成・能力開発との結びつきの強化」に力を入れる傾向が、事業展開を慎重に行う企業に比べて強い。またトップダウンの意思決定を重視する企業では、同じく「経営計画・方針と育成・能力開発との結びつきの強化」に力を入れると回答する企業の比率が、ボトムアップの意思決定を重視する企業におけるよりも高くなっている。事業展開にあたってスピードを重視している企業も、トップダウンの意思決定を重視する企業も、経営計画・方針をいかにスムーズに事業として実現するかに配慮を傾けている点では同様と見られ、正社員の育成・能力開発も経営計画・方針から実行への流れを妨げず、効果的な進行を支えるべきものとして捉えられがちなのではないかと考えられる。

　事業展開にあたってスピードを重視しているという企業は、「次世代の課

長・部長候補に自覚を促す」ことに力を入れているという企業の比率も、慎重に事業展開を進める企業よりも高い。事業展開の鍵を握る中間管理職の重要性を認識し、彼らの能力向上を望んでより積極的に働きかけを行っている様子をうかがうことができる。

第5節　職場集団内における能力開発

　本章冒頭で述べたように、日本的雇用システムを特徴づける要素の1つである長期間にわたる能力開発を支えるのは、配置・昇進によって形作られる担当業務の連なりと、担当する業務における「日々の仕事の中でのOJT」である。このOJTの主要な場となるのは、労働者が所属する「職場」（部署・部門）において、業務を軸に構成される「職場集団」である。職場集団内でのOJTは主に、①後輩従業員が身近で働く先輩従業員の仕事のやり方を見よう見まねで覚えていくことを通じて、②上司と部下、先輩と後輩の間で日々交わされるコミュニケーションを通じて、あるいは、③指導担当者を決めたり、指導される側の到達目標や到達度を明確にしたりしながら指導を進めていくと言った「計画的なOJT」によって進められる。また、仕事の割り振りから評価に至る、職場集団内での「就業管理」において個々人の能力向上を促す目的で仕事を配分することも、職場集団による育成・能力開発の一側面と言える。

　このように日々の仕事の中でのOJTの内容を左右する役割を果たしている職場集団であるが、近年その機能が低下していることをうかがわせる事実が統計などに現れている。厚生労働省「平成27年度能力開発基本調査」によると、回答事業所の実に71.6％が自事業所での人材育成には問題があると考えている。そして具体的な問題の内容としては、53.5％の事業所が「指導する人材が不足している」、49.1％の事業所が「人材育成を行う時間がない」と指摘し、育成環境の未整備など事業所外の問題を挙げるところよりも多くなっている。

　では、なぜ近年、職場集団の能力開発機能が低下しているかのような現象が生じているのか。機能低下の要因として第1に考えられるのは、人件費管

221

理の進行に伴う職場人数の減少である。1990年代後半以降、多くの日本企業が業績に見合った適正な人件費水準を模索し、採用の抑制や早期退職募集といった人員削減策を行った。その結果、従来果たしてきた機能を維持していくのに必要な人数が職場で確保できなくなった。第2の要因としては、パート、契約社員や派遣社員といったいわゆる非正社員の活用が多くの職場で進み、職場で働く個々人の間でのコミュニケーションを円滑に行っていくことが難しくなったことが考えられる。

1990年代に進んだ評価・処遇における「成果主義」の導入も職場集団の果たしうる機能に影響したと見られる。「成果主義」の導入とは、従業員個々人の仕事上の目標とその達成度をより明確にする「人事管理の個別化」であったといえる。個々人の仕事上の目標がより意識されるようになる一方で、個々人の仕事における目標としては意識されにくい後輩の育成は職場において取り組まれにくくなる可能性がある。また、人事管理の個別化の結果、職場のリーダーである中間管理職層が自らの仕事上の成果をより強く問われるようになったことも、職場集団の機能低下をもたらす要因になったと考えられる。

以下では、日本企業の職場における能力開発の現状について、企業の能力開発・キャリア管理施策の動向を明らかにしていく際に用いた「JILPT能開キャリア管理調査」を基に、見ていくこととする。この調査では企業調査とともに、企業に勤める管理職や従業員（正社員）に対しても調査を行っている。また、以下で職場における能力開発の現状を見ていくにあたって焦点を当てるのは、職場（各部署）の管理職である。上述したように、職場の管理職は、部下への仕事の割り振りや、仕事の進め方に対する指導、仕事ぶりの評価などを通じて、職場集団内のOJTにおいて、中心的な役割を果たす。そこで、本章では「JILPT能開キャリア管理調査」の管理職調査（以下、「管理職調査」と記載）[9]の回答結果に着目していくこととしたい。

第6章　日本企業における能力開発・キャリア管理

第6節　職場管理職による指導・能力開発支援

　管理職調査において、部下の育成・能力開発の支援がどの程度できているかを、各管理職に尋ねてみたところ、できている（「十分にできている」＋「ある程度できている」）と答えた管理職は32.9％、逆にできていない（「あまりできていない」＋「まったくできていない」）と答えた管理職は27.3％、どちらとも言えないという回答が38.7％であった。できているという自己評価をする管理職が3割程度にとどまり、できていないと評価する管理職が3割近くに達していることから、現在の日本企業の職場における能力開発が、決して容易ではないことをうかがうことができる。

　管理職は、部下の育成・能力開発の支援として具体的にはどのような活動を行っているのか。図表6-7にまとめた。回答管理職全体で見ると、「仕事のやり方について助言している」という回答が71.1％と最も多く、そのほか「仕事を行う上での心構えを示している」（54.2％）、「仕事に必要な知識を提供している」（52.6％）、「現在の仕事について相談に乗っている」（52.1％）、「身につけるべき知識や能力について説明している」（48.2％）といった活動を、いずれも半数近くの管理職が行っていると答えている。

　ただ、これらの活動の実施率を、部下の育成・能力開発の支援ができていると考える管理職（以下、「高評価管理職」と記載）と、できていないという管理職（以下、「低評価管理職」と記載）[10]で比べると、開きの大きい活動が見られる。管理職全体で最も回答が多かった「仕事のやり方について助言している」については、実施率の差が6.7ポイントとさほど大きな開きはないが、「仕事を行う上での心構えを示している」については、高評価管理職では65.9％が実施していると答えているのに対し、低評価管理職では42.9％と、20ポイント以上の差がある。また、「身につけるべき知識や能力について説明している」は、高評価管理職では実施率が6割を超える一方、低評価管理職では34.5％で、両者の開きは27.3ポイントに達し、全項目中、部下の育成・能力開発支援についての評価による差が最も大きくなっている。そのほか、「仕事を振り返り考えさせている」、「次に目指すべき仕事や役割を示している」で、高評価管理職と低評価管理職の実施率の差が20ポ

223

イントを超える。

　高評価管理職と低評価管理職で実施率の差がとりわけ大きくなっている活動について見ていくと、部下の育成・能力開発支援をできていないと感じる管理職の多くは、仕事のやり方についての助言からさらに踏み込んだ、仕事に臨む心構えや、どういう知識・能力をなぜ身につけるべきなのかといった点に関する説明を、行っていない。また、部下自身が自分の仕事ぶりについて振り返る機会を提供したり、仕事やキャリアに関わる展望を提示したりする傾向が弱いと言える。中原（2010）は、自分の働き振りについて自分自身で振り返る機会を与えてくれる他者からの支援を「内省的支援」と呼び、個人データの分析から、上司からの内省的支援が働く人々の能力向上に寄与することを示している。この知見と図表 6-7 に示した回答結果を踏まえる

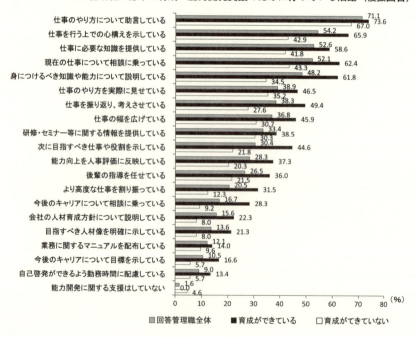

図表 6-7　部下の育成・能力開発支援の状況（全体／できている／できていない）別に見た、管理職が部下の育成・能力開発支援のために行っている活動（複数回答）

と、上司による部下の育成・能力開発支援機能が低下することは、部下に対する内省的支援が不足することを意味し、その結果、部下の能力向上が実現されにくくなって、長期の能力開発を支える日々の仕事の中でのOJTが十分に機能しないこととなる。また、回答結果は、上司による部下の育成・能力開発支援機能が低下した場合に、部下がキャリア形成の見通しを描きにくくなることも示唆しており、この点も長期の能力開発の支障となることが考えられる。

では、低評価管理職は、なぜ部下の育成・能力開発の支援が十分にできていないと感じるのか。その要因を探るため、部下の育成・能力開発に関して課題に感じていることについての回答を集計した（図表6-8）。

管理職全体で最も指摘が多かったのは、「育成・能力開発を行う時間的余裕がない」（45.5％）で、「育成・能力開発のための知識やノウハウが足りない」（41.1％）がこれに次ぐ。そしてこの2項目は、高評価管理職と低評価管理職の回答率の差が目立って大きくなっている。低評価管理職では時間的余裕がないと回答する比率が半数を超え、高評価管理職に比べ、約20ポイント回答率が高い。ノウハウの足りなさの回答率については、さらに差が広がり、高評価管理職では27.1％の回答率であるのに対し、低評価管理職

図表6-8　管理職が部下の育成・能力開発に関して感じている課題（複数回答）

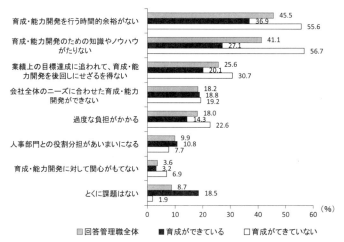

では56.7％と、30ポイント近く回答率が高くなっている。こうした結果は、繁忙な管理職や、会社側からの情報提供機会や研修機会などが不足している管理職が管理する職場において、職場での能力開発機能が低下する可能性を示している。

第7節　職場の状況と管理職による育成・能力開発支援

　各管理職が働く職場の状況は、管理職による育成・能力開発支援とどのように関連付けられるか。まずは、職場の状況についての管理職の認識を整理してみた（図表6-9）。

　最も回答が多かったのは「職場内で助け合う雰囲気がある」で、3分の2近くの管理職が、自分の職場にそうした雰囲気があると回答している。次いで回答率が高かったのは、「仕事について相談できる人がいる」（52.7％）、「女性正社員が男性正社員と同じように活躍している」（50.9％）で、いずれも約半数の管理職が、自分の職場の状況が該当するとした。これらとは対

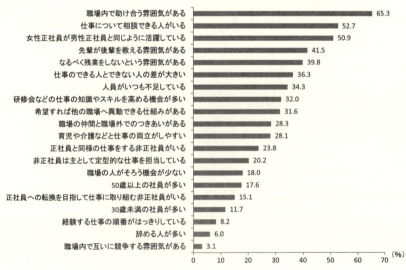

図表6-9　管理職から見た現在の職場の状況（複数回答）

照的に、該当するというという回答がごく少なかったのは、「職場内で互いに競争する雰囲気がある」（3.1％）、「辞める人が多い」（6.0％）、「経験する仕事の順番がはっきりしている」（8.0％）などである。

こうした職場に関する管理職の認識と、管理職の行う育成・能力開発支援活動との関連を示したのが図表6-10となる。この図表では、表側に示した各事項が自らの職場に該当すると答えた管理職と、そうでない管理職とを分け、それぞれの管理職において、部下の育成や能力開発支援ができていないと回答する低評価管理職が、どのくらいの比率を占めているかを表している。

該当すると答えた管理職と、そうでない管理職とのあいだで、低評価管理職の比率に10ポイント以上の差があったのは、「仕事について相談できる人がいる」（比率差15.4ポイント、以下同様）、「研修会などの仕事の知識やスキルを高める機会が多い」（14.6ポイント）、「職場内で助け合う雰囲気がある」（12.6ポイント）、「先輩が後輩を教える雰囲気がある」（11.8ポイント）、

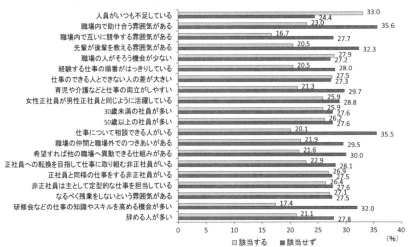

図表6-10 現在の職場の状況（該当する／該当せず）別に見た、部下の育成・能力開発支援について低く評価する管理職の割合

注：図表に示しているのは、それぞれの事項が「該当する」と答えた管理職、答えなかった管理職に占める、部下の育成・能力開発の支援ができていないとする管理職（低評価管理職）の比率。

227

「職場内で互いに競争する雰囲気がある」（11.0ポイント）で、いずれもこうした事項が該当しないという管理職におけるほうが比率が高くなっている。また、「職場内で互いに競争する雰囲気がある」を除き、それぞれの事項が該当しないとする管理職における低評価管理職の比率は30％を超えている。

該当するという管理職とそうでない管理職における低評価管理職の比率の差が大きく、かつそうでない管理職における比率が30％を超える4つの事項（「仕事について相談できる人がいる」、「研修会などの仕事の知識やスキルを高める機会が多い」、「職場内で助け合う雰囲気がある」、「先輩が後輩を教える雰囲気がある」）について、改めて管理職の認識を見ていくと、「職場内で助け合う雰囲気がある」は該当しないという管理職が34.7％であるが、「仕事について相談できる人がいる」は該当しないという管理職が47.3％と半数近く存在し、「先輩が後輩を教える雰囲気がある」は約6割、「研修会などの仕事の知識やスキルを高める機会が多い」は約7割の管理職が、自らの職場が該当しないとしている。管理職による育成・能力開発支援の機能低下を招きやすい職場の状況が、かなりの程度で広がっているものと見られる。

第8節　要約と結論

以上、これまでの分析で見出されたことをまとめておきたい

1.　日本の大企業の多くが、社員（正社員）の育成・能力開発、キャリア管理の面で力を入れているのは、「社員全体の能力の底上げ」や「会社全体として共有したい価値観の明確化」といった、組織全体としての機能や存在価値を高めようという動きである。また、「経営計画・方針と育成・能力開発の結びつきの強化」に取り組んでいるという回答も比較的多い。この取り組みも経営計画や方針といった組織全体の活動の方向性を念頭に置いたものであり、社員全体の能力の底上げや会社として共有したい価値観の明確化と同様、組織全体を見渡した育成・能力開発の取組みといえよう。

228

第6章　日本企業における能力開発・キャリア管理

2.　今後力を入れたいと考える企業が相対的に多い取組みは、「女性管理職の育成・登用」、「次世代の課長・部長候補に自覚を促す」、「社員全体の能力の底上げ」、「ワーク・ライフ・バランスの推進」、「経営計画・方針と育成・能力開発との結びつきの強化」といった取り組みである。このうち、「女性管理職の育成・登用」は、現在力を入れているという企業の比率を今後力を入れていきたいという企業の比率が大きく上回っているが、「社員全体の能力の底上げ」や「経営計画・方針と育成・能力開発との結びつきの強化」は、今後力を入れていきたいとする企業の比率が、現在力を入れている企業の比率を大きく下回っている。「女性管理職の育成・登用」同様、今後力を入れたいという企業の比率が現在力を入れている企業の比率を大きく上回っているのは、「経営層（役員・本部長等）の育成」、「所属部署の枠を超えた業務経験機会の提供」、「管理職キャリアと専門職キャリアの区別」などであり、これらの取組みを進めていくための諸制度の整備や、取組みの進行に伴う組織・職場・個人の働き方の変化が、日本の大企業セクターにおいて広がっていくことが予想される。

3.　育成・能力開発、キャリア管理の取組みは、人材確保の主要手段であることから、各企業の経営のあり方とも何らかの関係を持つものと思われる。そこで経営方針と育成・能力開発、キャリア管理の取組みとの関係を確認してみた。

　現在力を入れている取組みの中で、数多くの取組みについて回答率の差が認められるのが、国内マーケットを重視している企業と、海外マーケットを重視している企業との間においてである。海外マーケットを重視しているという企業は、「一部の従業員を対象とする選抜的な教育訓練」のほか、「海外で活躍できる人材の育成」、「高度な専門能力をもつ人材の育成」、「管理職キャリアと専門職キャリアの明確な区別」、「ダイバーシティ・マネジメントの取組み」で、国内マーケットを重視する企業よりも回答率が高い。選抜的な教育訓練は、海外進出に伴いより複雑化する事業や組織の管理を担う人材を育成するために、高度専門人材の育成は国際競争において優位に立つために、より必要性が高まっていると推測される。また、管理職キャリアと専

229

門職キャリアの分化は、海外マーケットを重視する企業が、管理を担当する人材、専門人材双方の高度化を進め、効果的な育成やキャリア管理を図る中で、徐々に課題として意識されるようになっているのかもしれない。

4.　日本企業の職場における能力開発に目を向けると、部下の育成・能力開発の支援ができているという自己評価をする管理職が3割程度にとどまり、できていないと評価する管理職が3割近くに達している。現在の日本企業の職場における能力開発が、決して容易ではないことをうかがうことができる。

　部下の育成・能力開発支援をできていないと感じる管理職の多くは、仕事のやり方についての助言からさらに踏み込んだ、仕事に臨む心構えや、どういう知識・能力をなぜ身につけるべきなのかといった点に関する説明を、行っていない。また、部下自身が自分の仕事ぶりについて振り返る機会を提供したり、仕事やキャリアに関わる展望を提示したりする傾向が弱いと言える。上司による部下の育成・能力開発支援機能が低下することは、部下に対する内省的支援が不足することを意味し、その結果、部下の能力向上が実現されにくくなって、長期の能力開発を支える日々の仕事の中でのOJTが十分に機能しないこととなる。また、回答結果は、上司による部下の育成・能力開発支援機能が低下した場合に、部下がキャリア形成の見通しを描きにくくなることも示唆しており、この点も長期の能力開発の支障となることが考えられる。

5.　部下の育成や能力開発支援ができていないとする管理職が現れやすい傾向にあったのは、自らの職場について「仕事について相談できる人がいる」、「研修会などの仕事の知識やスキルを高める機会が多い」、「職場内で助け合う雰囲気がある」、「先輩が後輩を教える雰囲気がある」といった事項が該当しないという管理職においてであった。こうした事項が自らの職場について該当しないという管理職はかなりの程度存在する。

　近年社員全体の能力の底上げに注力してきた日本企業は、経営活動との関連を踏まえながら、女性管理職の育成・登用や経営層の育成強化、選抜的な教育訓練など、大手企業を中心に、新たな能力開発・キャリア管理のあり方

を模索・志向しつつある。他方、実際に仕事上の能力が培われ、キャリア形成の土台が作られていく職場に目を向けると、そこでの能力開発で中心的な役割を果たす管理職は、部下に対して、より踏み込んだ指導やキャリア展望を示すことなどができずに、育成や能力開発支援に課題を感じている。本章における分析からは、日本企業における能力開発・キャリア管理に関して、このような構図を思い描くことができるだろう。

職場における管理職の育成・能力開発支援は、新たな能力開発・キャリア管理を志向する企業においても意識されている。「JILPT能開キャリア管理調査」によると、経営層の育成や選抜的教育訓練に力を入れている企業は、力を入れていない企業に比べて職場の管理職に育成や能力開発上の役割を期待する傾向が強く、特に、①部下のキャリアに関する相談に乗り、その希望を把握すること、②部門に所属する社員の能力開発やキャリア形成について、目標や方針を立てて示すこと、に対する期待度が高い。新たな能力開発・キャリア管理を志向する企業の中でも、職場の管理職はこれまでどおり（あるいはこれまで以上に）重要な役割を果たすものと位置づけられているが、管理職の方はまさに、とりわけ期待度が高い役割を果たし得ないことを問題視している。

以上のような事態は、今後変化していく可能性があるだろうか。管理職の育成・能力支援活動がうまくいくことにつながる職場の状況はさほど広がっておらず（うまくいくことを阻害するような職場の状況がかなり広がっており）、日々の仕事の中でのOJTが今後も支障なく展開できるかという点で懸念を感じさせる。しかし「仕事について相談できる人がいる」、「職場内で助け合う雰囲気がある」といった、管理職の育成・能力開発支援を促進するような状況の職場が、これから急速に増えていく見込みはあるかと問われれば、職場の個別紛争処理に関わる案件の推移などから判断して、そうした見込みがあるとは答え難い。職場の管理職を有効にサポートするような何らかの支援の取り組みや、キャリア・コンサルタントの活用などがなければ、日本企業の雇用システムを特徴づけてきた、従業員の長期にわたる「能力開発・キャリア形成」という側面は、その実質を相当程度失ってしまうのではないかという展望も、あながち的外れとは言えないように思われる。

【注】

1 本調査は、農林漁業、複合サービス業を営む企業・法人、政治・経済・宗教団体等を除いた、日本全国の従業員300人以上の民間の企業・法人9,854組織を対象とし、531組織から有効回答を得ている（有効回答率：5.4％）。

2 注1に記したように調査対象や回答した組織の中には、医療法人、社会福祉法人、学校法人といった、企業（営利法人）とは異なる形態の法人もあるが、本稿では記述が煩瑣になったりわかりにくくなったりすることを避けるため、特に断りのない限り、回答組織のことを「企業」と表記する。

3 以下ではこの531企業からの回答を基に、日本企業（とりわけ大企業セクター）の能力開発・キャリア管理の動向に言及していくが、回答結果から日本企業の動向をつかむ上で、回答した531企業の特性に留意する必要があると思われるため、ここで531企業のプロフィール上の特性について触れておきたい。

　まず、業種別構成比の特性について見る。総務省『平成26年度経済センサス』で集計されている、非農林水産業・常用雇用者300人以上の民間企業・組織（政治・経済・宗教団体等除く、全17,015企業・法人）と比較して、回答組織における比率のほうが大きかったのは、医療・福祉（回答組織における比率・24.1％、回答組織における比率と経済センサス集計組織における比率との差・＋8.6ポイント、以下同様）、教育・学習支援（9.4％、＋5.1ポイント）、建設業（7.2％、＋4.0ポイント）で、逆に回答組織における比率の方が小さかったのは、卸売・小売（11.3％、－7.5ポイント）、飲食・宿泊業（1.1％、－5.1ポイント）といった業種である。製造業（22.0％、＋1.0ポイント）、運輸（5.3％、－1.2ポイント）、情報通信業（4.3％、－0.5ポイント）については、回答組織と経済センサス集計組織との間で比率にさほど差はない。業種の面では医療・福祉、教育・学習支援の比重が、大企業セクター全体に比べるとやや大きく、その分卸売・小売業や飲食・宿泊業の比重が小さい。

　従業員規模からみた回答組織の構成比は、1,000人未満・65.4％、1,000人以上・24.5％である。なお回答組織には従業員300人未満の組織が3.0％、従業員数が不明の組織が7.2％含まれている。一方、『平成26年度・経済センサス』に集計された常用雇用者数別の構成比を見ると、1,000人未満・75.8％、1,000人以上24.2％であった。「従業員」と「常用雇用者」とは厳密に言うと互いに異なる概念ではあるが、大半の企業は従業員の中に、契約期間がごく短い（例えば1ヶ月未満）、常用雇用者に当たらない人はまれであると推測されるので、実際には両者は近似していると考えることができる。そうすると従業員1,000人未満と1,000人以上の組織の構成比で見た場合に、回答企業と『平成26年度・経済センサス』に集計された企業・法人との間にはさほど大きな差はないといえる。

4 もっとも「社員全体の底上げにも、選抜的な教育訓練にも力を入れる」という企業は存在しうるし、実際調査に回答した531企業の19.8％にあたる105社は両方の取り組みに力を入れていた。

5 なお「社員の自主的なキャリア形成の促進」と趣旨としては近いと思われる、「社員自身の意向を反映した仕事への配置」に力を入れているという企業は、「社員の自主的なキャリア形成の促進」に力を入れている企業の半分程度（15.1％）にとどまっている。

6 そうした関心の高さを示すものとしては、日本経済団体連合会編（2012）などを参照。

7 例えば、①女性管理職の育成・登用に配慮した、ポジティブ・アクションの性格が強い昇進・昇格の実施、②経営幹部育成のためのファスト・トラックのより一層の整備・定着、③複線的人事労務管理の進展とそれに伴う正社員キャリアの分化、④外国人社員の増加などを背景とする「遅い昇進」慣行の修

正、などが予想される。

8　図表6-5において集計を行っている業種での課長職以上に占める女性比率は、厚生労働省「平成25年度・雇用均等基本調査」によると、建設業6.2％、製造業6.4％、卸売・小売業9.8％、医療・福祉55.9％、教育・学習支援業18.4％、サービス業12.4％、となっている。このデータは従業員10人以上の企業を対象としたものであるため、本稿で取り上げている大企業セクターの状況に言及する際には留意が必要であるが、他業種と比較した製造業、卸売・小売業における現状を推し量る上では参考になると思われる。

9　管理職調査は、企業調査の対象となる企業に設けられている部門を、①総務、経理・財務、人事、法務、広報・秘書部門、②営業・販売、購買・物流、サービス提供部門、③商品・サービス企画部門、研究開発部門、マーケティング部門、の3つのグループに分け、それぞれのグループに属する部門を1つ、企業調査の対象企業に選択してもらい、その部門の管理職に対し実施した。管理職調査では、a.部門構成員の仕事の管理、b.能力開発・キャリア形成にかかる施策を実施するに当たっての人事部門との連携状況、c.能力開発・キャリア形成にかかる行動を進める上での動機、d.会社の人事管理施策の進め方に対する評価、などをたずねている。調査に回答した管理職954人のうち、男性は86.7％、女性は13.0％であった。年齢層別の分布は、40歳未満・9.3％、40歳台・43.2％、50歳台・39.6％、60歳以上・6.6％で、40歳台・50歳台を中心に構成されている。最終学歴は、「大学・文系学部」が44.5％と最も多く、以下、「大卒・理系学部」(17.2％)、「高校卒」(15.7％)、「専門学校・各種学校卒」(10.7％)と続く。役職の分布は、係長相当・8.2％、課長相当・58.4％、部長相当・24.8％、本部長相当・1.4％、役員相当・2.8％となっており、課長相当職が多くを占めている。

10　管理職自身による評価は、職場での能力開発がうまくいっているかどうかを反映していると考えられるが、能力開発の客観的な良・不良を示しているものではないことに留意する必要がある。

【参考文献】　※欧文アルファベット順、和文50音順

Rosenbaum, J. E. (1984) *Carrer Mobility in Corporate Hierarchy*, Academic Press.

稲上毅 (1999)「日本の産業社会と労働」稲上毅・川喜多喬編『講座社会学 (6) 労働』東京大学出版会，pp.1-31.

井上詔三 (1982)「内部労働市場の経済的側面——ホワイトカラーの事例」『日本労働協会雑誌』No.282，pp.2-13.

今田幸子・平田周一 (1995)『ホワイトカラーの昇進構造』日本労働研究機構.

小池和男編著 (1991)『大卒ホワイトカラーの人材開発』東洋経済新報社.

小池和男 (2005)『仕事の社会学 (第3版)』東洋経済新報社.

高年齢者雇用開発協会編 (1985)『高齢化社会における人事管理の展望』高年齢者雇用開発協会.

全日本能力連盟人間能力開発センター編 (1979)『部長のキャリア・パターン——部長173人のキャリアと意見』全日本能力連盟人間能力開発センター.

竹内洋 (1988)『選抜社会』リクルート出版.

「多様な形態による正社員」に関する研究会編 (2012)『「多様な形態による正社員」に関する研究会報告』厚生労働省.

中原淳 (2010)『職場学習論——仕事の学びを科学する——』東京大学出版会.

中村恵 (1989)「海外派遣者の選抜と企業内キャリア形成——製造業事務系ホワイトカラーの場合」『日本労働研究雑誌』No.357，pp.3-12.

日本経済団体連合会編 (2012)『ミドルマネジャーをめぐる現状課題と求められる対応』日本経済団体連合会.

日本労働研究機構編（1993）『大企業ホワイトカラーの異動と昇進』（調査研究報告書No.37）日本労働研究機構.

日本労働研究機構編（1998）『国際比較：大卒ホワイトカラーの人材開発・雇用システム――日、米、独の大企業（2）アンケート調査編』（調査研究報告書No.101）日本労働研究機構.

日本労働研究機構編（1999）『新世紀に向けての日本的雇用慣行の変化と展望』日本労働研究機構.

日本労働研究機構編（2000）『新世紀の経営戦略、コーポレート・ガバナンス、人事戦略』（調査研究報告書No.133）日本労働研究機構.

労働大臣官房政策調整部編（1987）『日本的雇用慣行の変化と展望』大蔵省印刷局.

八代充史（1989）「企業内昇進構造の変化――年功的昇進管理と新しい処遇制度」菊野一雄・平尾武久編『雇用管理の新ビジョン』中央経済社, pp.137-158.

労働政策研究・研修機構編（2004）『企業の経営戦略と人事処遇制度等に関する研究の論点整理』（労働政策研究報告書No.7）労働政策研究・研修機構.

労働政策研究・研修機構編（2013a）『多様な正社員の人事管理に関する研究』（労働政策研究報告書No.158）労働政策研究・研修機構.

労働政策研究・研修機構編（2013b）『「構造変化の中での企業経営と人材のあり方に関する調査」結果――事業展開の変化に伴い、企業における人材の採用・活用、育成戦略は今、どう変わろうとしているのか――』（JILPT調査シリーズNo.111）労働政策研究・研修機構.

労働政策研究・研修機構編（2016）『ユースフル労働統計2016』労働政策研究・研修機構.

第7章 職場におけるキャリア形成支援の動向

　本章では、職場におけるキャリア形成支援の動向を日本的雇用システムとの関連で検討することを目的とする。

　1990年代以降、個人主導の能力開発・キャリア形成の必要性が唱えられて久しいが、それらの浸透状況やそれに伴う問題、また、そもそも企業内でのキャリア形成を取り巻く環境がどのように変化しているのかについては十分に明らかにされていない。

　そこで、本章では、日本の重要な職業能力開発政策の一環として導入されたキャリアコンサルティング[1]制度に着目し、現在、表面化している幾つかの論点を取り上げ、議論を行う。

　特に、キャリアコンサルティング等の個別キャリア支援の取り組みは、数多いキャリア形成支援施策の中でも「インテンシブ（集中的な、徹底した、強い、集約的な）」と形容されることがある（ILO 2006；OECD 2004；Sampson & Osborn 2015）。この表現の含意は、相応のリソースを要するために導入が難しい先鋭的な取り組みであるという点にある。この先鋭的な取り組みに注目することで、職場におけるキャリア形成支援と日本的雇用システムの関係は、かえって明確に捉えうると考えた。

　以上の問題意識から、本章では、①まず、2000年代前半のキャリアコンサルティング制度の整備過程を振り返る。②次に、日本の企業内キャリアコンサルティングの現時点での普及状況を確認する。③さらに、企業内キャリアコンサルティングに関するいくつかの論点を取り上げ、④日本的雇用システムとの関わりについて議論を行う。

第1節　2000年代前半のキャリアコンサルティング制度の整備過程

1 第7次および第6次職業能力開発基本計画

　キャリアコンサルティングの議論を行う前に、2000年代前半のキャリアコンサルティング制度の整備過程を振り返る。

　まず、2001年5月に第7次職業能力開発基本計画（以下、第7次計画）が策定され、その基本的施策の1つとして「キャリア形成支援システムの整備」が示された。なかでも、労働者の適切なキャリア形成を促進するために講ずべき施策の筆頭として「キャリア・コンサルティング技法の開発」が挙げられた。具体的には、キャリア形成支援システムの整備の前提として、キャリアコンサルティング技法の開発、官民連携によるキャリア形成に係る相談提供、相談等のための推進拠点の整備、さらにはキャリアコンサルティングを始めとしたキャリア形成支援を担う人材の育成を図ることとした。

　この第7次計画の中で、「事業主がその雇用する労働者に対するキャリア・コンサルティングその他必要な相談、援助を行うことを促進する。その際、労働者が希望する場合には、外部の専門家・専門機関によるキャリア・コンサルティングを受けることができるよう、事業主に対して必要な支援を行う」としたことにより、本格的にキャリアコンサルティング制度導入への道筋が引かれた。

　したがって、この2001年を起点にとれば、キャリアコンサルティング制度は約15年にわたって日本の職業能力開発政策の一翼を担う重要な位置づけを占めてきたと言える。

　ただし、この制度の前段となる議論は、さらに時間を遡上することが可能である。

　例えば、1996年策定の第6次職業能力開発基本計画（以下、第6次計画）は、その副題「各人の個性を活かしつつ変化への対応を図る職業能力開発の実現を目指して」が示すとおり、個人主導の職業能力開発の推進を目指したものであった。

その中で、既に、後のキャリアコンサルティング制度に連なる施策への言及が見られる。

具体的には、ホワイトカラーの職業能力開発システムの整備として、「ビジネス・キャリア制度の活用により専門的知識の習得の支援を図るとともに、キャリアカウンセリングの推進等により、ホワイトカラーの教育訓練体制の整備充実を図る」ことが挙げられている。その上で、「企業や民間教育訓練機関にその普及を進めるため、カウンセリング担当者の養成・研修を行うとともに、ブルーカラーも含めた幅広く活用が図られることにも留意しつつ、そのノウハウを広く提供する体制の整備を図る」ことが示されている。これらの議論は、総じて、後のキャリアコンサルティング制度に先鞭をつけたものと位置づけることができる。

しかしながら、第6次計画については「技術革新の急速な進展、産業構造の変化や就業意識の多様化」に伴う労働移動の活性化、「我が国の経済の需要構造の急速な変化」に伴う職業能力の内容の変化などの「構造的な観点に立った職業能力開発施策は必ずしも十分に取り組まれていなかった」という点が、後の第7次計画では指摘された。

そこで、第7次計画では「労働市場が有効に機能するためのインフラストラクチャー（経済社会基盤）の整備」として、労働市場の基本的な構造に影響を与える施策という観点から職業能力開発政策が構想された。この点で画期をなす計画として位置づけられている。特に「中長期的な視点に立って、官民共同で職業能力開発の枠組みを構築すること」および「労働力需給の動向に応じた雇用対策の一環として、機動的な職業能力開発を進めること」とした視点は重要であり、2000年代の職場におけるキャリア形成支援政策およびその重要な構成要素たるキャリアコンサルティング制度の整備拡充へと連なっていく。

2 キャリアコンサルティング制度の整備とその展開

第7次計画を受けて、「キャリアコンサルティングを始めとしたキャリア形成支援を担う人材の育成」は急ピッチで整備された。

まず、2001年5月に厚生労働省職業能力開発局から「キャリア・コンサ

ルティング技法等に関する調査研究報告書」が発表された。ここでキャリアコンサルティングとは何をすることなのかといった具体的な内容・内実が明らかにされ、あわせて「キャリア・コンサルティングの6ステップ」など後まで引き継がれる重要な基礎概念が示された。

次いで、2002年4月には厚生労働省職業能力開発局から、報告書「キャリア・コンサルティング実施のために必要な能力等に関する調査研究」が発表された。この報告書によって、キャリアコンサルタントが兼ね備えるべき能力体系が定義された。また、「キャリア・コンサルタントに係る試験のあり方に関する調査研究」報告書が発刊され、キャリアコンサルタントに係る資格試験の内容と体制が議論された。こうして、能力体系とその試験を行う仕組みが整備された。

2003年3月には「キャリア・コンサルティングの効果的普及のあり方に関する研究会」報告書が発行された。この報告書で、より基礎的なキャリアコンサルタントである導入レベルのキャリアコンサルタントと、より専門的なキャリアコンサルタントである指導レベルのキャリアコンサルタントが示された。これによって、その中間の標準レベルのキャリアコンサルタントもあわせて定義されたこととなる。

2004年3月には「キャリア・コンサルタントの資質確保のあり方検討会」報告書によって、資格を取得したキャリアコンサルタントの資質を確保すべくそのサポートを行う連絡協議会の設立が提言され、後のキャリアコンサルティング協議会の設立へとつながる。

こうして現在にまで続くキャリアコンサルティング制度の根幹を支える具体的な内容、能力体系、試験体制、水準などが急ピッチで整備された。

❸ 企業内キャリアコンサルティングに対する継続的な関心

この間、キャリアコンサルティング制度の整備にあたっては、当初から職場におけるキャリア形成支援、すなわち企業内キャリアコンサルティングは主たるテーマとして重視された。

例えば、労働行政によるキャリアコンサルティングに対する初期のまとまった言及として2000年発表の「今後の職業能力開発の在り方研究会」報

告があるが、ここで既に「事業主には、労働者と十分な話し合いの上、労働者のキャリアを十分に把握し、それを的確に記述するとともに、その能力を正確に評価した上で、企業のニーズと労働者の希望・適性・能力を照合し、労働者のキャリア形成の具体的方向と職業能力開発の方針を確定すること（以下、「キャリア・コンサルティング」という。）が望まれる」との記述がある。この時点で、企業内におけるキャリア形成支援の仕組みの整備の一環として言及されていたことが分かる。

　続いて2001年の職業能力開発促進法の改正を経て公表された「労働者の職業生活設計に即した自発的な職業能力の開発及び向上を促進するために事業主が講ずる措置に関する指針」では、キャリアコンサルティングとして「労働者自らの職業経験及び適性に関する十分な理解を促進すること。その際、労働者の希望等に応じ、キャリアシートの記入に係る指導その他の労働者自らの取組を容易にするための援助を行うこと」「労働者自らの職業生活設計及びこれに基づく実務の経験、職業訓練の受講、職業能力検定の受検等を容易にするための相談の機会の確保を行うこと」などの援助を行うことが定められた。

　さらに先述した2001年発表の「キャリア・コンサルティング技法等に関する調査研究報告書」は、「労働者のキャリア形成支援のためのキャリア・コンサルティング・マニュアル」の副題を持つ報告書となっており、「本マニュアルは、直接的には社内の従業員を対象としてキャリア形成支援を行う方々を読者に想定している」と明記している。企業内におけるキャリアコンサルティング技法を直接、意識した内容となっている。

　その後も継続的に企業内キャリアコンサルティングには関心が寄せられ、2005年には企業におけるキャリアコンサルティングの導入展開事例が収集され、続く2006年報告書で小規模な自由記述式のアンケート調査が行われた。2007年には企業内キャリアコンサルタントの普及状況に関する大規模アンケート調査が行われ、2008年には企業におけるキャリアコンサルタントの役割・能力に関するヒアリング調査が実施された。2011年には2007年に続いて企業の普及状況に関する大規模アンケート調査が行われた。2013年には中小企業におけるキャリアコンサルティング普及のための調査研究が

行われ、2015年に企業経営から見たキャリアコンサルティングの意義や効果に関する事例収集および調査が行われた。

第2節　企業内キャリアコンサルティングの普及状況

　上述のようなキャリアコンサルティング制度の整備過程はありつつも、一方で、2000年代のキャリアコンサルティングが量的に拡大したか否かについては議論が分かれる。特に、既存の統計資料をもとにキャリアコンサルティングの普及状況を検討するにあたっては、関連する指標がいくつかあり、必ずしも連続していないため、単純な比較が難しい。

　例えば、キャリアコンサルタントの有資格者の増減については、図表7-1に示したとおり、2つの統計数値がある。1つは厚生労働省が発表していた数値であり、導入レベルの初歩的な技能のみをもつ登録キャリアコンサルタントを含んだ数となっている。この数値では2006年に4.3万人だった有資格者は、2014年には9.4万人と2倍以上に増加している。

　また、キャリアコンサルティング協議会が毎年発表している数値[2]から、一般的なキャリアコンサルタントが通常、保有している標準レベルのキャリアコンサルタントの数を抜き出すと、こちらも同様であり、2007年度に2.3万人だったのが、2015年度には4.6万人（2016年3月時点で45,785名）と2倍になっている[3]。

　このようにキャリアコンサルタントの数という側面から見た場合には、キャリアコンサルティングは一定の量的拡大が進んだと言える。

　一方で、キャリアコンサルティングの企業内における導入状況を見た場合には、単純な評

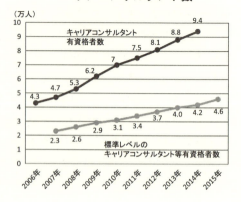

図表7-1　キャリアコンサルタント有資格者数および標準レベルキャリアコンサルタント数

価が難しい。特に、キャリアコンサルティングの導入状況についても能力開発基本調査に統計数値は存在しているが、数年ごとに質問内容が変更されており容易に比較できない。

まず、キャリアコンサルティング制度の導入状況についてたずねた最も古い能力開発基本調査は2004年度で、キャリア・コンサルティングを社内の制度・体制として「実施している」と回答した企業は3.3％であった。2006年以降は、図表7-2に示したとおり、厚生労働省が主体となる政府統計となり、「貴事業所で、キャリア・コンサルティング制度を導入していますか」の設問でたずねており、2006年は6.5％、2007年7.9％、2008年5.8％、2009年4.5％。2010年4.9％、2011年4.5％となっている。

また、2012年からは、「貴事業所で、キャリアに関する相談（キャリア・コンサルティング）を行うしくみ（社内規定などで明確に制度化されているものに限らず、慣行として行われるものなども含みます）はありますか」に質問の仕方を変更した。キャリアコンサルティング制度という名称ではなくとも、それに類する取り組みを幅広に情報収集しようとしたものである。その結果、2012年は23.8％、2013年33.5％、2014年は28.5％、2015年は37.9％となっている。

さらに、2012年に質問項目の変更に伴って設けられた質問である「貴事業所で相談を受けているのは、キャリア・コンサルタントですか」に対する回答結果もある。2012年9.4％、2013年9.8％、2014年9.0％、2015年10.1％となっていた。

これら3つの数値を総合して解釈した場合、キャリアコンサルティング制度と銘打った取り組みそのもの

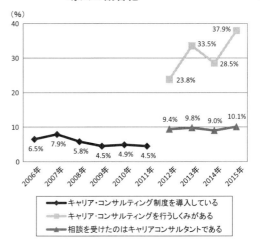

図表7-2　キャリアコンサルティング制度の導入の割合他

は量的に大きく拡大したとは言えないが、それに類するキャリアに関する相談の仕組みそのものは、漸次、拡大したということが指摘できる。特に、企業内のキャリアコンサルティングは、制度や専門人材がいるか否かという厳密な観点から見た場合、その普及率は約1割にとどまるが、慣行としてそうしたことが行われているか否かで見た場合には普及率は2〜4割となる。

そして、これら数値の解釈をめぐって議論は分かれる。一般的には、キャリアコンサルティングの制度の導入や専門人材の活用が進まず、むしろキャリアコンサルティング類似の施策の導入率が微増していることをもって、その量的な拡大は限定的であるとみなす。他方、キャリアコンサルティングのようなインテンシブなキャリア形成支援施策にあっては、こうした導入率はむしろ自然であり、この割合のみをもってキャリアコンサルティングの普及状況を評価することはできないとする。この両者はどちらも現在の企業内キャリアコンサルティングの一面を表した見方であり、ここまでの数値だけでは十分な考察は難しい。

そこで、以下に、厚生労働省職業能力開発局による「キャリア・コンサルティング研究会」報告書を中心に他の調査研究結果を援用して、さらに掘り下げた検討を行う。

第3節　日本の企業内キャリアコンサルティングに伴う論点

1 企業内キャリアコンサルティングの導入状況の不変性

厚生労働省が推進するキャリアコンサルティング施策は、例年「キャリア・コンサルティング研究会」を立ち上げ、異なるテーマの調査研究を行い、その成果を報告書に取りまとめることで推進してきた経緯がある。こうした形で厚生労働省職業能力開発局によって作成された「キャリア・コンサルティング研究会」報告書は、2002年（平成14年）から2015年（平成27年）の14年間にわたって約30本が発刊されている（以下、「〇〇年CC報告書」と略記）。このうち企業内キャリアコンサルティングの実態調査を行った報告書は4本ある。そこで、これらの報告書を中心に企業内キャリアコンサル

ティングの導入状況とそれに伴ういくつかの特徴を指摘する。

まず、第1の特徴として、企業内キャリアコンサルティングの制度や専門人材の普及状況は、概してどの報告書でもおおむね1割前後であることを指摘しうる。

例えば、2007年CC研報告書に記載がある企業調査[4]では、キャリアコンサルティングを実施する人材が「いる」と回答した企業は7.8 %、あるいは有資格のキャリアコンサルタントがキャリアコンサルティングを実施する企業は5.2 %だった。

2011年CC研報告書で上と同様の方法で実施した企業調査では[5]、専任担当者が社内にいる割合は11.3 %、相談担当者が社外にいる割合は8.2 %、兼任担当者でキャリアコンサルタントの資格を持つ者がいる割合は8.7 %だった。

2013年CC研報告書で中小企業を対象に調査[6]を実施した結果、「（経営者・従業員を問わず）社内のキャリア・コンサルタントにより行っている」が8.1 %であった。

2015CC研年報告書では、「専門人材等によるキャリア面談・相談」の制度があると回答した企業は12.6 %であった。

注目すべきは、企業内キャリアコンサルティングの制度や専門人材の普及率が1割前後であるという傾向は、時代背景によってほぼ不変である点である。

例えば、1967年に労働省婦人少年局では「産業カウンセリング制度普及状況調査[7]結果」報告書を発表した。その中で「貴社では従業員の利用できる個人的な相談（カウンセリング）の制度や施設をもうけておられますか」との質問に対して、「制度、施設をもっている」と回答した企業は151社で11.0 %、「正式な制度はないが相談を担当する役職をきめてあり、実質的に行っている」が483社で35.2 %であった。これは、先に図表7-2に示した2012年以降のキャリアコンサルティング制度の導入状況の数値とほぼ合致する。

その他、1960年に日本産業訓練協会が会員企業500社に調査を行った結果、相談制度を持っている企業は37社（7.4 %）であった[8]。

また、1962年に大阪大学教育心理学研究室が372社に調査票を配布、153

社から回答を得た調査では、「あなたの会社では現在このような相談機関がありますか」に対して、若干多く29社（19.0％）が「ある」と回答した[9]。

さらに、1963年に与論科学協会が実施した調査では、1,190事業所に調査票を配布し174社が回答、そのうち11.5％にあたる20社が「従業員のための相談を行う特別の相談制度や相談施設」を「もっている」と回答した[10]。

以上のとおり、大まかに言って、企業内の相談制度の普及率はおおむね1割前後であること、その割合は、産業カウンセリング普及の初期段階である1960年代からおおむね変化がないことが示される。

2 企業内キャリアコンサルティングと従業員規模

第2の特徴として、企業内キャリアコンサルティングの導入に大きな影響を与える主因は現在も過去も従業員規模であり、大企業と中小企業では顕著に導入率等に違いが見られる。

例えば、図表7-3は、図表7-2に示したキャリアコンサルティング制度に関する能力開発基本調査の数値を従業員規模別に図示したものである。

「キャリアコンサルティング制度を導入している」か否かについて2006年から2011年までおおむね変化がない一方、従業員規模では明確な差が見られる。なお、図中に示していないが2006年から2008年までは「5,000人

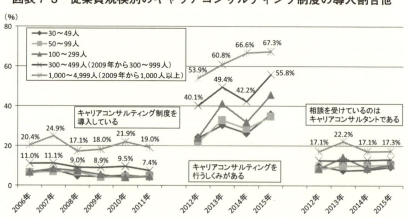

図表7-3　従業員規模別のキャリアコンサルティング制度の導入割合他

第7章　職場におけるキャリア形成支援の動向

以上」という区分もあり、そこでは 2006 年は 20.0 ％、2007 年は 32.6 ％、2008 年 46.3 ％となっている。5,000 人以上の大企業ではこの間にキャリアコンサルティング制度の導入が飛躍的に進んだ。

「キャリアコンサルティングを行うしくみがある」か否かについては 4 年分の統計しかなく、年ごとに増減もあるため十分な解釈ができないが、全般的に微増傾向にある。ただし、ここでも従業員規模の大きい方が直線的に伸びている。

「相談を受けているのはキャリアコンサルタントである」か否かについては、従業員規模でのみ違いが見られており、経年の変化は観察されない。

こうした傾向は、他の調査でも顕著であり、例えば、2007 年 CC 報告書では、企業内にキャリアコンサルティングを実施する人材が「いる」と回答した企業は 100 人以下 3.5 ％、101 〜 1,000 人 5.8 ％、1,001 人以上 17.8 ％であった。

また、2011 年 CC 調査では、図表 7-4 に示したとおり、キャリア相談に乗る担当者をどのような観点から見た場合でも、従業員規模が大きくなるにつれて、社内外に担当者として存在する割合は単調増加していた。

図表 7-4　従業員のキャリア形成に関する相談担当者の従業員規模別の割合（2011 年「キャリア・コンサルティング研究会」報告書より）

	社内人材として相談の担当者がいる（兼任者含む）	社内人材として相談の専任担当者がいる	社内人材として相談を担当するキャリアコンサルタントがいる（兼任者含む）	社内人材として相談を担当する専任のキャリアコンサルタントがいる	社外人材として相談の担当者がいる	社外人材として相談を担当するキャリアコンサルタントがいる
100人以下	58.0%	7.6%	1.7%	0.0%	5.9%	1.7%
101〜1,000人	66.4%	12.7%	5.2%	3.0%	6.0%	0.7%
1,001人以上	67.0%	14.4%	22.7%	7.2%	14.4%	5.2%
合計	63.9%	11.3%	8.7%	3.1%	8.2%	2.3%

2014 年 CC 調査も同様であり、「専門人材等によるキャリア面談・相談」は「499 人以下」6.4 ％、「500 〜 999 人」8.9 ％、「1,000 人以上」20.5 ％だった。社員のキャリア形成に関する専門人材等による相談窓口についても「ある（社内の人材が行う）」と回答した割合は「499 人以下」14.5 ％、「500 〜 999 人」16.8 ％、「1,000 人以上」29.7 ％だった。

ちなみに、その他の調査では、宮地（2005）で、従業員 300 人以上の企

業を中心に1,221社に調査票を配布し、168社から回答を得た調査（回収率13.8％）で「御社内にキャリア・カウンセリングの仕組みがありますか」という質問を行ったが、何らかの形でキャリアカウンセリングの仕組みがあると回答していた企業は、500人以下9.1％、1,000人以下2.3％、5,000人以下16.7％、10,000人以下50.0％、10,001人以上43.8％であった。

3 企業内キャリアコンサルティングと職場の上司・管理者による相談支援

　第3の特徴として、キャリアコンサルタント等の有資格の専門人材による個別キャリア支援ではなく、職場の上司・管理監督者によるキャリア開発支援であれば、従来からかなりの普及率・導入率が見られる。

　まず能力開発基本調査では、図表7-5に示したとおり、2007年度から2012年度まで職業生活設計を考える場の提供方法について質問している。そこで「キャリアの相談を受ける制度」は、2007年度4.5％、2008年度4.0％、2009年度7.4％、2010年度7.5％、2011年度4.9％、2012年度20.2％であり、ここでも1割前後となっている。なお、2012年度の値が跳ね上がっているのは、先に述べたとおり、この年からキャリアの相談を受ける制度を慣行として行われるものまで含み込む広い形で定義を修正したためである。この値と近いのは「人事部門の担当者との面談」であり、2007年度17.2％、2008年度18.0％、2009年度22.4％、2010年度24.0％、2011年度23.9％、2012年度25.8％となっている。

図表7-5　職業生活設計を考える場の提供方法（能力開発基本調査より）

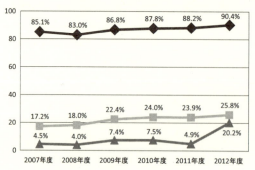
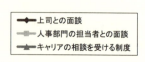

第7章　職場におけるキャリア形成支援の動向

　しかしながら、ここで注目すべきは「上司との面談」であり、2007年度85.1％、2008年度83.0％、2009年度86.8％、2010年度87.8％、2011年度88.2％、2012年度90.4％とほぼ9割の企業が、これを職業生活設計を考える場の提供方法の1つと捉えていた。

　類似の傾向は「キャリア・コンサルティング研究会」報告書でも散見される。

　例えば、2015年CC報告書では、「職場の上司・管理者によるキャリア面談・相談」は57.9％であった。また、個々の社員の仕事やキャリア形成に関するニーズや悩みの把握方法としては、「職場の上司・管理者が部下との間で、仕事やキャリアに関する面談を定期的に行うことにしている」72.8％、「職場の上司・管理者が、日頃から部下に声掛けして、仕事やキャリアに関する相談を受けやすくしている」43.8％などの数値も見られている。

　また、2005年に厚生労働省職業能力開発局から発表された「人材による成長を導くために——「職業能力開発の今後の在り方に関する研究会」報告書」では、2000年代前半のキャリアコンサルティング・キャリアカウンセリングに関する調査結果を掲載している。その中で、2002年度発表の調査結果として「従業員にキャリア形成を考えてもらう場」として「上司の面談」46.8％、「人事部門の担当者との面談」8.6％、「キャリアの相談を受ける制度」2.3％という値を紹介していた[11]。また、キャリアカウンセリング導入状況について「すでに導入」は7.9％であった（5,000人以上では29.4％）[12]。

　その他の報告書としては、2004年時点に労働政策研究・研修機構が行った調査で「キャリア・コンサルティングの役割を主に誰が担っているか」について、「上司」が担っているとの回答が88.4％、「人事部門」が60.2％、「先輩」が39.8％であった。それに対して、「社内のキャリア・コンサルティングの専門家」は5.8％、「社外のキャリア・コンサルティングの専門家」は1.9％であった。

　また、木村・下村・古山・松原・渡邉（2007）で2005年に300人以下の中小企業229社から回答をえた調査では、「貴社には、従業員が上司と面接して、将来のキャリア形成について話し合うような制度はありますか」の設

247

間に対して「ある（16.2 %）」「あるが、改善を検討している（16.6 %）」の回答がなされ、両者を合計すると 32.8 % だった。

なお、この上司との相談をキャリアカウンセリングの1つとして位置づけて調査を行った例は、1980 年前後に顕著に見られる。具体的には、全日本能率連盟人間能力開発センターが、1982 年（昭和 57 年）に日本企業へのCDP 導入にあたっての調査研究の一環として「キャリア・カウンセリング（指導面接制度）」に関する質問を行っている。「貴社では、上司が部下と定期的な個別面談を行って、啓発指導をするという "指導面接制度" を導入していらっしゃいますか」という設問に対して、「昭和 39 年以前の早い時期から導入している」10.9 %、「昭和 40～49 年から導入している」20.4 %、「昭和 50 年代になってから導入している」23.8 % との回答を得ている。これらを合計すると、1982 年時点で約 55 % の企業が上司による相談の仕組みを取り入れていたことになる。

前年に続いて 1983 年（昭和 58 年）に 215 社が回答した調査では、「貴社では、自己申告に基づく上司の指導面接（キャリア・カウンセリング）をおやりになっていますか」との設問で 114 社が「昭和 50 年以前からやっており、最近の改変はない」38 社（33 %）「昭和 50 年以前からやっており、50年代になって改正をした」76 社（67 %）と回答しており、やはり 53 % の企業が何らからの面接制度を持っていたことが分かる。

以上、日本の企業内キャリアコンサルティングの特徴を、能力開発基本調査や「キャリア・コンサルティング研究会」報告書などの量的な調査から把握した結果、①企業内キャリアコンサルティングの制度や専門人材の導入状況はおおむね 1 割前後であり、時代背景によって変化がないこと、②むしろ従業員規模によって顕著に導入率に違いがあること、③職場の上司・管理者による相談の割合は 3～5 割前後、質問の内容や回答形式によっては 7～9割にもなり、こうした傾向は少なくとも 1980 年前後でも同様であったことの 3 点に整理できる。

第7章　職場におけるキャリア形成支援の動向

第4節　日本的雇用システムとの接点①——キャリアコンサルティングの導入率の背景

1　キャリアコンサルティング等の個別キャリア支援の特徴

　本節からは、前節で示した企業内キャリアコンサルティングに関する3つの特徴の背景を検討する。あわせて、いわゆる日本的雇用システムといかなる接点があるのかを考察する。

　まず、キャリアコンサルティングの導入率はおおむね1割前後であり、時代背景によらず一定である点について、従来からの個別キャリア支援に関する先行研究からは以下の2点を指摘しうる。

　第1に、個別キャリア支援は、本来的に縮小・吸収・中止の圧力がかかりやすい取り組みだという点である。この点に関して、従来から、個別キャリア支援の取り組みが「労働集約的」であること、したがって対費用効果が悪くコストが高くつくことが指摘されてきた（Peterson, Sampson & Reardon 1991；Russel 1991；OECD 2004；下村 2013，2016）。個別キャリア支援は文字どおり1対1での対応となるため、担当者1人が提供できる単位時間あたりのサービス量に上限がある。そのためサービスの効率といった観点からは、十分なベネフィットがあるように見えない。その上、表面上は、1人の専任の担当者によって1人の問題が解決されるに過ぎないように見え、歴然とした効果がわかりにくい[13]。さらに加えて、個別キャリア支援に持ち込まれる問題はクライエントの内面的な問題である場合が多く、よりいっそう効果が判然としない。結果的に、個別キャリア支援は、他のキャリア形成支援施策に比べて殊更に効果の有無が問題にされやすい。

　これらの特徴があるため、個別キャリア支援の取り組みは、全社的な仕組みとして導入された後も常に不安定であり、容易に他のシステム・制度・仕組みの中に吸収されるか、あるいは中止される。実際、1960年代の産業カウンセリングに関する書籍や報告書（伊東 1966；労働省婦人少年局 1967）には、当時、産業カウンセリング制度を導入していた企業名が列挙されている。しかしながら、現在までその制度を継続して維持している企業は、ほと

249

んど存在しない。

　第2に、個別キャリア支援には、原理的に社内のキャリア形成支援その他の人事システムが扱い得なかった残余の問題が持ち込まれやすい。既存のシステムは、従業員を一定の基準でセグメント化し、対象層ごとに一律の支援を提供する。そのため、そのシステムでは扱い切れず漏れ落ちる「その他」の問題が常に生じる。結果的に、既存のシステムでは解決しえなかった多様な問題は、個別キャリア支援によって1つ1つ対応することとなる。

　ところが、一般に、個別キャリア支援が対応していた社内の問題が一定の規模に達した際には、その問題を解決すべく全社的なシステム・制度・仕組みが整備される。個別キャリア支援が真に機能していればこそ、個別キャリア支援の部署が把握した全社的な問題点は情報発信され、必要な対応がとられるからである。例えば、ハラスメント、抑うつ、職場のいじめ、より直近ではLGBTの問題などは、社会全体で共有される以前の初期の段階では、個別キャリア支援の実践場面に持ち込まれることが多かった。もともと個別のケースとして生じていた問題は、やがて一定の制度的な枠組みのもとに扱われ、個別キャリア支援の対象から外れていくことになる。

　そして、これら個別キャリア支援の2つの特徴から、企業内のキャリアコンサルティングの導入率が調査によらず一定の割合をとることに説明を与えうる。すなわち、どの企業においても、本来、個別キャリア支援はコスト高になりやすく効果が判然としないため、常に縮小や廃止の圧力に曝される。一方、個別キャリア支援が扱うケースや問題は、企業内のより中心的なシステム・制度・取り組みから漏れ落ちてくる「その他」の問題であるために、爆発的・飛躍的に利用者・対象者が増加するということはない。また、仮にあったならば、より中心的な人事労務管理上のシステムが改善され、対応策がとられる。いずれにしても組織内・企業内において個別キャリア支援の機会が飛躍的に拡大するということはない。

　この点に関する直感的な説明としてはサッカーのゴールキーパーの喩えを用いうる。ゴールキーパーが大活躍する守備のシステムとは、基本的に守備が破綻した問題のあるシステムであり、やがて守備の対策がとられ適切なシステムへと変更される。そのため基本的にゴールキーパーは一定の割合以上

第7章　職場におけるキャリア形成支援の動向

に活躍するということはない。同様に、企業内においてキャリアコンサルティングのような個別キャリア支援の取り組みが大きな存在感を持つということは現状においては難しく、いずれその対費用効果や必要性が問題視されて縮小・吸収・中止される。個別キャリア支援にはこうしたプロセスが想定されるために、存廃の流転が激しい。結果的に、調査によらず、時代によらず、個別キャリア支援は常に一定の割合でのみ存在することとなる。

2 日本のキャリアコンサルティングの今後の展開

　では、上記の特徴をもつキャリアコンサルティングは、日本的雇用システムといかに関連するだろうか。基本的には、全社的なシステム・制度から外れる雑多な「その他」の問題を個別に処理する担当者が不要になるとは考えられない。また、日本的雇用システムの軋みに伴って、システムから漏れ落ちる多様なケース、問題は増加傾向にある。その点、キャリアコンサルティングのような個別キャリア支援の機会は多くなると予想される。さらに、上述のゴールキーパーの比喩からは、むしろ、全社的なキャリア形成支援のシステムはゴールキーパーたる個別キャリア支援の担当者を置いてこそ、万全の体制となるとも言える。

　しかしながら、一方では、上述したとおり、個別キャリア支援の規模や存在感が拡大することは原理的に難しい。そのため、個別キャリア支援の導入が爆発的に拡大するということは現時点では容易には予測されない。むしろ現実的に予想されるのは、量的な拡大よりは、キャリアコンサルティングの機能や役割の質的な変化である。

　特に、個別キャリア支援が扱う問題の多様性が膨らみ、取り扱うケースが増えるにつれて、組織や企業の側にフィードバックを提供する機会は多くなる。それに伴って、単に相談室でクライエントの相談に乗るのみならず、個々に対応していた問題の解決を全社的に検討するに際して、一定の知見や見解を求められる機会は増える可能性がある。また、いかなるシステム・制度・取り組みを整備するかの仕組みづくりに寄与する可能性も増える。

　例えば、2015年CC研究会報告書では、社員のキャリア形成を促す制度へのキャリアコンサルタント等の専門人材の関わり方についてたずねている

251

（図表7-6）。「制度利用者へのキャリア面談・相談」に加えて「制度の見直し・課題の抽出」「制度の設計・企画」「制度の意図・目的の周知」「制度利用者の職場の上司・管理者への状況把握等」のいずれについても7割前後の高率となっており、キャリア形成支援制度全般に対する将来的な期待が寄せられている。結果的に、個別の相談に乗るカウンセリングの機能に加えて、社内のキャリアの問題の解決を示唆する文字通りのコンサルタントとしての活躍の機会が増えることが予想される。

図表7-6　社員のキャリア形成を促す制度へのキャリアコンサルタント等の専門人材の関わり方に対する期待

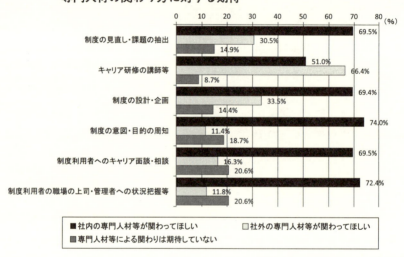

第5節　日本的雇用システムとの接点②――中小企業における導入の要因

1　キャリアコンサルティングの導入が中小企業で困難な理由

職場におけるキャリア形成支援の動向を考える上で、中小企業に対するキャリアコンサルティングの導入は重要なメルクマールとなる。

しかしながら、現状において、キャリアコンサルティングのようなインテンシブなキャリア形成支援施策を中小企業に導入するにあたっては、幾つかの理由から明らかな困難がある。

第1に、繰り返し述べるとおり、端的に、キャリアコンサルティングのような個別キャリア支援の取り組みはコストがかかる。具体的には、守秘義務に配慮しつつ1対1で相談に乗るにあたって相応の場所・部屋の確保が必要となる。また、相談支援を提供しうる専門人材の手配も必要となる。どちらも初期費用がかかる上に運営経費がかかるため、キャリアコンサルティングの体制を維持することそのものに金銭的な負担がかかる。

第2に、同様のことだが、数千人数万人の従業員数を抱える大企業と異なり、中小企業では潜在的な利用者[14]数が少なく、1名の専門的人材と1部屋を確保することが過剰な費用負担となりやすい。特に、個別キャリア支援に関する研究では、ある組織内でキャリアガイダンスが成立するためには、潜在的にサービス対象となる母集団が一定以上存在していることが重要であるとする結果は散見される。例えば、下村（2006）は、全国の325大学のキャリアセンター等に対する質問紙調査データをもとに、今後「学生の個人面談（キャリアカウンセリング）に力を入れたい」とする回答に関連する要因を検討した。その結果、個人面談の充実に関心を示す大学は、基本的には在籍者数の多い学校であった。もともと潜在的な利用者数が多いと想定される場合に、個別キャリア支援は検討の俎上に載ることがうかがえる。

第3に、そもそも中小企業においては相対的に能力開発のための取り組みが少ないことは従来から指摘されてきた基本的な阻害要因である。例えば、平成22（2010）年版「労働経済の分析」では、企業規模別に見た雇用管理の動向を詳しく解説している。その中で、「人材育成の方法として、労働者の希望をくみながら、計画的・系統的な人員配置を職場でのOJTを組み合わせていくことは、人材育成の有効な手法の1つであるが、このようなことを行うことのできる、経営の安定性、組織内の職務の多さ、事業の長期的な計画性などは、大企業の方に、より多く備わっていると思われる。（p.165）」と指摘する。一方で、能力開発のための取り組みが少ない中小企業では、Off-JTの実施状況が低いこと、1人当たりの教育訓練費が小さいこ

とが例として挙げられている。そして、「我が国企業に歴史的に形成されてきた長期雇用の慣行には、雇用を安定させる機能とともに、長期的な視点に立って人材を配置、育成、評価するという高い人材育成機能が備わっている（p.162）」がゆえに、大企業－長期雇用－人材育成機能が全体として、キャリア形成支援さらにはキャリアコンサルティング制度導入に先駆ける重要な素地を形づくる。逆に、相対的に、中小企業－非長期雇用－低い人材育成機能という一連の連関が見られることとなる。

2 中小企業でキャリアコンサルティングが成立するケース

　以上、コストがかかる、利用者が少ない、能力開発に消極的であるの3点から、中小企業のキャリアコンサルティングの困難は明らかである。

　しかしながら、中小企業におけるキャリアコンサルティングを取り上げた2013年CC研報告書が述べるとおり、「中小企業、従業員ともに、条件が合えばキャリア・コンサルティングへ期待がある」、「会社から支援を受けた従業員は、やる気や仕事満足度が高い」、「従業員は（中略）社内でしか解決できない課題（配置転換等）については、社内のキャリア・コンサルタントを求める傾向」があるなど、中小企業においても個別キャリア支援には一定のニーズがある。

　したがって、考慮すべきは、どのような場合に中小企業におけるキャリアコンサルティング等のインテンシブなキャリア形成支援が成立する見通しがあるのかという問題である。この点について、現在のところ、中小企業において個別キャリア支援が成立する場合がいくつか判明している。

　第1に、経営者もしくは経営者の近くにいる経営層が主導的な立場で推進する場合である。繰り返すとおり、個別キャリア支援の取り組みは一定の費用負担を必要とする。また、個別キャリア支援の取り組みは、その性質上、短期的・具体的な効果が表面に現れにくく、継続するには全社的な指針が必要となる。結果的に、明確な経営方針・経営戦略と密接に関わる必要がある。

　この点に関して、図表7-7には、先に引用した木村他（2007）のデータを再分析した結果を示した。図表に示されるとおり、「専門家を配置してガイダンスや相談」を行なうか否かは、結局のところ、従業員の能力開発を積

第7章 職場におけるキャリア形成支援の動向

図表7-7 専門人材および上司による個別キャリア支援に影響を与える中小企業の属性

	専門家を配置して、ガイダンスや相談を行っていますか。			上司と面接して将来のキャリア形成について話し合う制度はありますか。		
	B	Exp(B)	sig.	B	Exp(B)	sig.
創業年	0.07	1.07		-0.26	0.77	*
正社員数	0.15	1.16		0.12	1.12	
正社員数の過去1年間の増加	-0.01	1.00		-0.01	0.99	
正社員の平均勤続年数	0.01	1.01		0.02	1.02	
正社員に占める中高年者(45歳以上)比率	-0.14	0.87		-0.47	0.63	*
正社員に占める女性比率	0.38	1.46		-0.21	0.82	
全体に占める非正社員比率	0.44	1.55		0.00	1.00	
採用戦略(新規学卒者ー中途採用)	-0.07	0.93		-0.06	0.94	
過去3年間の売上の増減(増えているー減っている)	0.10	1.10		0.20	1.22	
従業員の能力開発に対する積極性(消極的ー積極的)	1.40	4.07	**	0.55	1.73	**
(定数)	-10.38	0.00		-1.23	0.29	

「行っているー行っていない」「制度ありーなし」を被説明変数とした一括投入式のロジスティック回帰分析
** p<.01 　* p<.05

極的に行なうか否かという考え方に基づくところが大きい。これは、正社員数（従業員規模）や過去の売上の増減などの影響を抑えて、なお強い影響を与えている。

　また、経営者層による推進の重要性は、2005年CC研報告書で中小企業のキャリアコンサルティング導入事例を収集した際にも指摘されている。この報告書に事例が掲載されている中小企業2社では、それぞれ「キャリア開発の考え方は、大手企業の人事部門にいたためキャリア開発についても造詣が深い社長の影響が大きい（従業員数33名）」「社長は、会社の枠内で社員の育成を行っているのではなく、社員自身の成長が本人の人生にとっても重要であるという、キャリア形成支援の視点を持っている（従業員数53名）」とあり、いずれも「社長」の考え方が強く影響していることを述べていた。中小企業では、全社的な経営方針・経営戦略に合致している場合に個別キャリア支援の導入が促進されるという点は、当然の知見とも言えるが、改めて確認すべき基本事項となる。

　第2に、現在、注目されているのは、中小企業の中でもいわゆるベンチャー企業のように社歴も従業員の年齢も若い企業である。図表7-7に示したとおり、「上司と面接して将来のキャリア形成について話し合う制度」に限って

255

言えば、創業年が若く、中高年者比率が低いほど、導入している割合が高かった。この背景には様々な理由が考えられるが、上司と部下の年齢差が開いておらず、直接、話をすることでキャリア形成に関する有益な相談を行いうる点、今後の成長や規模拡大が目標とされている場合、現在の人材育成・キャリア形成にかかる金銭的・時間的・労力的な面での有形無形のコストが中長期的にペイしやすい点、新たな人材育成・キャリア形成に関する先進事例としてアメリカの有名ITベンチャー企業が挙がることが多く（花田 2016）、モデルとしやすい点などが想定される。

　第3に、欧州キャリアガイダンス論で大きく期待されているのは、いくつかの中小企業を横断的に組織した労働組合、業界団体、経済団体などの中間団体・中間組織である（CEDEFOP 2011a；労働政策研究・研修機構編 2014）。欧州キャリアガイダンス論ではおもにコストの問題から中小企業への個別キャリア支援の導入に一定の限界をみているが、1つの企業だけではコスト的に見合わない場合でも、複数の企業で集合すれば一定の負担で相談サービスを提供する見込みが立つ。また、いずれも労働者や業界、産業界に広く貢献すべく作られた団体組織であり、既に多少なりとも相談サービスを提供していることが多い。現実的な展開を考えた場合、労働組合、業界団体、経済団体等の中間団体・中間組織で具体的にカウンセリングサービスを提供しやすいのではないかというのが、欧州のキャリアガイダンス論の暫定的な結論と言える。

　日本国内でもこの議論が通用する可能性は、既存の調査結果に散見される。例えば、先述した2013年CC報告書の中小企業を対象とした調査結果では「社外のキャリア・コンサルタント、専門機関により行っている」が12.6％、「（経営者・従業員を問わず）社内のキャリア・コンサルタントにより行っている」が8.1％であった。大企業ではコスト抑制のために社内人材に相談を担当させるのが一般的であるなか、中小企業ではむしろ社外の専門人材を活用している割合が高い。これは日本においても中小企業では社外の専門人材を活用する方がコストを安く導入できる可能性を示す。実際、2013年CC報告書の中で、今後のキャリアコンサルティングの実施意向として、経営者から「業界団体・無料なら活用」「公共機関・無料なら活用」し

第7章　職場におけるキャリア形成支援の動向

たいという回答が上位2位を占めており、外部の中立的な団体・機関に対しては一定の期待が寄せられていた。何らかの企業横断的な仕組みを作ることができれば、日本においても導入の見通しが立てられることになる。

第6節　日本的雇用システムとの接点③──職場の上司・管理者による相談支援

1　日本と海外における相談支援の研究動向

　企業内キャリアコンサルティングの特徴として、従業員に対する何らかの相談の取り組みが、職場の上司・管理者による面接・面談・相談という形をとる場合には、普及率は3～5割に達していた。これは、社内の専門人材である場合には約2割、社外の専門人材である場合には1割であるのと著しく対照的であった。

　ただし、キャリアコンサルタントのような有資格の専門人材による相談支援以外の必ずしも資格を有しない非専門人材による相談支援に関する議論そのものは、日本特殊ではない。

　例えば、イギリス、カナダ、ニュージーランドなどの英語圏の先進国では、2000年代以降、企業と従業員の目標や方針のすり合わせを狙いとしたキャリアディスカッション・キャリアカンバセーション系の取り組みに関心が持たれた（Borgen, Butterfield & Lalande 2013；Kidd, Hirsh & Jackson 2004）。そして、その多くに何らかの形で国または公的な資金が投入され、企業内の取り組みに直接的・間接的に政策的な支援がなされた。

　また、上司・管理者による相談の取り組みは、キャリアコンサルタント等の専門人材専門との対比ではインフォーマルな相談支援と位置づけられるが、この上司・管理者等によるインフォーマルな相談の議論も、必ずしも外国で見られないわけではない（Crawshaw & Game 2015；Maxwell & Watson 2006；Perry & Kulik 2008）。例えば、その最も有名な研究としてクラムのメンタリング研究（Kram 1988）などがある。そこでは、情報提供などを中心とするキャリア機能の他に、心理的なサポートを提供する社会心理機能も

257

あわせて重視されていた。また、メンタリング研究に続く職場における関係構築に関する研究も比較的多く蓄積されており、キャリア支援研究における1つの潮流を形作っている。

さらに、日本では、よりフォーマルなキャリア形成支援施策、人事労務管理施策と組み合わせて行う相談をキャリアカウンセリングの一種とみなす場合があるが、これも日本独特のものではない。例えば、目標管理制度における期首・期末の面接、人事評価の一環として行われる人事面談、その他の上司による業務上の公式の面談とあわせて行われる相談をキャリアカウンセリングの1つとみなして推進しようとする議論は外国においても見られる。

2 日本の相談支援の背景にあるキャリア──人間関係の密接な連関

では、日本特殊な特徴として挙げられるものは何か。ここでは、上司や管理者による相談支援の背景に、日本人のキャリアと人間関係に関する独特の捉え方を指摘したい。

例えば、日本ではキャリアコンサルティングにキャリアの問題として持ち込まれる相談内容は、必ずしも仕事内容や働き方といった直接キャリアに関わるものばかりではない。むしろ純粋にキャリアに関わるものは少なく、通常は、キャリアの問題に人間関係の問題が密着する場合が多い。したがって、日本で何らかの相談支援を行うに際しては、クライエント本人の仕事内容や働き方、ポストや昇進、処遇や待遇そのものではなく、それらの問題が上司や同僚、部下との人間関係と絡み合った状態を取り扱う。そして、職場内の人間関係と複雑に絡んだキャリアの問題を解決する必要があるため、相談室にいる専門人材であるキャリアコンサルタントよりは、むしろ職場内の人間関係に通じており、また場合に応じてその調整をも行いうる上司・管理者による相談支援が選好される。

当然ながら、外国の個別キャリア支援の議論においても、従業員間の関係調整は1つの重要な機能として考えられてはいる。しかしながら、日本ほど重視されない。そもそも「キャリア」という語句には「個人の職業キャリア」という意味あいが濃厚に含まれており、それゆえ、職場内の人間関係の問題は、個人のキャリア形成を極端に阻害・促進する場合においてのみ考慮

される[15]。したがって、例えば、職場でキャリアについて話し合う効果に関するイギリスの調査結果でも、「将来の方向性」、「自己洞察」、「情報提供」などの面で良い効果が得られたとの回答が5〜6割で上位3位を占めており（Hirsh, Jackson & Kidd 2001）、日本で言うところ人間関係の面での効果は取り上げられていない。

それに対して、日本では、2011年CC報告書に示されるとおり、「キャリア形成に関する相談内容で多いもの」として「現在の仕事・職務の内容」（63.1%）に次いで「職場の人間関係」（54.9%）が挙がっており、「企業内の異動希望等」（31.8%）や「今後の職業生活設計、能力開発計画、キャリア・プラン等」（22.5%）といったキャリア形成上の相談内容を抑えて高い割合を占めている。

したがって、労働政策研究・研修機構編（2015）でも、企業内キャリアコンサルティングの重要な機能の1つとして「関係調整・対話促進」の機能が見られた。これは、キャリアコンサルタントがクライエントと上司・管理者との関係調整や対話促進を企図して相談支援を提供するものである。裏を返せば、上司・管理者が相談支援の提供者として機能しない場合、その調整役としての役割が企業内のキャリアコンサルタントに期待されることとなる。

また、現在、キャリアコンサルティングとの関連でよく議論される組織開発の論点も、日本では、職場内のコミュニケーションを促進し、融和的・親和的な人間関係を促進する、いわば組織内の人員が「仲良くなる」ためのプログラムと素朴に理解されている場合がある。このように職場内の人間関係の「関係調整・対話促進」そのものを重要なキャリア形成支援の1つの機能として捉える傾向は、日本で強く見られるものである。

こうして、日本のキャリアコンサルティングのような個別キャリア支援では、キャリアの問題は必ずしも個人の職業キャリアの問題に限定されず、職場内の人間関係の問題と密着していること、それゆえ、キャリアコンサルタントのような専門人材よりは、必ずしも専門人材ではなくとも上司・管理者のような職場内の人材を求める傾向が強いことが指摘される。

3 今後のキャリアコンサルティング施策への示唆

　キャリアの問題が人間関係などのパーソナルな問題と密着する日本のキャリアコンサルティングのあり方は、相対的に労働移動の可能性が低い日本の雇用システムを反映したものと受け止められる。社外を視野に入れた労働移動の可能性が少ないために、結果的に自らのキャリアを考えるに際して、現在の職場で長く働き続けられるか否かは大きな懸念材料となる。そのため、社内の人間関係や部署ごとの特徴・雰囲気・考え方、インフォーマルな情報交換・交流などに通じており、かつ必要に応じて、強力に職場の人間関係に影響力を発揮しうる上司・管理者といった社内人材が求められるものと推察される。

　実は、こうした論点を日本的雇用システムとの関わりで掘り下げて論じる議論は、むしろ日本的雇用システムの確立期にあたる昭和40年代の古い文献に多く見られた。

　例えば、その代表的な論者である伊東（1967）は、専門家によるカウンセリングを「表門」からのカウンセリング、上司・管理者などの非専門家によるカウンセリングを「裏門」からのカウンセリングと呼び、日本では非専門家によるカウンセリングを重視すべきであると主張した。また、牛窪（1961）にも、必ずしもカウンセリングという語句は使わなくとも、「本質的にそれらしい考え方を身につけた監督者が、ほんとうにその職場のなかにとけこんでいって労務管理を行なう。——こうしたところに、じつは「産業カウンセリング」の本来の意味があるのだと思う（p.4）」との記述がある。さらに、日本で最初期にカウンセリングを導入した当時の電電公社において、当初から「ヒューマンリレーションズの改善をはかる」ことが設置趣旨として掲げられており（石垣1962）、職場において人間関係を問題にする日本人の志向性は古くから根強い。このような捉え方は、日本のカウンセリング論にあって、独特の潮流を形づくっており、現在に至っている。

　こうして、日本においてはキャリアの問題と人間関係の問題が密着しており、個別キャリア支援において「関係調整・対話促進」の機能が強く求められるのだとすれば、相談室で有資格の専門的な人材が行うキャリアコンサル

ティングのみならず、上司・管理職等による相談支援を発展させる形も追求する方が、日本では企業内・組織内への導入障壁が低く、それゆえ普及が進むと考えられる。したがって、この上司・管理職による相談支援を有力な代替手法として考え、キャリアコンサルタントなどの専門人材との協力・分担して定期的に相談支援の機会を設けるなど、従来以上に有効に機能するように整備していくことは、今後の職場におけるキャリア形成支援施策を考える具体的・現実的な方策となる。

　なお、この点については、ある程度の実証的な根拠もある。図表7-8は、職場環境のソフト面の現状を的確に把握し、その上で問題点を発見し、具体的な職場全体の取り組みに役立てるために用いるソフト面のチェックのための調査票「快適職場調査票（ソフト面）」を実施して、職場のキャリア形成支援の動向に与える影響を重回帰分析で検討した結果である（木村他2007）。その結果、「キャリア形成・人材育成」に熱心で、「休暇・福利厚生」が整っている職場であるほど、職場のキャリア形成支援に積極的であるという知見が得られている。

　注目すべきは「人間関係」の良さが職場のキャリア形成支援の積極性にマイナスの影響を与えている点である。職場内の人間関係が良好であればキャリア形成支援は必要とならない。相当部分、職場の上司・管理者による支援が代替するからである。逆に、職場内の人間関係が悪く、上司・管理職による相談支援が期待できない場合、キャリア形成支援が求められる。このように、職場の人間関係とキャリア形成支援にはトレードオフとも言える相反する関係が伏在していることが想定される。

　特に、日本的雇用システムの揺らぎに伴って、職場内の人間関係が難しくなっているのは事実であり、その点、関係調整・対話促進の機能をよりいっそう専門的なキャリアコンサルティングが果たしていく可能性

図表7-8　快適職場調査（ソフト面）の7領域が社員のキャリア形成支援に与える影響

	B	β	sig.
キャリア形成・人材育成	0.45	0.47	***
人間関係	-0.23	-0.21	**
仕事の裁量性	-0.05	-0.05	
処遇	0.11	0.10	
社会とのつながり	0.03	0.03	
休暇・福利厚生	0.23	0.27	***
労働負荷	-0.04	-0.03	
（定数）	2.08		

*** p<.001　　** p<.01

も残る。いわゆる日本的と考えられる上司・管理者による相談支援との機能分化は、今後、この領域で論ずべき1つの重要論点となるものと思われる[16]。

第7節　職場におけるキャリア形成支援と日本的雇用システム

　本章では、職場におけるキャリア形成支援の動向を日本的雇用システムとの関連で検討することを目的とした。

　特に、1990年代以降、個人主導の能力開発・キャリア形成の必要性が唱えられ、その1つの象徴的な取り組みとしてキャリアコンサルティング等の個別キャリア支援の取り組みが、これまで継続的に行われてきた。そして、そうした取り組みは、限定的な範囲内ではあれ一定の成果を収めてきた。

　しかしながら、今後、さらに職場におけるキャリア形成支援を拡大する方向を模索するにあたっては、これまでのキャリアコンサルティング等の個別キャリア支援の導入推進の経緯や経験を振り返り、その蓄積から既にある程度まで判明している傾向や知見を正しく集約し、整理していく必要がある。いわば、こうした従来の蓄積からの定理や定説といったものを踏まえて、今後の展開を考えていく必要がある。

　本章は、これまでに公表されている統計数値や報告書をもとに、そうした試みを行ったものであったが、その過程で、日本の組織の隅々にまで行き渡る日本的雇用システムの存在感の大きさに改めて気づかされる。これは、結局のところ、日本的雇用システムが組織の制度や仕組みの1つとして残存している一方で、より本質的にそこで働く個々人の内面にこそ濃厚に残っているからであろう。

　したがって、個々人の内面に深く関わるキャリアコンサルティング等の個別キャリア支援は、直接、人々の心の内にある日本的雇用システムに直面する機会が多くなる。この領域の今後について軽々に予測することは難しい。しかし、直近の動向として、実際の日本的雇用システムそのものというよりは、むしろ、良きにつけ悪しきにつけ人々の心の内に頑健に残る日本的雇用システムを、この領域はより適切に取り扱っていかざるを得ないことは明ら

262

第7章　職場におけるキャリア形成支援の動向

かであろうと思われる[17]。

【注】

1　本章では「キャリア・コンサルティング」と「キャリアコンサルティング」の「・」の有無の表記が混在する。これは、2015年10月の法改正に伴い、従来の「・」ありの表記が「・」なしに統一されたためである。したがって、原則的に、過去の文献の直接引用や関連する記述は「・」ありで表記するが、それ以外は「・」なしとする。なお、文脈によって混在する場合もあるが、上記の経緯から厳密な使い分けや統一に実質的な意味はないことを付記する。なお、本章においては「キャリアコンサルティング」と「キャリアカウンセリング」の違いについても、現在では相互に歩み寄る形で類似した活動内容を指示する用語となっていると考えており、そのため厳密な使い分けをしていない。この点について、詳しくは労働政策研究・研修機構編（2015）参照のこと。

2　特定非営利活動法人キャリア・コンサルティング協議会ホームページ「キャリアコンサルティング関連資格保持者」より（https://new.career-cc.org/about/）。

3　「キャリアコンサルタント有資格者」と「標準レベルのキャリアコンサルタント数」の違いは、主として以前は「登録キャリアコンサルタント」と呼ばれていた者を含むか否かによる。登録キャリアコンサルタントは、おもに職業訓練機関等においてジョブ・カードを活用したキャリアコンサルティングを行うことが求められていた。ただし、従来から講習を受講するのみで無資格でありながら「登録キャリアコンサルタント」と称するために、有資格のキャリアコンサルタントとの異同が問題となりやすかった。そのため、2015年10月に新ジョブ・カード制度への移行に伴って「ジョブ・カード作成アドバイザー」に名称が変更となった。

4　従業員規模30人以上の企業を対象に業種、地域及び従業員規模ごとに偏りのないように抽出した3,000社に調査票を配布し、485社（16.2％）を回収。

5　355社（11.8％）を回収。ただし、30〜100人、101〜1,000人、1,001人以上の3つの回答に分類し、それぞれ1,000社ずつをサンプリングした点が2007年調査と異なる。

6　職業能力開発推進者を専任している30人以上300人以下の中小企業2,123社に調査票を配布して705件（回収率33.2％）を回収。

7　従業員規模500人以上の全企業2,598社に調査票を配布し、1,371社から回答を得た。

8　伊東（1966）。

9　内山編（1994）。

10　杉渓（1963）。

11　2002年度に日本労働研究機構に委託された厚生労働省「能力開発基本調査報告書」の調査結果より。調査対象は従業員規模30人以上の企業。

12　2003年度発表の社会経済生産性本部「日本的人事制度の現状と課題」より。調査対象者は上場企業の人事労務担当者。

13　概念的には次のような説明が可能である。まず、モチベーション低下によりパフォーマンスを落とした社員Aの支援を、パフォーマンスが落ちていない専門人材であるBが支援する場合、パフォーマンスに直接的には寄与しないAとBの2人の社員を生み出す。したがって、むしろ、パフォーマンスを落とした社員Aのかわりに専門人材であるBが働けば少なくとも社員Aの穴埋めという意味ではこちらの方が効果的となる。しかし、この場合も専門人材であるBは社員Aよりも専門性が高い分、相応のコストがかかるために十分にペイしない。欧州キャリアガイダンス論が1対1の支援は「労働集約的」であり効果的・効率的ではないと指摘する背景には、こうし

263

た事態も想定されている。

14　企業内キャリアコンサルティングの利用者について、その全体的なイメージを掴むのは一般に考えられている以上に困難を伴う。例えば、ある企業の相談室に年間何名が来室し、どのような問題を訴えたかという個別企業が把握する集計結果は存在する。しかし、それが日本全体としてどのような広がりを持っているのかという統計数値、調査結果は十分には整備されていない。これまでの散発的な先行研究結果および近接領域のストレス研究等の大規模調査結果等から、おおむね「中高年よりは若手、男性よりは女性」が概して企業内のキャリアコンサルティングの利用者層として多いことが経験的に知られている。その相談内容も、若手男性であれば仕事の向き不向き、適性、転職、若手女性であれば、それに加えて人間関係、結婚・出産等の問題が多いと言われている。しかしながら、これら対象層と相談内容の厳密な把握は今後の重要な研究課題である。

15　海外のキャリアカウンセリング関連の文献で、職業キャリアではなく職業以外の生活全体を含めたライフキャリアが強調され、最近では個人内のキャリアのみならず関係論的なキャリアが強調される場合があるのは、海外では「キャリア」の問題とは「個人の職業キャリアの問題」であることが自明であるからである。そのため、個人以外・職業以外との関わりでキャリアを考える可能性の指摘に意味がある。この点、もともと自然に人間関係も含めたライフキャリア全般を想定してしまう日本とは、常に議論が反転する側面があることは指摘しておきたい。

16　特に重要な論点となるのは、専門的なキャリアコンサルティングと上司・管理者による相談支援の機能分化のうち、具体的に何を専門家が担い、何を上司が担うかである。大まかには、日本的雇用システムが根強く残る現状を考えた場合、職場内の人間関係によく通じた上司・管理者による相談支援が中心となるべきと言える。しかしながら、一方で、労働政策研究・研修機構編（2010）では50代就業者に自らの職業生活上の危機を自由記述させた内容を分析した結果、「上司」という言葉が頻出することも明らかにした。すなわち、職業上の危機となる問題や課題は、まさに上司・管理者が原因になって生じている場合が多々あると考えられる。具体的には、上司によるパワハラ、過重な労働の強要などの重い内容のものから、仕事の進め方や方針の食い違いなどの比較的軽い内容に至るまで、様々な事態が想定される。特に、従業員構成が多様化している現在、上司部下と言えども共通の職業観・価値観で働くことは難しくなっており、上司・管理者による相談支援が十分に機能しなくなる場合も予想される。その場合、やはり専門的なキャリアコンサルタントのような第三者的な立場から相談に乗る存在は有効に働くこととなる。ただし、専門的な支援と上司による支援は相互に融合し、連携をとってこそ、うまく機能する事例なども多くあり（労働政策研究・研修機構編2015）、まさに今後の研究を要する論点である。

17　なお、今回、本章では企業内キャリアコンサルティングに焦点を絞って検討を行ったが、企業外への離転職を伴う個人のキャリアの問題・課題は、ここで論じた範囲外に一定の厚みをもって存在することが想定される。日本的雇用システムの議論を行うにあたって、日本社会全体の雇用の流動化をどのように評価するのか、また、その際の企業外のキャリアコンサルティングのあり方とはいかなるものかも今後の課題である。特に、転職でなければ解決しえないキャリア上の課題、また転職した方がより良く解決できる問題などを抱える個人に、キャリアコンサルティングなどの相談支援を提供する機会が十分にあるか否かなど検討すべき課題は多く残る。今後は、企業外のキャリアコンサルティングにも着目し、ハローワークなどの公共職業サービス機関との対比で検討していく必要がある。

【参考文献】 ※欧文アルファベット順、和文50音順

Borgen, W. A., Butterfield, L. D. and Lalande, V. (2013) "Career conversations in small- to medium-sized businesses: A competitive advantage," *Canadian Journal of Counselling and Psychotherapy*, No.47, pp.169-187.

CEDEFOP (2011a) *Career development at work: A review of career guidance to support people in employment*, Thessaloniki, Greece: CEDEFOP.

Crawshaw, J. R. and Game, A. (2015) "The role of line managers in employee career management: An attachment theory perspective," *International Journal of Human Resource Management*, No.26, pp.1182-1203.

Hirsh, W., Jackson, C. and Kidd, J. M. (2001) *Straight talking: Effective career discussions at work*, Cambridge, UK: The National Institute for Careers Education and Counselling (NICEC).

ILO (2006) *Career guidance: A resource handbook for low-and middle- income countries*, Geneva: ILO.

Kidd, J. M., Hirsh, W. and Jackson, C. (2004) "Straight talking: The nature of effective career discussion at work," *Journal of Career Development*, Vol.30, No.4, pp.231-245.

Kram, K. E. (1988) *Mentoring at work: Developmental relationships in organizational life*, Lanham, Maryland: University Press of America.

Maxwell, G. A. and Watson, S. (2006) "Perspectives on line managers in human resource management: Hilton internationals UK hotels," *International Journal of Human Resource Management*, No.17, pp.1152-1170.

OECD (2004) *Career guidance and public policy: Bridging the gap*, Paris: OECD.

Perry, E. L. and Kulik, C. T. (2008) "The devolution of HR to the line: Implications for perceptions of people management effectiveness," *International Journal of Human Resource Management*, No.19, pp.262-273.

Peterson, G. W., Sampson, J. P. and Reardon, R. C. (1991) *Career development and services: A cognitive approach*, Pacific Grove, CA: Brooks/Cole.

Russell, J. E. (1991) "Career development interventions in organizations," *Journal of Vocational Behavior*, No.38, pp.237-287.

Sampson, J. P. and Osborn, D. S. (2015) "Using information and communication technology in delivering career interventions," P. J. Hartung, M. L. Savickas and W. B. Walsh (eds.) *APA handbook of career intervention*, American Psychological Association.

石垣清一郎（1962）「わが国における産業カウンセリングの発展」『カウンセリング』3巻1号, pp.14-24.

伊東博（1966）『新訂カウンセリング』誠信書房.

伊東博（1967）『管理・監督者のためのカウンセリング入門』池田書店.

牛窪浩（1961）『監督者のための産業カウンセリング入門』ダイヤモンド社.

内山喜久雄編（1994）『産業カウンセリング』日本文化科学社.

木村周・下村英雄・古山善一・松原賀寿子・渡邉祐子（2007）『人を育てる中小企業』雇用開発センター.

下村英雄（2006）「最近のキャリアカウンセリング研究におけるコミュニケーション」『日本労働研究雑誌』No.546, pp.57-64.

下村英雄（2013）『成人キャリア発達とキャリアガイダンス──成人キャリア・コンサルティングの理論的・実践的・政策的基盤』労働政策研究・研修機構.

下村英雄（2016）「企業におけるキャリア開発支援の変遷と進むべき道」労務行政研究所編『これからのキャリア開発支援──企業の育成力を高める制度設計の実務』労務行政, pp.56-72.

杉溪一言（1963）『職場のカウンセリング──部下指導の心理と技術』誠信書房.

花田光世（2016）「キャリア開発の新展開」労

務行政研究所編『これからのキャリア開発支援——企業の育成力を高める制度設計の実務』労務行政, pp.10-55.

宮地夕紀子（2005）『企業内キャリア・カウンセリング実態調査報告書』CRL REPORT No.3, pp.81-104.

労働省婦人少年局（1967）『産業カウンセリング制度普及状況調査結果報告書』労働省.

労働政策研究・研修機構編（2010）『成人キャリア発達に関する調査研究——50代就業者が振り返るキャリア形成』（労働政策研究報告書No.114）労働政策研究・研修機構.

労働政策研究・研修機構編（2014）『欧州におけるキャリアガイダンス政策とその実践②職場でのキャリア開発——就業者を支援するキャリアガイダンスのレビュー』（JILPT資料シリーズNo.132）労働政策研究・研修機構.

労働政策研究・研修機構編（2015）『企業内キャリア・コンサルティングとその日本的特質——自由記述調査およびインタビュー調査結果』（労働政策研究報告書No.171）労働政策研究・研修機構.

高度専門人材の人事管理——個別企業の競争力の視点を中心に

第1節　はじめに

　いわゆる日本的雇用システムの議論においては、暗黙裡に、ライン管理職への昇進を期待されている従業員に対する人事管理を念頭に置いている場合が多かった。しかし、近年のグローバル化や技術革新の進展を背景として、高度専門人材は、企業の競争力を左右する重要な存在となりつつある。本稿では、これまで日本的雇用システムにおいて、筋目に違いがあると（先入観的に）みなされてきた高度専門人材の人事管理を紹介することで、日本的雇用システムを別の視角から捉えてみたい。

　企業経営にとってもっとも重要なことは、利益を確保し、企業活動を永続的に行うことにほかならない。いうまでもなく、企業は国際、国内を問わず競争を繰り広げている。その際に、企業にとって中核的な役割を担う人材を確保しているかどうかが重要になる。「2015年版中小企業白書・小規模企業白書」は、そうした人材を、「事業上の様々な業務において中核を担う人材、または特殊な資格や専門性の高い就業経験を有する即戦力たる人材」としている。ここでは次の2つに分けて考えたい。

　①経営戦略・企画立案、企業間連携、プロジェクトマネジメント等の役割
　　を担うことができる人材。
　②企業戦略上、必要欠くべからざる専門知識や技能を有する人材。

　上記に加えて、中核的な役割ではないものの、「特殊な資格や専門性の高い」人材を活用する場合（③）もある。これら、①から③を高度専門人材とみるならば、これらの使い分けは、企業のおかれた競争環境に大きく影響を受けることになる（図表補-1は、高度専門人材の類型と人材充足方法との関係を表したもの）。

図表補-1　高度専門人材の類型と人材充足方法

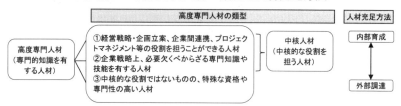

出所：著者作成。

　①には、企業の経営戦略・企画立案だけでなく、単一企業だけで遂行することが難しいプロジェクトのマネジメントや企業内の関係部門の連携をはかるといった専門知識や技能が求められる。つまり、企業経営の命運を握るといった、まさに中核的な役割を担う人材のことである。背景には、1990年代のICTの発展にともなう、企業間の水平的および垂直的提携関係の進展がある。ICTの発展は、1つのプロジェクトを遂行するうえで、複数の企業や個人が協力してあたることによる効率性の向上やイノベーションをうみだす水平的提携関係を進展させた。一方で、コストセンターというべき、非中核部門のアウトソースやM＆Aによる垂直的な提携関係も進んだ。このなかで、①に求められていることは、企業内外にわたり、幅広い専門知識と人脈をもとにした調整役および問題解決者としての役割である。したがって、このような役割に企業外の人材をあてることは容易ではない。提携関係は、水平方向と垂直方向の双方に存在するため、どの企業にとっても不可欠な人材である。

　②は、企業活動を継続するうえで根幹となる専門知識を有する人材である。他企業よりも強い競争力を発揮するためには、専門知識や能力だけでなく、それらをチームとしてまとめあげることで発揮される組織効率の高さが求められる。こうした人材およびチームは短期間で育成することは難しい。したがって、①と同様に企業外の人材をあてることは容易ではない。一方で、③は事業の1つとして本格的に取り組むことになる場合をのぞけば、企業外の人材に頼ることが組織効率の向上からみてふさわしい。

　つまり、企業にとっての中核的な役割を担う人材とは、単に高度な専門的

補論　高度専門人材の人事管理——個別企業の競争力の視点を中心に

知識を有するのみならず、将来にわたって根幹となる事業に必要な知識、能力を持つとともに、社内における連携を構築できることを第1段階（②）として、そのうえに社内外の広範な提携関係を調整できる人材（①）となる。その意味では、自ずと、①と②の中核人材は内部育成が主たる調達方法となる。一方、中核人材とは位置づけられない、③の専門知識を有する人材は、内製化するか外注化するかは組織効率上の観点から判断されることから自ずと外部調達（請負、企業連携を含む）によって活用される可能性も高くなる。

　本稿は、高度専門人材の①と②に着目し、第2節において日本企業（日本に所在する外資系企業含む）の高度専門職の人事管理の事例（主に②の中核人材）を対象として、その現状について考察し、第3節で海外企業（アメリカ）の人事管理の事例（主に①の中核人材）を取り上げる。ついで、日米の比較を念頭におきながらまとめとしたい。

第2節　日本企業における高度専門人材の人事管理——高度専門職を中心に

１　高度専門人材の人事管理

（1）組織の中での高度専門職

　近年、企業（組織）内のプロフェッショナルが注目されている。伝統的なプロフェッショナルの代表格である医師、弁護士にしても、現代では、その所属先は、自営もあるが大学病院や法律事務所など、組織に雇用されている場合が多い[1]。研究開発においても、日本では、研究者は大学や企業の研究機関に所属することが通常である。

　小池編（2006）は、現代のプロフェッショナルが組織（企業）に属することが通常となった理由として、「現代社会ではあつかう事柄がきわめて複雑になり、個人の力だけではなかなかこなせず、組織の力を活用しないとうまくいかなくなった」ことをあげる。その要因として、「大規模な実験施設、さまざまな分野の研究者の協力、長期にわたる活動をさせる資金」などをあげる[2]。

269

近代の組織社会では、高度な知識の専門分化が進むことで、組織に属する成員はそれぞれの専門領域を持つ傾向にある。このような高度に専門分化した組織社会において、高度で専門的な仕事をこなす技能開発はどのようになされているのだろうか。小池（2012）は、高度で専門的な仕事をこなす技能開発のためには、流動化（転職等）を通じるよりも、企業内部に定着化したほうが有利との推論を立てている。理由として、「技能の情報の非対称性」などをあげる。要約すると[3]、個々人の技能レベル（情報）は評価（企業であれば査定）を通じて社内に蓄積されるが、他企業からは高度な技能の真のレベルを把握しづらい。労働者が他企業に移動したいと考えても、その技能にふさわしいサラリーをうける確率は低い。企業外から評価した個人の技能レベルは誤差が大きいため、企業は採用者を過大評価して採用失敗をする可能性もある。結果的に、経験をつんだ人を果敢に引き抜く企業は減少する。労働者側はいま勤めている企業に昇進の見通しがあるかぎり、その企業にとどまることを選択する。つまり、個々人の技能レベルの把握において、情報の非対称性があることが、結果的に長期勤続の根拠としている。

　では、高度専門職の育成において、企業の人事管理はどのようになされているのだろうか。また、高度専門職の部門間異動や転職傾向に対する企業の認識はどのようなものであろうか。そこで以下では、当機構がこれまでに実施したヒアリング調査[4]をベースに、高度専門職に対する人事管理の状況についてまとめることとする（先述の図表補-1の②企業戦略上、必要欠くべからざる専門知識や技能を有する人材が中心となる）。また、本節の「2　中核的な役割として重要度が高まる組織間・個人間の連携」では、①経営戦略・企画立案、企業間連携、プロジェクトマネジメント等の役割を担うことができる人材が日本企業でもみられる点を紹介する（以下、ヒアリング対象企業と高度専門職の人事管理の概要については、図表補-2にまとめた）。

補論　高度専門人材の人事管理──個別企業の競争力の視点を中心に

図表補-2　ヒアリング対象企業と高度専門職の人事管理の概要

調査	産業	ケース名	採用方式	処遇制度	高度専門職の雇用区分（直接雇用）
2014年調査	銀行業	A社	新卒採用中心（職系・コース別で募集）	職階別職務等級制度	有期契約社員
	保険業	B社	新卒採用中心	役割等級制度	専門職制度
	証券業	C社	新卒採用中心	総合職A/B：職能資格制度　総合職C：年俸制	職務限定正社員（総合職C）
	証券業（外資系）	D社	新卒・中途双方重視（部門別採用）	年俸制	
	資産運用会社	E社	新卒採用中心	能力等級制度	
	情報通信業（外資系）	F社	新卒採用・中途採用は半々（職種別採用）	職務等級による格付	
	製薬業	G社	新卒採用中心（事実上、文理別の配置）	職能資格制度	有期契約社員
2012年調査	情報通信業（システム開発業）	H社	新卒採用中心	職能資格制度	有期契約社員
	製造業（オーディオ機器等製造）	I社	新卒採用中心（理系・文系の職種別採用）	等級制度	

出所：著者作成。

（2）高度専門職に対する企業の認識

　企業が考える高度専門職の職種とはどのようなものであろうか（図表補-3参照）。

　まず、高度専門職自体が限られるとする企業がある。例えば、保険業B社

図表補-3　高度専門職の職種と雇用区分

	正社員	高度専門職の雇用区分による雇用管理
保険業B社	法務部、内部監査部、保険数理室（アクチュアリー）など。	＜専門職制度＞役割等級制度・複線型人事制度上の「スペシャリスト」（調査役等）。法務部、内部監査部、保険数理室に調査役が多い。
証券業C社	＜総合職A/B＞トレーディング業務インベストメント・バンキング（M&Aアドバイザリー等）、ディーラー、トレーディング、リサーチ、営業、IT、財務、法務、人事など。	＜総合職C（年俸制の高度専門職）＞グローバル・マーケッツ、インベストメント・バンキング、リサーチ、ITなど。
銀行業A社	営業担当　資金調達・運用部門経営企画、財務企画、IT、リスク管理、コンプライアンス、ファンドマネージャーなど。	＜有期契約社員＞ディーラートレーダー
製薬業G社	R&D　営業（MR）管理部門（財務、人事、リーガル・コンプライアンス）生産（生産技術、購買（原材料）、品質管理）	＜有期契約社員＞R&D等

出所：著者作成。

271

の場合、高度専門職として、アクチュアリー等を挙げることもできるが、広範な人事異動を通じてゼネラリストとして人材育成している面が強いため、専門職自体が限られると考えている。B社では、採用後、ジョブ・ローテーションの過程で、いったん営業部門、保険系サービス部門（調査）等を経験し、将来的に専門部署に配置されることが通例である。保険業界で、高度専門職にあたる運用（ファンドマネジャー）、リスク分析を担うリスクマネージャーについては、グループ会社に一部移管している。高度専門職の業務を一部外部化していることから、同社ではより保険業務に特化したキャリア形成がなされている。

　一方、高度専門職が広範にいるとの認識を示す企業もある。図表補-3の高度専門職の職種をみると、まず産業ごとに特徴がみられる。例えば、銀行業や証券業であれば、アドバイザリー業務やディーリング、トレーディング、リサーチ、アナリスト等があげられる。製造業であればR＆D等があげられる。いわば業界の基幹業務にかかわる専門職種といえる。

　他方、基幹業務の高度専門職種以外で、各産業であげられている職種として営業職がある。とくに企画・提案型営業[5]を高度専門職と捉える傾向が強い。企業ごとに、広範で高度な商品知識が必要とされることや、顧客対応の多様性から、営業には高度な専門性が必要と考えられている。具体的には、証券業の営業は、株式売買で手数料収入を得るにとどまらず、多種多様な金融商品の提供や、顧客の多様なニーズ（事業継承、相続、税金対策、M＆A等）に個別に対応もしている（証券業C社）。

　基幹業務や営業以外の職種をあげる企業もある。具体的には、製薬業G社では、R＆D、営業（MR）以外で、管理部門（財務、人事、リーガル・コンプライアンス）、生産（生産技術、購買（原材料）、品質管理）——など広範にあげている。これについて、製薬業G社は、「社員一人ひとり（全社員）が高い技能・見識を備え、眼前の課題・難題に積極果敢に挑戦し、会社の発展・成長、ひいては社会に貢献していく『専門職（プロフェッショナル）』集団にならなければ会社は存続できない」と考えており、社員全員が専門職を目指す経営方針をとっている。

　以上を踏まえると、専門領域中心でスキルが形成される企業では、R＆D

補論　高度専門人材の人事管理——個別企業の競争力の視点を中心に

などの基幹業務だけでなく、営業職や財務・人事部門も含めた、社員全員を専門職として捉える企業がみられる。

（3）通常の正社員と分ける方式で人事管理をしている事例

　今回取り上げた事例の中には、高度専門職に対して職務限定の雇用区分を設けるなど、人事管理で通常の正社員と分ける方式をとっている企業がみられた（いずれも日本企業）。

　図表補-4によれば、(1)複線型人事管理制度（いわゆる専門職制度）（保険業B社）、(2)職務限定正社員（年俸制の高度専門職）（証券業C社）、(3)有期契約社員（銀行業A社、製薬業G社）——がみられた。(1)と(2)は正社員（無期）であるが、(3)は有期契約である。(1)が正社員共通の処遇制度の下で専門職制度を設けている。(2)と(3)は、高度専門職に着目した特別の雇用区分を設けている。

図表補-4　通常の正社員と分けた人事管理

高度専門職の管理	雇用期間	高給での処遇可能性 （成果変動給等）	事例
(1) 複線型人事管理制度（いわゆる専門職制度）	無期		保険業B社
(2) 職務限定正社員	無期	有り	証券業C社
(3) 有期契約社員	有期	有り	銀行業A社、製薬業G社

出所：著者作成。

　まず、保険業B社は、役割等級制度・複線型人事制度を採用しており、上位等級では、マネージャー（管理職層）、スペシャリスト（専門職層：本社のみ配置）、担当者（一般的業務に従事する者）に分かれる。役割等級制度であるため、まずはポジションありきだが、専門的業務に長期に就いた者のなかにスペシャリストとして調査役に就ける場合がある。例えば、アクチュアリー等の専門職を長期で続けている者のなかには、スペシャリストとして配属されている割合が高い。

　証券業C社は、正社員の雇用区分として、総合職A（転居を伴う転勤のある総合職）、総合職B（転居を伴う転勤のない総合職）、総合職C（年俸制の

273

高度専門職）──などがある。総合職Ａ／Ｂは勤務地限定の有無がかかっているかどうかの違いである。対して、総合職Ｃは、2000年代に買収した外資系金融部門の雇用等を承継した際に新設した雇用区分（いわゆる職務限定正社員）である。総合職Ｃは、正社員数の２割弱程度であり、グローバル評価により業績に基づき配分がなされ、高給の者がいる。調査時点で、総合職Ａ／Ｂからの転換や中途採用中心で人員確保されている。原則として部門を超えた異動はなく、入社後は、総合職Ａ／Ｂに転換することはできない。ビジネスユニットごとにポストがなくなる場合などは退職勧奨を行う場合もある。

　有期契約社員では、銀行業Ａ社（ディーラー、トレーダー）、製薬業Ｇ社（Ｒ＆Ｄ等）がある。有期契約社員は、高度な専門知識・技能を有した人材（市場プライスが高い人材）を採用することを目的に実施している。市場プライスが高い人材を中途採用する場合、職能資格制度体系で格付けると、処遇面で折り合いがつかず採用しにくいためだ[6]。例えば、金融系（銀行業Ａ社）では、１年ごとの有期契約で、達成度等を指標に年俸が決まり、達成度次第で高給の者もいる[7]。個別契約で所属組織、勤務地、職務の範囲が明確化されており、人事異動を前提としていない。正社員に比べて、雇用保障のレベルは低い。

　以上を踏まえると、高度専門職の雇用区分では、職務限定正社員や有期契約社員が通常の正社員よりも高給の処遇となる場合がある（反面、雇用保障のレベルが正社員より低い）。ただし、その人数は、正社員人数との対比では大多数というわけではない。

（4）通常の正社員と共通の処遇体系での人事管理の事例

　高度専門職は、職務限定正社員や有期契約社員で雇用することもできるが、全社員に占める比率では多いわけではない。したがって、企業は高度専門職を通常の正社員（総合職）として採用・育成し、共通の処遇体系（例えば、職能資格制度）で人事管理することが一般的であることがうかがわれる。以下では、通常の正社員と共通の処遇体系で管理している４つの事例（外資系証券業Ｄ社、資産運用会社Ｅ社、外資系情報通信業Ｆ社、製薬業Ｇ社）

補論　高度専門人材の人事管理——個別企業の競争力の視点を中心に

から、高度専門職の人事管理体系・異動、教育訓練、処遇、雇用保障の特徴について列挙する[8]（図表補-5を参照）。

まず、採用については、資産運用会社E社と製薬業G社はともに総合職一本の採用である。ただし、製薬業G社の場合、採用者が研究職と営業職の比率が高く、事実上、文理別の職種別採用・配置に近い。一方、外資系では、証券業D社が部門別採用、情報通信業F社が職種別採用で、採用権限は部門中心で、採用時から配置も決まっている[9]。

採用後の人事異動面をみると、日本企業では、新卒採用の場合、とくに新人の頃に、人事ローテーションを設けている企業がある。例えば、ローテーション人事が制度化されていない資産運用会社E社においても、若年層に対しては資産運用ビジネスの経験値を高めるために平均2～3年程度で異動を行っている（原則として入社6年目までは、さまざまな業務を経験するために、ジョブ・ローテーションがある）。特定の業務で適性があれば、その部門で長く勤務することもある。

また、製薬業G社の場合、研究開発の研究者は職種別の配置がなされるが、開発が軌道に乗った段階で、生産部門（生産技術）に異動することもある[10]。研究開発の知識・技能や経験は、生産工程や、研究開発と営業の境界部門（医薬品のレギュレーション部署）などでも活用できる。同社が、人事ローテーションを重視するのは、「成長に対する自己研鑽を怠ると、その専門性は陳腐化することから、企業が競争力を高め、存続していくためには（本人の努力にかかわらず）最先端の高度な専門知識・技能を有する人材に置き換えていかねばならない」との考えによる。ローテーションの頻度は、企業を取り巻く環境変化や個人のスキルの陳腐化に依拠するため、目安はない。つまり、いずれの企業も、基本的には専門領域をメインとした人事異動を実施していた。ただし、とくに日本企業では、キャリア形成上の幅出しやスキルの陳腐化への対処の観点から部門間異動を行う場合がある。ローテーションの頻度は、高度専門職になるほどその専門性の高さや市場動向に応じて不定期になりやすい傾向にある。

高度専門職の教育訓練では、企業側の教育支援と労働者の自発的能力開発の双方が必要との考えで共通している。高度専門職の場合、専門性を高める

275

図表補-5　通常の正社員と共通の処遇体系での高度専門職の雇用管理の事例

ケース	日本企業		外資系	
	資産運用会社E社	製薬業G社	外資系証券D社	外資系情報通信業F社
人事管理体系・異動	人事体系は、能力管理体系の総合職採用を中心に、新卒採用として入社6年目までは、様々な業務を経験するためにジョブ・ローテーションを実施する。その後、適性をみながら、配置。特定の業務で適性の高い人は、その部門で長く勤務することもできるが、専門性を重視しつつも、職種を固定化しないのは、配転しやすいというメリットを考えてのことで、運用から営業に異動となるケースもある。	採用後は全社員に対して人事ローテーションが設けられており、専門領域に応じて配置転換があり得る。研究領域では、新薬を創るための探索的研究、商業生産のためのパイロット研究、安全性生産（動物への投与実験）、臨床研究（ヒトへの投与試験）がある。研究開発の知識・技能や経験を重視することから、生産工程から研究開発は、生産工程から研究開発部門（医薬品のレギュレーション部署）等でも生きることから、個々のナレッジを有効に活用してもらえる社員を有効に活用している。	部門別の事業運営（LOB）が基本。昇進構造は、アソシエイト→アソシエイト→ヴァイス・プレジデント（VP）→エグゼクティブ・ディレクター（ED）→マネージングディレクター（MD）。非管理監督者はアナリストのみで、アナリスト以上は管理監督者となる。異動については、「本人のニーズによって、ビジネスニーズを折衝し、要望ごとに、収益スタッフ人員などの営業的業務や部門などの管理専門業務の比重を高くするなどの必要性の事案が発生する。役職による必要に応じて異動。要望ごとに人事ローテーションなどの定期的ローテーションはない。	職務記述書が重要度、職務の重要度・困難度に応じて格付（等級）がなされる。採用は、通常、新卒の新入社員は「社歴＝1年間」では始まり、その後、等級6（一般職）を経て、等級7以上が専門職となる（最高が10等級）。採用後の人事異動については「本人の希望」とし、世界中の社員に公開されている求人情報を自ら見て、異動を要望する制度も整っている。定期的な人事ローテーションなどの決まりはない。
教育訓練	教育訓練については、企業による能力開発、自発的な能力開発を併用する企業側も、OJT以外に年次・職位ごとに集合研修を実施。一方で、社員自ら自分に足りないものの開発会を提供している。新卒・中途関係なく、労働者の自発的な能力開発中心のキャリア形成がなされており、社外・社外に通用する専門性を自ら目指すための支援制度も整備。国内外の大学への留学制度も整備。	教育訓練については、専門性を高めてもらうことを主眼におき、キャリア形成を求めているが、企業側でもそのための能力開発機会を提供している。新卒・中途採用では、新卒採用は自分の能力開発中心のキャリア形成がなされており、社外・社外に通用する専門性を自ら目指すことを社員に求めている。	教育訓練については、新卒採用では、2週間程度の新入社員を受け入れた後は、現場に即応した、本人の自発的な自律的な成長をベースにOJT中心の教育訓練がなされる。アナリスト卒・中途採用では、基本的な導入研修（1.5か月）と実施される。海外研修の主体は、企業と本人の双方向性にある。	教育訓練については、所属長と直接的なコミュニケーションを通じて実施。会社は、本人の自発的な成長をキャリア形成を積極的に支援する立場、メンター、キャリアカウンセラーなどに相談することとも可能。
処遇	能力等級制度も共通、基本的な評価体系は社員共通、ファンドマネージャーの一部については、より定量目を重視した処遇体系を採用しているため、成果が上がれば他の職種よりも処遇水準が高くなることがある。	職能資格制度で、全社員が共通に処遇されている。ただし、研究職については別途、発明報奨（新薬申請達成等）とインセンティブ制度（新薬申請達成等）を設定している。	グローバルで管理されている各国との賃金テーブルがあり、役職・職種ごとに賃金レンジが定められている。高度専門職については、他部門（例えば、事務部門）に比べて、賃金のベースが高く、賃金面でも予算配分が高い。	処遇面では、職務等級によって範囲（給与レンジ）が決まっている。職務に求められる業務の重要度・困難度によって等級が決まる。

出所：著者作成。

補論　高度専門人材の人事管理——個別企業の競争力の視点を中心に

には本人主導の側面が必要であり、企業側は積極的に支援する立場にある。企業側の教育体制面では、OJTを中核と捉える点も共通している。

　処遇面では、職能資格制度・目標管理制度など、全社員共通の社内資格に基づく評価・処遇制度[11]を有している（職種によって処遇に違いがない[12]）。ただし、特定の職種での処遇の決め方（評価指標）によって、結果的に職種間で処遇水準に差が出る場合はある。例えば、資産運用会社E社では、基本的な評価体系は社員共通であり、職種で違いはないが、ファンドマネージャーの一部については、より定量項目を重視した処遇体系を採用しているため、成果が上がれば他の職種よりも処遇水準が高くなることがある。また、評価・処遇制度は全社員共通だが、高度専門職に対して、特別のインセンティブ（手当等）を設ける企業もある。

　高度専門職が他の職種に比べて転職傾向が高いかについては、高度専門職であるからといって、転職率が高いとの認識はない。具体的には、①産業（例えば、金融系）で転職率が高い業界があるとの認識である（転職傾向は職種間ではなく産業間で違いがある）。また、②労働者の価値観の多様化（若年層などの価値観の多様化）で転職傾向の強い層がいる、③高度専門職の高スキル保有者（例：証券であれば、専門スキルに加えて営業経験を積んだ者等）のなかに、転職マーケットの大きさによって転職する者がいる、④企業側と本人の評価でのミスマッチ層（低評価を感じる層）や内部昇進の見込みが立たない者の中に転職する者がいる——などの指摘もみられた。

　では、企業側の労働者に対する雇用保障面ではどうであろうか。普通解雇の事例（勤務成績不良者に対する解雇）[13]でみてみる。まず、日本企業、外資系企業ともに解雇という手段を極力避ける点で共通している。外資系企業でも日本の法制（解雇権濫用法理や整理解雇の4要件等）を熟知しており、仮に普通解雇が必要と考える場合にも、解雇よりも退職勧奨や合意解約を目指している。

　そこで、目標管理制度で低評価の場合の対処[14]についてみると、日本企業では、賞与への反映によって対処される場合が多い。一方、外資系企業でも、低評価の社員が出た場合、まずは賞与や昇給の支給がなくなる等の処遇の見直しがなされる。しかし、限られた事例ではあるが、外資系企業では低

277

評価が続く場合、トレーニングや定期的なミーティングを設けて改善機会を付与していた（業務改善プラン（PIP）の提示）。

　例えば、外資系証券業D社では、PIPで改善が見込まれない場合、退職勧奨が行われることがある（従業員と会社の双方の合意による退職を目指す）。ただし、ジョブポスティング制度があることから、業務内容が合わない場合の異動も可能であり、そのためのサポートもしている。退職勧奨の際の再就職支援制度も整備している。外部のコンサルタント会社と契約しており、退職勧奨をして、本人も了解した場合には、再就職支援会社を紹介する仕組みである（費用はD社負担）。同社は、専門職の部門間異動がほとんどみられないが、これは雇用保障の希薄さと裏腹の関係にあることが示唆される。

　以上を踏まえると、高度専門職の採用・配置・育成面では、日本企業・外資系企業いずれも、専門性を重視した人事管理がなされている[15]。とくに教育訓練では、専門性が高くなるほど、現場（部門）中心のOJT教育・内部昇進が主軸となる。専門性の高さゆえ、OJTにより実務経験を積むことが最適な教育方法のようである。その一方で、労働者本人主導の自己研鑽も求められている。

2　中核的な役割として重要度が高まる組織間・個人間の連携

（1）高度専門職に求められるスキルとしての組織間・個人間の連携

　先述のとおり、高度専門職の採用・配置・育成面では、専門領域を中心にスキルが形成される。そして、勤続が伸び、内部昇進をするとともに、狭い専門領域のみを担う段階から、他部門（製造であれば研究から開発業務への異動）や、外部（顧客や取引先）との営業・渉外業務をこなすスキルが求められてくる。

　組織内にとどまらず、組織間・企業連携の役割を担う人材は、冒頭の図表補-1で示された、「①経営戦略・企画立案、企業間連携、プロジェクトマネジメント等の役割を担うことができる人材」といえる。つまり、企業が求める専門性のなかには、自社の基幹業務にかかわる専門性だけでなく、顧客ニーズを踏まえた商品開発の立案や、企業間連携を通じた取引先企業との渉外業務やマネジメント力も求められる。例えば、先述の情報通信業F社で

補論　高度専門人材の人事管理——個別企業の競争力の視点を中心に

は、昇進し管理職になるに従い、管理業務は直属部下だけでなく、外注先
企業との取引関係にも及ぶ。管理監督者層には、部下がいるライン専門職
（例：部長、課長等）とそれ以外のスタッフ専門職（業務管理型の管理監督
者）がいる。実際の業務はプロジェクト単位で遂行されることが多く、プロ
ジェクトマネージャー（PM）がプロジェクトを管理している。

　IT系では受注に応じたプロジェクト管理が一般的である。プロジェクト
での外部委託比率が高い場合、正社員に求められるスキルには、設計という
専門性だけでなく、企画立案や渉外業務、予算管理、マネジメント力も必要
となる。次の事例は、専門性のある協力会社と協業してシステム開発をして
いる企業事例である（図表補-6）。

**図表補-6　企業連携でマネジメントスキルが求められる事例
システム開発会社H社（中堅規模）**

　システム開発会社H社は、ユーザー企業の様々な課題について、コンサルティングを基にシステム開発をする企業。受
注案件に応じて、プロジェクトを組み、発注元、元請、協力会社など多様な主体がシステム等を作り込む。正社員（SE等）
中心の企業だが、請負会社の社員も、同社施設内で働いており、その比率は、正社員：請負会社の社員＝3:1。協力
会社は200社。協力会社のなかで、各社の得意分野や経費等を考慮して発注先が決まる。
　通常、事業部（部門長）の下、プロジェクトリーダー（正社員）が受注したプロジェクトの責任者となる。正社員が上
流工程（要件定義、基本設計）を担う割合が高く、請負会社の社員が下流工程（開発、運用）を担う割合が高い。
派遣や請負などの外部委託の比率を上げることは、売り上げ・利益を伸ばすことにつながることから、外部委託比率を高
める方針にある。同社では、請負会社の社員等の外部人材に対して、技術力や勤務態度等の評価項目について、全社
共通の評価基準で行っている。事業部門が派遣社員や請負会社の社員を採点し、よい点数が出てくれば、派遣会社や
協力会社との継続取引が続く。これにより評価の高い企業（派遣会社、協力会社）が継続取引をして残存する。

出所：労働政策研究・研修機構編（2014）所収のP社の事例。

　H社の事例は、高度専門職に求められるスキルが、SEの専門性だけでな
く、企画立案や渉外業務、予算管理、企業連携のマネジメントに及ぶことが
うかがえる。同社は、プロジェクトで協業した請負会社の社員の技術力を評
価することで、会社の継続取引の参考にしている。外注先企業は、その専門
性に応じて、優良な企業ほど継続取引をすることとなり、企業間関係は長期
的な関係性を有する面がある。

（2）市場変化・技術革新に対応した専門性の維持・変革
　企業は、市場変化・技術変化に合わせて、自社の基幹業務にかかわる専門

279

性を変化させていく必要にも迫られる。とくに、R＆Dのように新発見・新発明・新技術が起こりうる分野では、専門性の陳腐化が避けられない面があり、企業（組織）・労働者双方が対応を迫られている。新発見・新発明・新技術は自社内で起こるとは限らないため（むしろ、社外（研究機関・大学等含む）で起きる可能性のほうが高い）、技術変化や市場の動向に耐えずキャッチアップできる体制が重要となる。

例えば、先述の製薬業G社はもともと、新卒採用育成型を基本としているが、十数年前より広く労働市場から人材を獲得するキャリア採用（中途採用）も併用するようになっている。定期採用を重視しているものの、育成してきた研究者等の専門分野も陳腐化する可能性があるためだ[16]。次の事例は、機械メーカーがIT・ソフトの技術革新に対応し、不足する専門人材を派遣労働者で確保した企業事例である（図表補-7）。

図表補-7　技術変化に対応し、特殊技術精通者を確保した事例
大手製造業I社（オーディオ機器や移動通信機器などの製造）

大手製造業I社は、情報通信技術の革新のなかで、オーディオ機器や移動通信機器などの製品に特化していった企業。比較的新卒採用中心。技術部門は、メカ系、電気回路系、ソフト系——の3つのグループがある。ただし、メカ系、電気回路系であっても、そのほとんどがソフト系の業務に携わっている。オーディオ機器は、従来であればメカ系や電気回路系の技術さえあれば機械は駆動した。しかし、近年、技術革新により、機械を動かす制御機構としてソフトウェアが欠かせなくなっている。さらに、情報通信技術の進化により、オーディオ機器は単に音楽を聞くための道具ではなく、移動通信機器の要素を深め、データセンターとやり取りをする「情報を出すための道具」の位置づけに変化しつつある。

同社は、市場での情報通信技術の変化を絶えず吸収する形で進化していく傾向にあり、従来、自社内で蓄積してこなかった技術を製品開発に求められることも増えている。例えば、スマートフォンでのAndroidの普及率が高くなってくると、同社内部にそのような特殊技術に精通している者がいるわけではないため、外部労働市場からこれらの特殊技術に精通している者を確保する必要がある。このような特殊技術の保持者を公募等の手段で確保することは難しく、同社の場合、派遣会社の紹介や、業務委託会社を通じて確保することが多い。また、取引先での仕事の経験者（取引先との仕事の仕方・技術に精通し、同社の技術部門でも不足している人材）も正社員転換されやすい。不足する技術を伸ばしたい場合に、外部人材であっても「抱え込みたい」との技術部門のニーズがある。

出所：労働政策研究・研修機構編（2014）所収のC社の事例。

製造業I社は、もともとはオーディオ機器等を製造していたが、近年のICTの技術革新により、ソフトウェア技術が欠かせなくなっている。ICTの進歩[17]は、製品市場に影響を及ぼし、I社は、ソフト系での最新の技術を随時吸収する必要性に迫られている。外部労働市場からこれらの特殊技術に精通している者を確保する必要があるが、特殊技術の保持者を公募等の手段で

補論　高度専門人材の人事管理——個別企業の競争力の視点を中心に

確保することは難しく、同社の場合、派遣会社の紹介や、業務委託会社を通じて確保することが多い。特殊技術保持者や取引先の業務に精通する者など、社内で育成できないスキルを有する人材で、今後、その技術を伸ばしたいと考える場合、外部人材を「抱え込みたい」とのニーズがある。

　先述のとおり、企業は、特殊な資格や専門性の高い人材を有期契約等で高給（成果変動給）で雇うことや、特殊技術を有する派遣労働者を配置すること、また、協力会社の社員と企業連携することなど、多様な選択[18]をすることができる。これらの製造業の事例は、技術革新や市場の変化を踏まえ、社内で育成できない技術・スキルで、自社で当該技術・スキルを伸ばしたいと考える場合、中途採用（非正規社員の登用含む）で取り込もうとする傾向も示している。

第3節　アメリカ企業における高度専門人材の人事管理—— 中核人材を中心に

1　人事労務管理から人的資源管理へ

　アメリカ企業の人材管理を考える場合、中途採用中心で、一人ひとりの職務範囲が厳格に定められており、報酬は市場横断的な職務給であり、評価は成果に基づくとともに専門性を重視した昇進・昇格、自己責任に基づく能力育成、短い勤続年数、総額人件費や経営戦略に柔軟に対応した人員管理をしているというようなステレオタイプがある。たしかに、アメリカ企業と日本企業はそれぞれがよって立つ社会や経済システム、教育制度、熟練の形成具合、労働組合と使用者の関係といったものが異なる。だが、企業間の競争環境において、一人ひとりの能力を企業経営へ結集させるという目的に相違はない。

　アメリカ企業の人材管理は、1980年代に人事労務管理から人的資源管理へと変わって以降、戦略的人的資源管理、そしてタレントマネジメントへと移り変わってきた。人材管理からみた競争力のあり方は時代により変化し、労働者を集団として管理することから、労働者個人の自己実現欲求に働きか

281

けるとともに、企業目的に労働者の目的を同一化することで協働へと促していくことへ移行している。内実は日本からステレオタイプ的にとらえた姿と同じではない。変化の背景には、1980年代の日本企業によるアメリカ市場への進出がある。自動車をはじめとした日本企業がアメリカ市場を席捲したことで、日本企業の研究が行われた。その結果、組織効率の高さが日本企業の競争力の源泉であることが明らかになった。日本企業との市場競争のうえで同様の組織効率をみにつけるために、労働者を集団として扱う人事労務管理から、労働者個人に働きかける人的資源管理へアメリカ企業は移行してきたのである。

　人材管理が競争力の源泉になりうるとの認識がアメリカになかったわけではない。労使関係上の理由により、労働者を集団として扱う人事労務管理が優勢だった。その点において、アメリカ企業と日本企業は競争力の前提が異なっていた。しかし、1980年代以降の日本企業のアメリカ市場での躍進により、組織効率の高さが競争力の源泉と認識されて以降は、日本企業もアメリカ企業も、その方向に向けた人材管理へと収斂してきた。かつては国や地域によって異なっていた競争力のあり方は、経済のグローバル化の進展により、似た方向へとシフトしてきている。この点に関し、先行研究は日本で一般的にとらえられてきた画一的な人材管理ではなく、多様性のある姿を示している。

　Katz（2000）らは、「収斂する多様性——雇用システムの世界的変化（*Converging Divergences-Worldwide Changes in Employment Systems*）」で、世界の雇用管理の変化に関し、米国、オーストラリア、ドイツ、イタリア、スウェーデン、イギリス、日本の7カ国調査を行った。その結果は、労働組合のある組織で「伝統的ニューディール型」「対決型」「ジョイントチーム型」、労働組合のない組織で「官僚型」「低賃金型」「人的資源管理型」「進出日系企業型」として整理された（図表補-8）。

　「伝統的ニューディール型」は、労使共同で運営する苦情処理制度、長期間の勤続年数を基準にしたレイオフや昇進の手続き、詳細で多岐にわたる職務区分、制度化・慣習化された団体交渉手続きをもつ人材管理であり、「対決型」は、労働組合と使用者の間に制度化された団体交渉手続きがないか、

補論　高度専門人材の人事管理——個別企業の競争力の視点を中心に

図表補-8　多様化する雇用管理

労働組合の有無	類型	競争力の源泉	雇用管理の特徴
あり	伝統的ニューディール型	フォードシステム	制度化、公式化された交渉により労働協約が厳格に管理
	対決型	低賃金・アウトソース	労使対決型
	ジョイントチーム型	組織力	労働組合が経営に協力
			職務区分の削減、大くくりの職務範囲、知識連動給
なし	官僚型	フォードシステム	労働協約に準じた制度化、公式化
	低賃金型	低賃金・アウトソース	低賃金
	人的資源管理型	組織力	知識・技能給、従業員間の情報共有の促進、問題を早期に発見して解決する苦情処理手続、チームワーク方式、長期勤続を前提とした雇用安定、充実した福利厚生
	進出日系企業型		

出所：Katzら（2000）により著者作成。

そもそも労働組合との交渉に使用者側が応じないものである。「ジョイントチーム型」は、職務区分を削減するとともに1人当たりの職務範囲が大くくりで、従業員による自律的な作業グループの導入、知識連動給の採用、労働組合による経営上の意思決定参画を通じ、労働組合と使用者がともに企業競争力向上にむけて協力する。

「官僚型」は、労働組合のある組織のホワイトカラー従業員や管理職を対象として整理され、労働組合員を対象とした労働協約に影響を受けて制度化された仕組みをもっている。「低賃金型」は、低コストを競争力の源泉に置くため、臨時雇用もしくは個人請負を活用するとともに、短期間での離職、限られた昇進機会といった管理を特徴とする。

「人的資源管理型」は、従業員個々の働きがいに訴え、組織効率を高めることで企業競争力の向上を目指すが、そのために知識・技能給、従業員間の情報共有の促進、問題を早期に発見して解決する苦情処理手続、チームワーク方式、長期勤続を前提とした雇用安定、充実した福利厚生を特徴とする。「進出日系企業型」は、作業の標準化と問題解決型チームの導入、年功と業績に連動した賃金体系、比較的に強い監督者権限を特徴とする。

これらの類型が示すのは、調査時点の1990年代後半に、アメリカ企業の人材管理が、日本で一般的に考えられてきたステレオタイプ的なものと異なり、はるかに幅の広いものだったということである。

もう1つ重要なことがある。1990年代から2000年代にかけてのICTの発

達である。これにより時間や距離を意識することなく、プロジェクト単位で
必要なときに必要な能力やリソースを外部から調達するという、企業間や個
人間の水平的提携関係が進んだ。一方で、垂直的提携関係も進展した。グ
ローバル企業は世界規模でM＆Aを加速させるようになっているが、買収し
た企業を本体に統合することはまれである。環境の変化にあわせていつでも
切り離すことができるようにすることを意図している。非中核的部門の外注
化の動きも加速し、下請け企業だけでなく、個人請負労働の活用も進んだ。
　こうした状況を具体的な事例を通じてみていくこととしたい。

2 中核的な役割として重要度が高まる組織間・個人間の連携

　2015年に現地調査を実施したアメリカ企業4社（製薬企業J社、航空機製
造業K社、グローバル展開をする人材ビジネス業L社、日系企業を中心に米
国内で事業展開する企業を顧客とする人材ビジネス業M社）と2013年に日
本国内で調査を実施した日本進出アメリカ企業5社（家電・照明、ソリュー
ション、石油精製プラントの施設設計等、発電・水処理、医療用検査機器・
試薬等、航空機エンジン、電気機関車、鉱物掘削システム法人向けのリース
や融資事業をグローバルに展開するN社、エレクトロニクス、輸送、住宅・
建築、通信、農業、栄養食品、安全・防護、アパレル分野などでグローバル
に事業を展開するO社、経営コンサルティング、ITサービス、アウトソー
シング・ビジネスを扱う企業P社、消費者向け製品、医療機器・診断薬、医
薬品の開発・製造・販売を主たる事業内容としグローバルに展開する企業Q
社、会員制の食料品・日用品小売店舗を世界数か国で展開するR社）を取り
上げよう。

（1）主たる事業を有する企業の中核人材

　K社は航空機の研究開発および組み立てにおいて複数の日本企業と水平的
な提携関係を構築してプロジェクトを展開している。主として担うのは、経
営戦略の策定と販売、工程管理、納入された部品の組み立てであり、プロ
ジェクトのなかで水平的提携関係にある複数の企業体の組織効率の最大化を
はかっている。提携関係においては、①経営戦略・企画立案、企業間連携、

プロジェクトマネジメント等の役割を担うことができる人材、②企業戦略上、必要欠くべからざる専門知識や技能を有する人材、中核的な役割ではないものの、「特殊な資格や専門性の高い」人材（③）の、３つの人材すべてを必要とする。中核人材として据えるのは①と②であり、②の一部および③は提携先企業に求める。採用は、一般的には人材ビジネス企業を通じて行っている。しかし、①や②のように企業で中核的な役割を担う人材を外部から調達することは難しいため、新規学卒採用により優秀な人材の早期の囲い込みにとりくんでいる。そのために、特定有名大学の学生だけを対象にした就職セミナーや、採用を前提としたインターンシップの受け入れを行っている。

　職務設計は、提携先との調整を前提としたものへと変更してきている。具体的には、2000年代に入ってすすめた職務数の削減による職務範囲の拡大や従業員間の連携を高める仕組みの導入である。労働組合員も例外ではない。こうした取り組みをTask Oriented JobからTalent Oriented Job[19]への転換とする。Task Oriented Jobとは限定された範囲をこなすだけで良いとする職務のことを指す。競争力の源泉は、プロジェクト単位の企業間連携をとりまとめることであるため、一人ひとりが限られた範囲の職務にとどまることでは対応できない。Talent Oriented Jobは、組織力向上に資する一人ひとりの能力の管理に基づいた職務のことをいう。

　Talent Oriented Jobへの移行により、評価の仕組みも変化した。設定した目標の達成度合い、潜在能力に関する行動評価、コミュニケーション・コラボレーション能力の３点で測る。個人にとどまらず、組織としての成果に重点を置くことで、組織間、個人間の連携を促すようになったのである。

　ついで、製薬企業J社をみてみよう。

　J社は、創業以来、主力製品に特化した製品開発と販売、営業活動を展開してきた。主力製品の研究開発を担う技術者が競争力の要だが、研究開発から製造、コスト管理、営業、販売にいたるプロジェクト全体を横断的にマネージできる人材が中核的な役割を担う。その一方で、パイロット的な事業として行う新薬の開発などの場合には、将来にわたって事業の柱の１つとして取り込むかどうか不透明なため、その分野の技術者との契約は短期間と

し、主力商品となりうると判断を下したときのみ、長期的なパーマネント契約に切り替えるとの判断を行う。

採用は、K社と同様に人材ビジネス企業を通じた職種別採用に加えて、特定の大学を通じた新規学卒採用を行っており、セミナー開催などを通じて、学生のうちに囲い込んでいる。新規学卒採用を行っている理由は、企業文化を早期から浸透させることとともに、部門を超えた広範な経験に関する教育を早期から行うことにある。

採用した従業員の初任給は、博士、修士、学士といった学歴で変わることはない。職種別で採用するために、その職種に張り付いた賃金が基本になっている。採用後の配置は、中核的な役割を担う人材を育成することをにらみ、広範な経験を積むことを意識している。異動は表面的には従業員本人の意思が尊重される仕組みになっている。自己診断シートを使って従業員の積極性や指向性などを定期的に確認しているが、このシートは参考として使われるのにとどまる。実際には、指導役となるメンターと上司、人事担当者から従業員にとってふさわしいキャリアモデルが提示される。技術者であっても、財務や企画などへの異動により、上位職位や役員としての昇進の道が将来的にある。最終的な判断は本人に委ねているようにみえながら、示されるキャリアモデルどおりに異動することが暗黙裡に求められている（図表補-9）。

提示されるキャリアモデルは、表面的な制度からはみることができない。

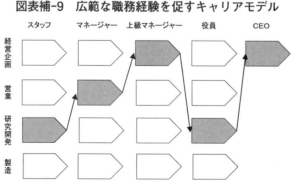

図表補-9　広範な職務経験を促すキャリアモデル

出所：聞き取りをもとに著者作成。

補論　高度専門人材の人事管理──個別企業の競争力の視点を中心に

広範な職務を経験させるための配置転換やジョブ・ローテーションは、制度にはあらわれない運用で行われているのである。J社は、経営企画、収支計算、営業、研究開発、製造といった企業が有する機能の有機的な連携を競争力の核に置く。こうした従業員は、グローバルレベルでの活躍が期待され、世界規模での異動がある。勤務時間は朝10時頃から夜遅くまで続く長時間になっている。一方で、グローバルレベルで活躍が期待されるわけではなく、地域限定で異動がない従業員も存在する。子育てや介護、配偶者の仕事との調整などの関係から、勤務時間は朝6時から夕方3時までと固定されている。本社には、創業者が勤続25年の従業員に対して贈ったという大型の柱時計が展示されている。この柱時計は、J社が従業員の長期勤続を奨励していた証しであり、現在もその伝統は受け継がれている。

　一方で、中核的な役割ではないものの、「特殊な資格や専門性の高い」人材を、期間を定めた雇用契約もしくは、仕事単位の請負契約で活用している。全従業員のうち約6％が期間契約従業員で、約5％が派遣労働者である。製造現場等における業務の繁閑の差を調整することおよび、試験的に行う新薬の開発がその目的である。継続的に商品ラインナップに加える場合は、パーマネントへ切り替えるが、そうでなければ、契約は更新されない。

　職務設計については、2005年以降、職階数を減少させつつあり、2010年の8もしくは9の階層から2015年時点で7階層になっている。その理由は、意思決定速度を速めることと経費削減にある。成果、コラボレーション、コミュニケーションを3つの柱として、5段階で評価が行われ、コア・ポテンシャルと呼ぶ潜在能力を重視する。病気で休んでいる従業員の仕事をほかの従業員がカバーする文化もある。

　Q社は、消費者向け製品、医療機器・診断薬、医薬品の開発・製造・販売を主たる事業内容としグローバルに展開するが、日本国内で研究開発を行っておらず、営業活動が事業の中心となっている。従来は事業部主導で採用を行っていたが、近年は人事部門が包括的に採用を行っている。その目的は、関連企業や異なる事業部、部門、国など、どのような場所でも活躍できる人材を採用することにある。

　評価は、「個人の成果」とその成果を達成するために発揮した「能力」と

287

いう2つの軸ではかられる。「能力」は、顧客・市場・地域社会ニーズの把握、イノベーションの推進、リーダーシップの開発と人材育成の促進、チームワークの醸成と促進、という4つであり、やはりここでも、組織間・内の連携が意識されている。

R社は、会員制の食料品・日用品小売店舗事業を世界数か国で展開している。仕入先企業との関係から、連携の構築は競争力の1つである。また、社内のネットワークや知識を活用することで、組織内の連携を高めている。空きポストの充足には、社内からの公募と外部からの採用の2つの方法があり、外部からの採用は、新規学卒採用と経験者を対象にした職種別採用である。なお、新規学卒採用の場合はR社での大学生時代のアルバイトなどの勤務経験が必要となっており、外部同様に経験者採用である。

賃金は、スタッフ職は時給、管理職は年俸制となっている。スタッフ職はフルタイム、パートタイムの別なく勤続1,000時間毎に昇給し、フルタイムの場合は最短3年半で最高額に達する。職務グレードに基づく賃金制度はグローバルで共通している。賃金上昇と年齢の相関関係は低く、家族手当や扶養手当、通勤手当などの付加給付はない。

配置は、社内公募と辞令の2種類による。昇格のための社内公募は同一部門内で行われる。辞令による異動はマネージャークラスに対するものであり、経営上の必要性に基づいている。スタッフ職が管理職以上に昇格するためには、部門を超えた広範な職務経験が求められる。そのため、昇格を目指す従業員は、自らの意思で広範な部門の職務を経験しようとする。

（2）複数の事業に展開するグローバル企業の中核人材

N社は、グローバル規模で、家電・照明、ソリューション、石油精製プラントの施設設計等、発電・水処理、医療用検査機器・試薬中核人材等、航空機エンジン、電気機関車、鉱物掘削システム法人向けのリースや融資事業を展開する。

2000年代に入り、グローバル規模でM＆Aを加速させている。買収した企業は、本体に吸収せずに、そのままの法人形態を継続させている。賃金水準は現地基準に引き直すとともに、グローバルで統一された評価基準をもと

にして、職位の格付けの見直しを行っている。優秀な人材は、本人の意向により本体に転籍させることもあるが、反対に格付け見直しによって上位職位から降格になることも珍しくない。

　Ｍ＆Ａは経営環境の変化にともなう提携関係の解消が念頭におかれるとともに、中核人材には提携関係をつなぐ役割が求められている。

　採用は、それぞれの事業部門の求める人材と人数に関してニーズを調整しつつ、各国の総括採用本部が行っている。一方で、配置はグローバル規模で統一管理が行われており、空いているポストは社内イントラネット上で公開して募集している。従業員はグローバルに共通の賃金バンドで管理されており、直近上位のバンドであれば、世界のどのポストでも応募することができる。

　職務のグレードは６階層で、職務難易度、責任の重さに基づき、序列が決まっている。職務グレードはブロードバンドとなっており、そこに賃金レンジが対応している。賃金は基本給と賞与に分かれ、スタッフ職には賞与はない。年収に対する賞与の割合は、部長職で15％ほどである。基本給は職務内容と成績に基づいて設定されている。

　国・宗教・階級・人種・性別・年齢を問わず、すべての従業員に公平に機会を与えるとともに、「グローバルレベルの課題に関する興味と知識を持つ」、「不確実性への適応力、戦略と目標の連結力、決断力」、「革新的なアイディアを生み出して実現する、成功と失敗から学ぶ、スピードと簡素化を促進する」、「反対意見やアイディアを謙虚に受け入れる、他部門と協力し業務を行う、個人や文化の違いを尊重する、社員の経営参加を促進する」、「自らの専門領域に経験と実績に基づく信頼を得ている、自己研鑽と他者の育成、テクノロジーの活用」、「グローバルレベルの組織統合性（＝インテグリティ）」という評価基準のもとで、上司との協議により具体的な個人目標が設定され、それをどれだけ行動に移したかが評価される。個々の従業員には職務記述書があるが、職務範囲と目標設定、評価との関係性は低い。実際の評価基準は、企業内外の連携をどれだけ促したか、自分だけでなく他の従業員の能力をどれだけ高めるように努めたか、企業経営にどれだけ積極的に参加したか、という３点が重視される。職務記述書はある程度の職務範囲の

目安を従業員に示すものにすぎない。より具体的には上司と協議して設定する目標の達成度合いと評価基準に対する行動によって評価される（図表補-10）。

図表補-10　職務記述書にとどまらない評価

職務範囲	評価	職務範囲と評価の関係
職務記述書に基づく	職務に基づく目標管理	1対1の関係ではない。企業内外の連携が評価される。
	評価基準の行動評価	

出所：聞き取りをもとに著者作成。

　基本給は、職務内容とパフォーマンスに基づいて設定され、年次評価により変動する。昇進・昇格は、過去2、3年分の業績と5つを評価基準に対する行動で判断される。昇格の際には行動評価のウェートが高まる。あわせて、現在よりも上位の職位の職務がどれだけこなせたかも評価対象になる。つまり、昇格時に行われる評価も、職務記述書の内容にとどまらないことになる。

　職業訓練は昇格時に行われる評価と連動している。比重は座学20％、実践80％で、座学は社内大学を通じて実施される。内容は、リーダーシップ研修、実務スキル、ビジネス知識の習得のための座学と、上司との協議で設定する課題であり、これらは職務記述書の範囲を超えている。

　O社は、エレクトロニクス、輸送、住宅・建築、通信、農業、栄養食品、安全・防護、アパレル分野などの事業をグローバル規模で展開する。従業員の配置には、人材育成と昇格の双方の目的から、複数の部門や職務を経験するように意図されている。キャリアコースは、専門家とマネジメントの2つがあり、主として従業員がみずから選択して異動を重ねることを通じてキャリアを形成していく。職業訓練は職位別に用意しており、従業員が自発的に選択する。職務グレード制を採用し、評価は上司との面談により数値化して設定された目標の達成度合いではかられる。

　経営コンサルティング、ITサービス、アウトソーシング・ビジネスを扱うP社も、グローバルに事業を展開している。提供するサービスが企業を対

補論　高度専門人材の人事管理——個別企業の競争力の視点を中心に

象としたものであるだけでなく、その企業の協力を必要とすることから、企業間の連携が競争力の要になっている。顧客ニーズに臨機応変に対応するため、社内のさまざまな資源を活用するが、そのときに社内の組織を超えた有機的な連携が必要になる。採用においては、いったん退社した元従業員を事業部門長の権限で再び採用することもある。その場合の処遇は経験年数に縛られない。退職者の同窓会組織を企業が運営するなど、企業外のネットワークを積極的に活用している。

新規学卒採用を日本国内で行っているが、その基準は成長意欲が高いかどうかである。つまり、潜在能力の高さのみならず、採用後も継続的に努力を続けることで必要な能力を獲得しようとする積極性が求められているのである。トレーニングは、従業員の適性にあわせたメニューが社内イントラネットで提供される。また、自ら必要とするトレーニングを選ぶこともできる。

職務記述書はそれぞれの専門性ごとにグローバルで共有されている。記載されている職務内容は幅が広いものであり、その内容は日々の業務にあわせて柔軟に変更される。その前提は、企業外および企業内との連携の促進である。

評価基準として、行動・振る舞い・日々の仕事の取り組み方の規範となるパフォーマンスファクターを設定している。上司や同僚との連携もその1つである。評価は、業務の確実な遂行、人材育成に対する貢献、付加価値の創出という3つの要素に加えて、部門・個人・参加するプロジェクトで設定した目標の達成度合いによってはかられる。これらと職務記述書との関連性は低い。達成すべき目標は、所属する部門、参加しているプロジェクト、職位によって変化する。すべての従業員の評価はグローバル単位で絶対評価が行われ、その結果をもとにして各国別に評価の相対付けがなされる。その結果は、翌年の賞与と基本給に反映する。

昇格期間は短く、アナリストからコンサルタントという階層をそれぞれ2から3年経験して管理職となる。年齢と賃金に相関はほとんどない。スタッフ職を上位階層に引き上げることが管理監督者の評価項目になっている。

（3）人材ビジネス企業にみる求められる人材像

　つぎに、人材ビジネス業M社の事例から、外部労働市場を通じてどのような人材が求められているのか、またもっとも必要とされる人材がどのような処遇となっているのかをみていこう。

　M社の主要な顧客は自動車組み立てを行う在米日本企業である。ビジネスモデルは、顧客と長期的なパートナーシップを構築することを通じて、ニーズに合致した人材を労働市場から見出して派遣することにある。一般的な人材ビジネス企業のビジネスモデルは、どれだけ臨機応変に顧客のニーズに対応できるかということにある。それからすれば、M社のビジネスモデルは特殊である。職務範囲を超えた従業員間の連携やチームワークへの適応力を備えた人材をみつけ出し、もしくは育成して、顧客企業に提供しているからである。これは、顧客としての在米日本企業が組織間・内の連携に基づく、組織効率の高さを競争力の源泉においているからである。M社のビジネスモデルはこうした在米日本企業のニーズに合致している。

　通常、ある特定の同じ職務に従事している複数の労働者の能力が同一であることはない。そのため、M社は求職者の能力に応じて、AからDまでランク付けをしている。それに応じて報酬にも差がある。同一の職務であっても同一の処遇ではない。Aランクは、十分な実績と職務遂行能力に加えて、職務区分を超えた連携とチームワークへの適応力を備える。BランクはAランクから連携やチームワークへの適応を除いたものであり、処遇としては平均的である。Cランク、Dランクは実績、職務遂行能力も不十分で、処遇は平均を下回る。在米日本企業はAランクの人材を求めており、ニーズに合致すれば直接雇用へ切り替える。近年では、M社のビジネスモデルはアメリカ企業にも浸透しつつある（図表補-11を参照）。

補論　高度専門人材の人事管理——個別企業の競争力の視点を中心に

図表補-11　同一職務に対応する複数のランクと処遇

同一職務			仲介	人材ニーズ
Aランク	充分な実績、職務区分を超えた連携、チームワーク	上位職務と同等の賃金	人材ビジネス企業	在米日本企業
				・長期的な組織力の向上
Bランク	充分な実績と職務遂行能力	平均的な賃金		
Cランク	平均を下回る処遇にみあった実績と職務遂行能力	平均を下回る賃金		米国企業
Dランク	下位職務とあまり変わらない実績と職務遂行能力	下位職務と同等の賃金		・短期的利益追求、コスト削減

出所：著者作成。

3　制度と運用を加味することによるステレオタイプの克服

　冒頭で、企業にとって中核的な役割を期待される人材として、①経営戦略・企画立案、企業間連携、プロジェクトマネジメント等の役割を担うことができる人材、②企業戦略上、必要欠くべからざる専門知識や技能を有する人材、中核的な役割ではないものの、「特殊な資格や専門性の高い」人材（③）の3つを挙げた。

　このうち、調査対象企業はとくに、①に関し、職務と評価において共通性がみられた。それは、職務区分が日々の業務の遂行や上司との協議にあわせて柔軟に運用されること、職務記述書の内容と評価が1対1の関係ではないこと、評価基準に関する行動が評価されること、昇格のための目標は上位職位の職務内容が求められること、といったことである。これらは幹部職員だけでなく労働組合員を含めたあらゆる職位の従業員に対してあてはまるようになっている。一方で、グローバル規模で事業を展開する企業の事例からは、高度専門人材であっても、企業の長期的な戦略に基づいた職務でなければ、正規雇用として取り込まない。企業戦略上、必要欠くべからざる専門知識や技能を有する人材には、人事担当者や上司の助言に基づいた従業員の自発性によるジョブ・ローテーションを通じて、企業内で必要な財務や企画、人事といった知識の取得や人脈を形成することが期待されている。スペンサー・スチュアートがスタンダード＆プアーズ500を対象に行った調査によ

293

れば、内部から昇進したCEOを持つ企業の割合は、2004～2007年の63％から2012～2015年に74％と上昇している[20]。中核人材には、部門を超えた広範な経験が求められる傾向が高まっている。

従業員に提供する教育訓練プログラムの出発点はそれぞれの企業が有する評価基準である。これは、経営企画や戦略に関する発想力と組織間・組織内の連携を促進する力、そして専門性の3つが柱になっている。職務グレードは幅広のブロードバンドであり、基本給は職務内容とパフォーマンスに対する評価に基づく。評価は、設定した目標の達成度合いと潜在能力に関する行動評価、コミュニケーション・コラボレーション能力によってはかられる。目標は、上司との協議により設定され、必要があれば適宜見直される。行動評価には評価者の視点によって変動するといった曖昧さが含まれている。

中核的な役割を担う人材の勤続年数は短いとは限らない。グローバルに事業を展開する人材ビジネス企業L社では、従業員の多くが入社後3年未満で離職するとのことだが、中核的な役割を担う従業員の勤続年数は15年を超えている。こうしたことは、平均勤続年数の短さだけでは明らかにはならない。P社は、離職した従業員の同窓会を企業が組織しており、企業内外のネットワーク構築に役立てるとともに、いったん離職した従業員がいつでも復職できる仕組みと文化を有している。

配置は人事担当者や上司、メンターから提示されたキャリアプランを、表面的には能動的に選び取るようみえるかたちで行われる。期待されているのは、複数の部門における広範な経験であり、その段階を経たうえで上位職位へ昇格できるため、長期間の継続した勤続年数が必要である。

人材管理について調査対象企業の特徴をまとめれば図表補-12のようになる。

図表補-12の整理からみることができるのは、アメリカ企業の人材管理がおしなべて外部市場から必要な人材を確保するとともに、労働者は短期間の企業間移動を繰り返すという日本で一般的に理解されるステレオタイプとは異なるものである。これは、とくに、職務内容が定められた職務記述書や評価制度といった表面的に知りうることができる公式な「制度」に影響を受けていると思われる。したがって、この「制度」をどのように「運用」してい

補論　高度専門人材の人事管理──個別企業の競争力の視点を中心に

図表補-12　要員管理のパターンと関係継続期間

	管理のパターン	期間
企業内	(a)専門性と同時に複数の部門異動により広範な知識と経験の獲得を促すことでグローバルに活躍できる中核的業務に携わるパーマネント従業員	長期
	(b)事業活動にとって継続的に必要とする専門性を高める従業員	長期
	(c)地域限定で異動がなく(a)と(b)を支えるパーマネント従業員	長期
	(d)経営環境の不確実性に対応するためのテンポラリー従業員	短期
	(e)試験的事業実施のための期間契約	短期
企業外	(f)M&Aによる買収と売却	経営環境による
	(g)研究開発等にかかわるパートナー企業	経営環境による
	(h)人材ビジネス企業を活用したアウトソース	人材ビジネス企業との長期間のパートナーシップ

出所：著者作成。

るかを明らかにすることがより重要であり、公式な「制度」と表面的にはわかりにくい非公式な「運用」をたしあわせなければ、アメリカ企業の実像を明らかにすることは難しいだろう。

第4節　まとめ

　本稿では、個別企業の競争力からみた高度専門人材の管理について、日本企業の高度専門職の事例（日本所在する外資系企業含む）や、米国企業の事例を紹介することで、企業が求める専門性や雇用管理のあり方について検討した。

　冒頭で触れたように、1990年代のICTの発展を背景として、専門分業化が進むとともに、企業間の水平的および垂直的提携関係も進展している。これに応じて、プロジェクトマネジメントや企業連携の必要性が高まっている。

　以上を踏まえると、高度専門人材には次の3層があることをこれまでにみてきた。①経営戦略・企画立案、企業間連携、プロジェクトマネジメント等の役割を担える人材、②企業戦略上、必要欠くべからざる専門知識や技能を有する人材、③特殊な資格や専門性の高い人材。そのうち、①、②は企業に

295

とって中核的な役割を担う人材であり、顕在能力だけでなく潜在能力を評価することで、長期にわたる人材育成を行うようになっている。一方、③については外部人材を活用することが一般的である。

　日本企業の高度専門職の雇用管理に着目すると、職能資格制度などの社内資格に基づき、全社員を共通の評価・処遇体系で管理している。ただし、採用・配置・育成面では、専門性を重視している。とくに製造系を中心として、専門領域を踏まえた配置・育成を行っている。専門性が高くなるほど、現場（部門）中心のOJT教育・内部昇進が主軸となるが、専門性の高さゆえ、労働者本人主導の自己研鑽も求められている。

　専門領域を中心にスキルが形成されるが、内部昇進をするとともに、狭い専門領域のみを担う段階から、他部門（製造であれば研究から開発業務への異動）や、外部（顧客や取引先）との営業・渉外業務をこなすスキルが求められている。つまり、企業が求める専門性のなかには、自社の基幹業務にかかわる専門性だけでなく、顧客ニーズを踏まえた商品開発の立案や予算管理、企業間連携を通じた取引先企業との渉外業務やマネジメント力も求められるようになる。先述の高度専門人材の3層で言えば、②企業戦略上、必要欠くべからざる専門知識や技能を有する人材の段階から、①経営戦略・企画立案、企業間連携、プロジェクトマネジメント等の役割を担える人材の段階へと、人材形成がなされている。

　また、市場変化、技術変化によって企業が求める専門性も変化する。このような場合、企業は、特殊な資格や専門性の高い人材を有期契約等で高給（成果変動給等）で雇うことや、派遣労働者を配置すること、請負会社の社員と企業連携することなど、多様な選択のなかで必要な人材・スキル（③特殊な資格や専門性の高い人材）を確保している。また、技術革新や市場の変化を踏まえ、社内で育成できない技術・スキルで、自社で当該技術・スキルを伸ばしたいと考える場合には、中途採用（非正規の登用含む）をする傾向もみられた。

　他方、アメリカ企業でも同様の傾向がみられた。主たる事業を有する企業と複数の事業に展開するグローバル企業のどちらも中核人材に求めるものは、組織間および組織内における連携を促す能力と、将来にわたって主要事

業を担うための専門的な技能である。これらの能力を有する中核人材は、採用段階における選抜と教育訓練、大くくりかつ職務記述書の範囲を超える目標設定と評価、人事担当部門および上司によって促されるキャリアモデルに基づいた広範な部門間異動によって育成される。これは、組織間、組織内双方における連携を促すことができる人材の育成こそが企業競争力の要であり、高度な専門的技能をもった人材の育成だけでは不十分とする発想に基づく。連携を促すことが競争力の要だからこそ、多くの企業が限定された職務に閉じこもる姿から脱却しようと試みている。

　その意味では日本とアメリカ双方において、中核人材に求めるものは共通している。職種別の中途採用中心で部門間移動がなく、限定された職務のなかで成果のみで評価されるとするアメリカ企業の人材管理に対するイメージはステレオタイプにすぎない。制度の表面だけをとらえれば、日本企業とアメリカ企業の間には違いがあるようにみえる。しかし、競争力の観点から中核人材をとらえれば、日本とアメリカに大きな差はない。

　日米の事例を踏まえて共通することとして、企業にとっての中核的な役割を担う人材（中核人材）とは、単に高度な専門的技能を有する人材の確保にとどまらない。将来にわたって根幹となる事業に必要な知識、能力を持つとともに、社内における連携を構築できることを第1段階（②）として、そのうえに社内外の広範な提携関係を調整できる人材（①）の育成を重視している。このような中核人材は、短期間で育成することは難しく、自ずと長期の育成期間が必要となる。流動化（転職等）を通じて適した人材・スキルを確保することは困難であり、企業内でOJT・内部昇進を通じて定着化させたほうが、人材育成上も効率的といえる。その一方で、③は事業の1つとして本格的に取り組むことになる場合をのぞけば、企業外の人材に頼ることが組織効率の向上からみてふさわしい。

　グローバル規模で事業を展開する企業は、M＆Aによる企業買収が加速しているが、それは、企業の長期的な戦略に合致しなければ、企業本体に取り込まないことを意味している。その場合、M＆Aで買収した企業には、③の役割が期待されている。つまり、高度専門人材であっても、企業の長期的な戦略に基づいた職務でなければ、正規雇用として企業は抱え込まないため、

従業員からみれば安定が得られないことを示唆する。また、企業間の水平的な提携関係も、とりまとめ役とそれ以外にわかれており、買収された企業はとりまとめ役企業へのバッファーとなることで不安定な立場におかれる可能性も否めない。

　企業間・企業内の連携を高めることを目的とした中核人材の管理は、長期的な能力育成が企業競争力の要となるとする方向と似ているようにみえながら必ずしもそうでない。連携を高めることに特化した競争力であり、中核人材もその目的に特化したかたちで長期雇用によって対応する能力が育成されるとともに、それゆえに企業は中核人材の離職を防ごうとすることになる。一方で、③特殊な資格や専門性の高い人材を短期的なプロジェクトの実施において中核的な人材の役割を補完するために企業外から調達する。この層は期間を定めた契約もしくは個人請負となるため、将来的に、健康保険・年金といった社会保障負担をはじめとした社会的コストにどのような変化をもたらすのかということに留意する必要がある。

【注】

1　猪木（1989）は、アメリカの事例をもとに、企業内弁護士とローファーム内の弁護士の2つの「内部化」の傾向を示している。本研究によれば、アメリカの法律職は、企業（例えば、大規模ローファーム）に所属し、内部昇進で、その俸給も基本的に勤続年数を中心に決定されている。

2　なお、小池編（2006）の事例研究は、プロフェッショナルの対象を、研究者やファンドマネージャーに限らず、企業の管理職や銀行の融資担当者等の一見プロフェッショナルと思われないような職種にまで広げて捉えている。例えば、管理職は、先例のない問題の解決に、独自のアイディアで仮説をたてて、丹念に事実を収集し、企業内で説得性を高め、その後の企業の重要な施策を立案していく。この論理的な作業は研究と変わらぬ仕事でありプロフェッショナルだとしている。企

業内プロフェッショナルを狭い職種で捉えるべきではないことがうかがえる。

3　小池（1994）第1章、小池（2012）257〜262頁、小池（2015a）218〜219頁を参考とした。

4　A〜G社は2014年に実施した「高度専門職の雇用管理に関する調査」による（以下「2014年調査」と略す）。H・I社は、2012年に非正規雇用の活用と正社員登用について調査した労働政策研究・研修機構編（2014）所収の事例（以下、「2012年調査」と略す）。なお、本稿で取り上げている事例は、当該報告書に記載された事例内容からまとめた。

5　日本経済新聞社（2016年5月9日朝刊）によれば、日立製作所は2018年度をめどに海外を中心に営業人員を強化する。従来の製品分野別だった営業体制を見直し、AI（人工知能）やビックデータ解析などの先端技術を駆使して、顧客企業の経営課題の解決をめ

ざし、一部のエンジニアによる顧客対応を含む営業のコンサルティングをサービスの主力に据える、という。製造業のサービス化により、営業職が問題解決型のコンサルティングを伴う高度専門職になりつつある現状が垣間見える。

6　今回取り上げた有期契約社員では、とくに金融系で成果変動給の要素が見られる。ただし、後述の情報通信業H社（日本企業）のSE（有期契約社員）は高給の者が多いわけではない（技術系の最高額は月約50万円）。H社は正社員中心の企業であり、契約社員は特別な事情がある場合に雇用することが多い。例えば、取引先企業・協力会社からの転職希望者で、引き抜きと見なされないように、正社員ではなく、いったん契約社員として雇ったケースがあった（取引先から人材を引き抜くと取引関係が悪化しかねず、信義則上、引き抜きはしない傾向がある）。契約社員の活用理由が多様であることに留意がいる（契約社員の人事管理については、労働政策研究・研修機構編（2010）が参考となる）。

7　銀行業A社、製薬業G社ともに高給で処遇が可能だが、両企業ともに有期契約社員には退職金がないため、この部分が年俸額に上乗せされている面もある。

8　外資系（D社、F社）の事例を取り上げるのは、専門職種の採用、配置、育成を重視している比較サンプルとしてである。アメリカ企業の事例については、本稿3節以下を参照されたい。

9　外資系証券業D社では、労働者側も部門・職種ごとに早期昇進することを目指している（一定のスキルを部門内で身につける前に他部門へ異動することは損失と捉えている）。なお、同社では、ジョブポスティング制度（自身のポジション（所属部署）からの異動を希望する場合、オープンポジション（人員に空きがある部署）があれば国の内外を問わず異動可能という制度）を有している。他部門の空席状況や本人の希望によって、他部門への人事異動も制度上可能である。ただし、

先述のとおり、専門性を重視する観点から、採用・配置された部門内での異動が多く、部門を超えた異動はほとんどない。

10　研究者の部門間ローテーションについては、石川（1997）や青島（2005）などが参考になる。なお、青島（2005）は、日本企業の半導体技術者・研究者を分析し、組織間移動も組織内移動（部門間ローテーション）も技術成果に対して負の影響を与えていたとしている。技術者の移動がイノベーションを生み出すには、異なる知識の融合を促すための組織マネジメントや処遇体系が重要としている。

11　小池（2015b）によれば、ホワイトカラーの賃金制度については、先進国間では、社内資格による範囲給方式に共通化がみられる、としている。

12　ただし、外資系証券業D社は、グローバルで管理されている各国ごとの賃金テーブルがあり、役職・職種ごとの賃金レンジが定められていることから、他の職種に比べ高度専門職のほうが賃金のベースが高い（職種で違いがある）。外資系のファイナンスについては、小池（2015a）第5章を参照されたい。

13　雇用保障面では整理解雇を比較する方法もあるが、今回の企業事例では、近年、整理解雇の局面を経験していない企業もあり、普通解雇を取り上げた。

14　低評価者への対処については、取り上げている事例がいずれも大企業であることから、高い職務遂行能力を保持した社員が定着している可能性があることに留意（企業のなかには、そもそも問題となるような低評価の者は少ないとの認識を示す企業があり、また低評価者を出さないために上司による教育訓練・指導をしている面もある）。

15　日本企業と外資系企業の相違点を見いだすと、外資系企業のほうが、採用面では職種別採用・現場部門の採用権限の強さがみられる。逆に、配置面では、日本企業も専門性を重視しつつも、キャリア形成上の幅出しやスキルの陳腐化への対処の観点から部門間異動

を行う場合がある。そして、雇用保障面では、日本企業・外資系企業いずれも解雇を避ける（退職の合意解約を目指す）ことは共通しているが、低評価が続く場合の対処でのPIPにみられるように、退職勧奨にいたるプロセスがより明確な面もあるようだ（日本企業に比べて、外資系企業のほうが雇用保障が弱い可能性がある）。ただし、今回取り上げた事例は、証券業や情報通信業に限られることに留意されたい。同じ外資系でも、証券業D社では、部門や職種を超えた異動は少ないが、情報通信業F社は、採用後の人事異動では、「本人の希望」と「ビジネス上のニーズ」によって、人事権をもつ所属長が必要に応じて実施している。外資系の製造業の事例など、今後、事例研究を重ねていく必要性がある。

16　中馬（2015）は、ICT（情報通信技術）／AI（人工知能）がもたらしつつある多段階競争の時代の到来と共に、ゴーイングコンサーン（継続企業）としての企業・組織が提供する企業特殊的な人的資本の賞味期限が格段に短くなってきたため、人々が一生をかけて特定企業・組織内キャリアを追求することの危険性が急増してきた、としている。そのため、個人、企業、組織に関係なく、人的資本の自己変化能、つまり、企業・組織の境界を越えた互換性・再利用性・拡張性・相互運用性を重視した人的資本投資への必要性が急増してきている、という。

17　このような技術革新は、AIの進歩にも当てはまる。近年、AIの研究開発の進展の影響を受けた自動車業界とIT企業との資本・技術提携等の異業種協業はその一例といえよう。例えば、ホンダは、米グーグルの自動運転車開発部門を独立させたウェイモと、完全自動運転技術の共同研究を開始する検討を始めた（日本経済新聞（2016年12月22日・夕刊））。記事によれば、ホンダは自前での自動運転技術の開発と並行してウェイモとも組み、自動運転関連の技術を蓄積するとしている（ウェイモは車両の屋根に取り付けた高性

能レーダを使い、周囲の状況を認識して自動運転をする技術を開発している）。

18　選択肢のなかには、企業買収（M＆A）をするという方法もある。例えば、象徴的な事例ではあるが、近年、米国シリコンバレーでは、新興企業の新しいテクノロジーではなく、それを生み出した人材を目当てに、大企業が新興企業をまるごと買収するケースも出てきている、という（モレッティ（2014）参照）。同書には、フェイスブック（マーク・ザッカーバーグCEO）が評価の高いプロダクトマネージャーとエンジニア等十数人を確保するために、企業ごと買収したとされる事例が出ている。

19　タレントについては、Lawler Ⅲ（2008）が詳しい。企業にとって必要欠くべからざる特殊な才能を持った人材をタレントとみる考えがある一方、Lawler Ⅲは、従業員すべてに必要な普遍的能力とみる。

20　'2015 CEO Transitions' Spencer Stuartウェブサイト（https://www.spencerstuart.com/research-and-insight/2015-ceo-transitions）を参照（2016年3月16日閲覧）。

【参考文献】　※欧文アルファベット順、和文50音順
＜第2節＞
青島矢一（2005）「R＆D人材の移動と技術成果」『日本労働研究雑誌』No.541, pp.34-48.
石川淳（1997）「研究者の部門間ローテーション」『組織行動研究』No.27, pp.29-44.
猪木武徳（1989）「法律職の市場構造について──専門職の『内部化』の二つの流れ」『日本労働研究雑誌』No.355, pp.2-13.
小池和男（1994）『日本の雇用システム──その普遍性と強み』東洋経済新報社.
小池和男（2012）『高品質日本の起源──発言する職場はこうして生まれた』日本経済新聞出版社.
小池和男（2015a）『なぜ日本企業は強みを捨てるのか──長期の競争vs.短期の競争──』

日本経済新聞出版社.

小池和男（2015b）『戦後労働史からみた賃金——海外日本企業が生き抜く賃金とは——』東洋経済新報社.

小池和男編（2006）『プロフェッショナルの人材開発』ナカニシヤ出版, pp.13-27.

中馬宏之（2015）「ICT／AI革命下でのベッカー流人的資本理論の再考——自己変化能という視点から」『日本労働研究雑誌』No.663, pp.68-78.

モレッティ, E.（2014）『年収は「住むところ」で決まる——雇用とイノベーションの都市経済学』プレジデント社.

労働政策研究・研修機構編（2010）「契約社員の人事管理——企業ヒアリング調査から——」（JILPT資料シリーズNo.65）労働政策研究・研修機構.

労働政策研究・研修機構編（2014）『非正規雇用者の企業・職場における活用と正社員登用の可能性——事業所ヒアリング調査からの分析——』（JILPT資料シリーズNo.137）労働政策研究・研修機構.

労働政策研究・研修機構編（近刊）『高度専門職の雇用管理に関するヒアリング調査』労働政策研究・研修機構.

＜第3節＞

Lawler Ⅲ, Edward E. (2008) *TALENT, Making People Your Competitive Advantage*, Jossey-Bass.

Katz, Harry C. and Darbishire, Owen (2000) *Converging Divergences, Worldwide Changes in Employment System*, ILR Press.

規制改革会議（2015）『規制改革会議　雇用ワーキング・グループ　提出資料ジョブ型社員』2015年4月、規制改革会議.

経済産業省（2014）『各国の働き方の実態からみた労働法制・雇用制度に関する調査』2014年3月, 経済産業省.

小池和男編（1997）『国際比較：大卒ホワイトカラーの人材開発・雇用システム——日、英、米、独の大企業（1）事例調査編』日本労働研究機構.

小池和男編（1998）『国際比較：大卒ホワイトカラーの人材開発・雇用システム——日、英、米、独の大企業（1）アンケート編』日本労働研究機構.

厚生労働省（2014）『「多様な正社員」の普及・拡大ため有識者懇談会報告書』2014年7月, 厚生労働省.

リクルートワークス研究所編（2015）『5カ国比較"課長"の定義』WORKS No.128, アメリカ、インド、中国、タイ、日本、リクルートワークス研究所.

労働政策研究・研修機構編（2014）『グローバル企業における女性の活躍促進——インタビュー・レコード』（JILPT資料シリーズNo.138）労働政策研究・研修機構.

| 終 章 | 結論と次の研究課題 |

　本書の目的は、日本的雇用システムのゆくえ（＝持続していくもの、変化
していくもの、新たな問題）を見通すことであった。本章では、第1節にて
日本的雇用システムの持続と変化をまとめ、第2節にてそのような持続と変
化の結果として、その雇用システムが直面する新たな問題を指摘する。これ
らが本書の結論となる。

　その上で、第3節では、それらの新たな問題の発生も視野に入れつつ、日
本の雇用システム（≠日本的雇用システム）の未来を理解するという方向性に
沿って、本書での分析から浮かび上がってくる主要な研究課題を提示する[1]。

　なお、これまでの各章の要約は序章第3節に記してあるので、ここでは繰
り返さない。

第1節　日本的雇用システムの持続と変化——長期雇用の持続

　第1章（総論）では、基礎的指標により「失われた20年」を経た日本的
雇用システムの姿を素描した。そこでの暫定的結論は、①いわゆる「本丸」
である製造大企業において長期雇用慣行と協調的労使関係がおおむね持続し
ている、②他方で、非正規雇用者の増加等により日本的雇用システムの成員
の範囲が縮小している、③年功的な賃金・昇進が特に男性労働者にとって後退
し、職場の一体感や良好な人間関係にも陰りが生じている、④労使当事者、
一般国民のいずれも、正社員の雇用を守るべきとの規範意識を保持してい
る、というものであった[2]。

　これに対し、第2章〜第4章では、若者、高年齢者、女性といった壮年男
性以外の労働者の利害が、日本的雇用システムにどのような影響を与えてい
るのか（いないのか）を論じてきた。第5章〜第7章、補論では、第1章で
見たような変化を裏付ける制度的根拠、それらの背後にある経営環境の変化

に着目しながら、日本的雇用システムのゆくえについて議論してきた[3]。

　本節では、総論での暫定的結論を下敷きとしつつ、そこに各論（第2章〜第7章、補論）で得られた知見を盛り込むことで、改めて日本的雇用システムの持続と変化に関する結論を述べる。一言でまとめるならば、「長期雇用の持続」ということになる。

1 長期雇用慣行の持続と、それへの強い支持

　総論にて、少なくとも製造大企業においては、長期雇用慣行がおおむね持続している旨を述べた。非製造大企業についても、産業自体が拡大していることもあり転職入職率は上昇しつつあるが、離職率は比較的安定している。また、中堅・中小企業セクターの中には、長期雇用慣行を形成しつつある企業も少なからずあると考えられる。これらのデータは、各論で得られた知見とも整合する[4]。

　第1に、非正規雇用の若者が大量発生して社会問題化した際、長期雇用慣行の一部を構成する新卒一括採用慣行の問題点が指摘された。景気後退期に学校を卒業した若者が、卒業直後に希望通りの就職をすることが難しいのみならず、その後のキャリアにおいても不利益を被るからである。その観点から、非正規雇用の若者が増加する中で、日本的雇用システムが彼らをどう包摂していくかが注目されていたわけであるが、第2章での分析によれば、基本的には日本的雇用システムの側で目立ったリアクションは起こしておらず、非正規雇用の若者への対応は、もっぱら労働政策、教育政策に委ねざるを得ない状況が垣間見えた。このことは、景気後退期に学校を卒業した者の不利益という問題を別に措くならば、当面は新卒一括採用慣行が持続していくことを示唆している[5]。

　第2に、日本的雇用システムは、その構造において女性差別的な性質を持つと言われることが多かった。それゆえ、一見すると、女性の活躍を推進するためには日本的雇用システムの変革が必要という論理も成り立つが、実態は必ずしもそうではなかった。第4章での分析によれば、女性の管理職昇進は必ずしも日本的な内部労働市場を通じたキャリア形成と矛盾しない。すなわち、長期雇用慣行の下で女性の管理職昇進は可能である。

303

第3に、大半の企業が正社員の雇用に関して長期雇用維持の方針を持っており、その傾向は特に製造業や金融業、大企業といった伝統的セクターにおいて強いことが確認された（第5章）。もっとも、広義のサービス業、商品・サービスの低価格化を志向している企業、外資系企業においては長期雇用維持の方針が相対的に弱いことも分かっており、商品市場、資本市場との関係次第では、正社員が柔軟な雇用調整の対象となる確率は高まる[6]。とはいえ、調査対象企業の約6割が正社員の長期雇用を維持すると明確に回答していることに鑑みるならば[7]、現段階において商品市場、資本市場との関係だけで雇用が大きく不安定化すると結論づけることはできない[8]。

　第4に、補論では、日本企業の高度専門職、米国系グローバル企業の中核人材の人事管理の実態を明らかにしてきたが、そこで見出されたのは、彼らの多くが、組織間・組織内の連携を促す能力を高めるべく、社内異動と社内での評価を積み重ねながら育成されていく姿であった[9]。高度専門職への需要も、企業活動がグローバル化する中での組織間・組織内の連携を促す能力への需要も、広い意味での商品市場の変化によって今後増大していくと予想されるが、ここでの知見に基づくならば、その結果として雇用が大きく流動化することは考えにくい。

　以上の知見に基づくならば、少なくとも製造業において、場合によっては他の産業においても、大企業における長期雇用慣行に、今後しばらくは大きな変化はないと考えられる。総論で示された、労使当事者、一般国民のいずれも正社員の雇用を守るべきとの規範意識を強く保持しているという状況も、この見通しを補強するものである。

2　長期雇用の範囲の再拡大

　総論では、主としてこの20年間での非正規雇用の増加により、日本的雇用システムの成員の範囲が縮小したと暫定的に結論づけた。しかし、各論から読み取れるのは、（中長期的な予測は難しいが）少なくとも今後一時的には、長期雇用の範囲が再拡大していく可能性があることである。

　第5章での企業アンケート調査の分析によれば、商品・サービス市場において需要が減退している場合に正社員割合が低い傾向が見出せた。このこと

は、逆に言えば、仮に東京オリンピック等を前にして景気が拡大していくならば、それに伴い正社員割合が上昇する企業が増えることを示唆する。

これに関連して、同じく第5章で見た第3次産業を中心とする事例からは、労働市場の変化（人手不足の基調）、労働契約法改正による追い風の中、非正規雇用の無期雇用化、正社員化、限定正社員の導入といった雇用区分の再編が進んでおり、結果として正社員割合が再上昇していることが読み取れた。実際、「労働力調査」を見ても、2013年以降、非正規雇用から正社員への転換者数が、正社員から非正規雇用への転換者数を上回って推移している。

ただし、その再拡大部分のすべてが、従来と同じ意味での正社員とは限らないことに留意する必要がある。特に、限定正社員や無期雇用化された社員の賃金水準は、従来の正社員のそれとは異なることが予想される[10]。つまり、今後一時的に生じる可能性があるのは、あくまで長期雇用の範囲の再拡大であり、正社員の範囲まで再拡大するかは分からない、と言うのが正確である。

ところで、このような長期雇用の範囲の再拡大により、当然、日本的雇用システムの構成要素の1つであった「雇用のバッファーとしての非成員労働者」は少なくなると考えられる。このことの影響については、次節にて論じる。

3 年功的処遇の後退と、選抜的育成の台頭

他方で、企業内での処遇とキャリアにおいては、日本的雇用システムから遠ざかっていく動きが比較的強く現れている。

第1に、総論にて示した通り、年功的な賃金プロファイルが修正されつつある。このことに関しては、賃金構成要素が年齢・勤続給から職責・役割給へシフトしているという明確な制度的根拠があるとともに（第5章）、労働組合も一定の理解を示してきた（総論）。また、このような賃金プロファイル・賃金制度の修正は、定年延長、定年後の継続雇用への対応として行われた側面もあるため（第3章）、今後さらに定年・継続雇用年齢が引き上げられるならば[11]、従来の年功的な賃金プロファイルは一層修正されざるを得な

いと予想される。

第2に、同じく総論にて示した通り、特に高学歴男性労働者にとって、年功的な昇進慣行が後退しつつある。この点に関連して、第4章では、役職登用において年功制を維持する方針である企業では女性の管理職昇進が進んでいないことが示されている。このことは、今後女性の活躍を推進していく中で、一部の企業において、引き続き年功的な昇進慣行の見直しが進むことを示唆している[12]。

第3に、第6章での能力開発・キャリア管理の分析によれば、大企業や海外展開をしている企業を中心として、次世代の部課長、経営層の育成を目的とした選抜的な教育訓練に力を入れる動きが見られる。これに対し、社員全体の能力の底上げについては、中堅企業では引き続き重視する傾向があるものの、大企業では今後は優先順位が目立って低下する。これらのことは、日本的雇用システムの構成要素のひとつである、OJTを中心とした幅広い能力開発が、その対象者の幅広さという点において、変質していく可能性を示唆している。もっとも、総論での厚生労働省「能力開発基本調査」の分析によれば、大企業において社員全体の能力開発の底上げが後退している事実は確認できなかったことから[13]、その「変質」がどの程度広範に起こるかは分からない。とはいえ、海外展開をしている企業を中心として、選抜的育成という形で、能力開発・キャリア管理の新しいベクトルが生じていることは確かである。

4 職場集団の変質

最後に、総論と各論を通じて浮かび上がってきたこととして、職場集団の変質について指摘しておきたい。

日本的雇用システムの特徴の1つとして、組織運営において職場集団が多くの役割を担ってきたことが挙げられる。たとえば、職場で上司・先輩から部下・後輩へとOJTが行われてきたし、職場の上司・管理者が部下のキャリアや人間関係に関する相談に応じてきた。そういった上司・管理者による相談支援があってこそ、長期雇用と対の関係にある円滑な人材配置（異動、再配置）も可能だったと考えられる。

その際、職場で一体感、良好な人間関係が保たれていることが、効果的なOJTや円滑な人材配置の条件となっていたことは想像に難くない。第6章での分析においても、職場内での助け合いの雰囲気がある場合、仕事について相談できる人がいる場合には、職場でのOJTが上手くいく傾向があることが示されている。

しかし、総論で示したように、現代日本人は仕事よりも余暇を重視し、職場の同僚とは（全面的にではなく）限定的に付き合う、広い意味での個人主義的なライフスタイルを志向する方向にある。また、「いじめ・嫌がらせ」に象徴されるように職場でのトラブルも噴出している。すなわち、職場集団の一体性が弱まるとともに、そこでの人間関係も良い方向に向かっているとは言い難い状況にある。

その理由はいくつか考えられる。第7章では、従業員構成が多様化していること、それゆえ上司・部下といえども共通の職業観・価値観で働くことが難しくなっていることが指摘されている。第6章では、管理職が部下の育成・能力開発に関して感じている課題の1つとして時間的制約があり、問題の背後に管理職の繁忙化があることを示唆している。いずれにせよ、長期雇用慣行は持続し、それへの支持も強いが、職場集団は少なからず変質していると考えられる。

5 長期雇用の持続

このように、少なくとも製造大企業においては長期雇用慣行がおおむね持続しており、労使当事者、国民のいずれも、正社員の雇用を守るべきとの規範意識を強く保持している。また、かつての水準に到達することは考えにくいが、今後一時的に、長期雇用の範囲が再拡大していく可能性もある。

これに対し、年功的の賃金・昇進は後退し、それに代わって大企業、海外展開企業において幹部候補の選抜的育成が台頭しつつある。また、職場の一体性の低下、人間関係の悪化等に見られるように、職場集団のありようも変質している。すなわち、日本的雇用システムのうち、長期雇用以外の部分、およびそれらの部分の前提となっていた事柄は、揺らぎつつあると言える。

以上の日本的雇用システムの持続と変化を一言でまとめるならば、「長期

雇用の持続」ということになる。序章第1節にて、本研究が「大局を見据え
た政策形成」に貢献する旨を述べたが、長期雇用が持続しているという事実
こそが、そこで言う「大局」に他ならない。

第2節　新たな問題

それでは、日本的雇用システムの持続と変化の先において、その雇用シス
テムはどのような問題に直面する（している）だろうか。以下に考えられる
問題を指摘する。

1　長期雇用のメリットの低下

第1は、長期雇用が持続しているが、日本的雇用システムの他の柱、およ
びそれらの柱の土台が頑強でなくなった状況においては、長期雇用のメリッ
トが小さくなり、それゆえ人材活用面で非効率が生じるという問題である。

日本的雇用システムの構造と機能に関する先行研究を紐解くまでもなく、
日本的雇用システムにおいては、長期雇用慣行、年功的賃金・昇進、OJTを
中心とした幅広い教育訓練が、一体となって高いパフォーマンスを発揮して
きたと言われる。

これに対し、長期雇用が持続しつつも、年功的賃金・昇進、OJTを中心と
した幅広い教育訓練といった他の柱が弱まりつつある状況では、長期雇用そ
のものを否定する積極的な理由はないものの、長期雇用であることのメリッ
トは小さくなると考えられる。たとえば、労働者の側から見て、長期勤続し
ても賃金が上がったり昇進できたりするわけではない。企業の側から見て
も、長期雇用を保障しても労働者の能力・スキルが向上し続けるとは限らな
くなる。その結果、企業内においても、労働市場全体として見ても、人材の
不活性状態が生じやすくなると考えられる[14]。

それゆえ、企業においても政策においても、長期雇用のメリットが低下し
たことによる非効率への対処が必要になる[15]。基本的な方向性としては、長
期雇用を前提としつつも、転職希望者や転職先企業への支援、企業横断的な
能力評価の仕組みの充実などが求められることになろう[16]。

終章　結論と次の研究課題

② 雇用のバッファーの縮小

　第2は、「雇用のバッファーとしての非成員労働者」が減少した状況で、経営危機に直面した際に、いかにして正社員の雇用を守れるかという問題である。

　本書の随所で触れているように、リーマン・ショック後の不況期に、正社員の雇用が守られる反面、多くの非正規雇用者が「非正規切り」により雇用を失った。しかしその事態への反省もあり 2012 年に労働契約法が改正され[17]、2018 年 4 月以降、有期雇用から無期雇用や正社員（限定正社員を含む）への転換がかなり進むことが見込まれることになった[18]。彼らのすべてが従来と同じ意味での正社員になるわけではないが、もはや雇用のバッファーとはなり得ないことは確かである[19]。

　ここで問題となるのが、再びリーマン・ショックと同程度の深刻な不況が襲来した時に、企業が、どのようにして雇用量を調整するかという点である。前節で見たように、長期雇用慣行がおおむね持続しており、労使当事者、一般国民のいずれも、正社員の雇用を守るべきとの規範意識を強く保持している。しかし、雇用のバッファーが縮小した状況においては、経営危機に直面した際に、「非正規切り」に頼らずに、いかにして正社員の雇用を守ることができるかという、新たな問題が立ちはだかる。

　この問題への対応策を提示することは本書の射程を大きく越え出るが、事柄の性質からして、遠からず、解雇や企業再編に関する法律・判例の検討が求められることになるであろうことを指摘しておきたい[20]。

③ 正社員同士の処遇差の拡大[21]

　第3は、個々の正社員間、あるいは正社員の雇用区分間で、処遇差が拡大し、その公正性が問われる場面が増加するという問題である。

　年功的賃金・昇進が後退し、選抜的育成が台頭すると、個々の正社員間の処遇差の公正性が問われやすくなる。もっとも、これは 1990 年代に成果主義的な人事・賃金制度が導入される際にも問題とされてきたことであり、第1章で見たように、労働側としては制度の透明性・公平性・納得性、そして

309

労働組合の関与を求めてきた経緯がある。それゆえ、日本企業（労使）にとって、まったく経験のない事態ではない。しかし、昨今では大企業、海外展開企業を中心に、次世代の部課長、経営層の育成を目的とした選抜的な教育訓練が行われつつある。このことは、年齢や勤続年数が同じ正社員同士で、業績や評価による処遇差が、より顕著に生じることを示唆する。

加えて、従業員のワーク・ライフ・バランス実現のための勤務地限定正社員の導入（第4章）、非正規雇用からの転換先としての限定正社員区分の導入（第5章）に見られるように、正社員の雇用区分自体も多様化・複雑化しつつある。これらは、働き方の選択肢の拡大、非正規雇用者のキャリアアップ機会の拡大によりもたらされた事態であり、それ自体は好ましい方向性である。しかし、その結果として、正社員の雇用区分間の処遇差の公正性をいかに担保するかが、新しい問題として立ち現れる。

これらの問題は、基本的には労使関係の中で対処することになるが、総論で見た通り労働組合組織率が低下している状況に鑑みるならば、労働組合に限らない従業員集団が果たすべき役割が大きくなると考えられる。

4 職場の管理職等への過剰期待

第4は、前節でも述べたように、職場集団の変質に伴い、OJTによる教育訓練のパフォーマンス、上司・管理者による相談支援を通じた人材配置の合理性が低下している可能性がある、という問題である。

この問題への対応は、やや複雑である。まず、職場集団の変質そのものについて言うならば、ライフスタイル志向の変化のように元に戻すことが難しい側面もあれば、「いじめ・嫌がらせ」といったトラブルのように行政や労使の取り組みにより防止すべきものもある。

他方で、職場の管理職等に依存した教育訓練やキャリアコンサルティングのあり方が、時代に合わなくなってきているという捉え方もできる。たとえば、第6章では、企業が管理職に対して、部下の能力開発やキャリア形成について相談に乗り目標や方針を示すことを期待しているが、管理職の側ではその役割を果たし得ていないことを問題視している現状を指摘している。ここから読み取れるのは、職場の管理職が基本的にオーバー・キャパシティー

に陥っている状況であり、そこから導かれる1つの対応策は、"部下の能力開発やキャリア形成を促進する職場の管理職等"を支援する専門家・専門組織を持つことである。第7章では、上司・部下といえども共通の職業観・価値観で働くことが難しくなっている状況を踏まえ、企業内キャリアコンサルティングにおいて上司・管理者と専門的キャリアコンサルタントが役割分担することが提案されている。

第3節　次の研究課題

前節では、日本的雇用システムが、その持続と変化の先において直面する新たな問題について述べた。本書の最後に、それらの問題も視野に入れつつ、日本の雇用システム（≠日本的雇用システム）の未来を理解するという方向性に沿って、本書での分析から浮かび上がってくる主要な研究課題を提示したい[22]。

1 長期雇用のゆくえ

繰り返し述べているように、「長期雇用の持続」が本書の主要な結論だとするならば、次の研究課題の筆頭は、「長期雇用のゆくえ」を追うことになろう。この研究課題の重要性については、稲上（1999）、菅野（2004）など多くの論者が言及してきたので繰り返さない[23]。以下では、本書において十分に取り込むことができなかった視点や、技術的な留意事項にのみ触れておきたい。

第1に、職場集団に焦点を当てた調査研究が求められる。日本企業の組織運営において、職場集団が多くの役割を担ってきたとされるが、それらの役割が何によって代替されようとしているのか否か。従業員構成が多様化し、上司・部下といえども共通の職業観・価値観で働くことが難しくなっているなかで、新たな能力開発、キャリア形成の仕組みが生まれつつあるのか否か。職場での人間関係やコミュニケーションの変化を把握しつつ、これら諸点をフォローしていくことが、ミクロな視点から長期雇用のゆくえを占う上で欠かせないだろう。

311

第2に、企業組織の階梯を上った先、すなわち役員層の経歴にも目を配る必要がある。日本企業の特徴のひとつとして内部昇進慣行の存在が挙げられるが、仮に少なからぬ役員が他企業出身ということになれば、明に暗に高い職位への昇進を目指していた社員たちの勤続志向は弱まると考えるのが自然である。役員層の経歴については、公開資料によって把握可能であり、それらの収集・分析を通じた実態解明も欠かせない。

第3に、企業再編という事象を議論の中に組み込む必要がある。そのためには、まず、分社化、営業譲渡、会社分割、合併など、多種多様な企業再編の動向を注視することが求められる。また、企業再編と長期雇用との概念上の関係を明確化すること、企業再編の発生が統計数値にどのような影響を与えるのかについて吟味することも不可欠である。

2 非製造大企業の雇用システムの実態

総論にて、2000年代に入ってから大企業において男性の転職入職率が上昇しているが、転職先の内訳を見ると、製造大企業の割合は一定であるのに対し、非製造大企業の割合が上昇の一途を辿っていることを示した。また、大企業セクターに占める製造業のシェア（一般労働者数ベース）は一貫して低下していた。これらは、非製造大企業の中に雇用を拡大させている企業が多く、それらの企業への転職が増加していることを意味する。そこで、転職者を取り込みつつ拡大している非製造大企業の雇用システムの実態を明らかにすることが重要となる。

総論で示したように、産業大分類ベースで近年最も拡大が著しいのが、「医療・福祉」の産業である[24]。医療・福祉業においては、非正規雇用から正社員への転換も多く行われている[25]。そして、純然とした民間大企業セクターの中でシェアを拡大させているのが、「情報通信業」である。情報通信業は、AIやIoTといった技術革新と深くかかわることもあり、今後の成長も期待される[26]。

ところで、両産業は、雇用システムという点では好対照をなしていることが示唆される。具体的には、医療・福祉業は典型的な職務ベースの雇用システムであり、情報通信業は（製造業と同じく）典型的な職能ベースの雇用シ

ステムである。たとえば、正社員採用にあたり、医療・福祉業では資格保有を重視するのに対し、情報通信業では責任感やコミュニケーション能力を重視する傾向にある[27]。また、教育訓練において、医療・福祉業では職種や職務内容に応じた研修が、情報通信業では社内資格や技能評価制度に基づく仕組みが、相対的に重視されている[28]。そのこともあってか、職種限定正社員の活用も、医療・福祉業で多く、情報通信業ではさほど多くない[29]。

このように素描しただけでも、非製造大企業の雇用システムが多様であることが示唆される。これら成長セクターにおいて、具体的にどのような雇用システムが立ち上がりつつあるのかを明らかにした上で、転職市場においてどのようなスペックの人材を求めているのか[30]、さらには、景気後退期に学校を卒業して非正規雇用からキャリアをスタートさせている若者たちを包摂することができるのかなどを示していくことが[31]、日本の雇用システムの未来を理解するための重要な研究課題となる。

また、どちらの産業も長時間労働を始めとした労働負荷の大きさが問題視されることが多い[32]。そこで、それぞれの産業における働き方の実態を把握し、問題点を改善していくことも、政策的観点から重要である。

3 3層構造の雇用システムで何が起きているか

1990年代以降、大企業では非正規雇用の活用を大幅に増加させてきたが、第5章で見たように、昨今、労働契約法改正や人手不足等を背景に、時に労働組合からの発言も受けて、彼らを無期雇用化する企業、正社員化する際の受け入れ先の雇用区分として職務や勤務地に限定のある正社員制度（限定正社員制度）を導入する企業が増加している[33]。

もっとも、これらの企業で働く非正規雇用者には、家事・育児等の責任を持つ者も多いことから、引き続き非正規の雇用区分は存続しており、結果として雇用システムは3層構造化している。日本の雇用システムの未来を理解するためにも、この3層構造の雇用システムで何が起きているかを明らかにする必要がある。

まず、基礎的な作業として、このような3層構造の雇用システムがどのような産業を中心に成立しつつあるのか、特にその「中間区分」である限定正

社員として働くことでメリットを得られるのがどのような労働者層なのかを特定していく必要がある。この点に関して、既存のデータからは、産業については製造業よりも非製造業において成立しつつあることが[34]、労働者層については非正規雇用で働いていた人々[35]、地域（地元）に定着して働きたいという希望・志向を持つ人々がメリットを得られる可能性が窺える[36]。しかし、今後ますます導入が進むと予想される雇用区分であることから、引き続き実態を注視していく必要はあるだろう[37]。

その上で、前節で述べたこととも重なるが、これらの雇用システムにおいては正社員・非正規雇用間のみならず、正社員同士での処遇の公正性が問われることになる。それぞれの雇用区分の処遇の実態と労働者の意識を明らかにし、公正性を担保していく方策を考えることも、重要な研究課題の1つとなるだろう[38]。

4 グローバル人材の選抜と育成

第2項、第3項では、いずれも非製造業の雇用システムへの注目を促してきたが、日本的雇用システムの「本丸」とされてきた製造大企業における新しい動きとして注目すべきなのが、グローバル人材の選抜と育成である。第1節で述べたように、海外展開企業を中心に、次世代の部課長、経営層の育成を目的とした選抜的な教育訓練が行われつつあるが、このような仕組みは、産業という切り口で見ると、製造業において導入率が高い[39]。その選抜と育成の仕組みと実態を明らかにすることが、次なる研究課題の1つとなる。

もっとも、既存のデータ等から分かっていることもある。第1に、選抜のタイミングは、入社時ではなく、入社して10年後ぐらいのことが多い[40]。第2に、育成のために最も重視されているのが、多様な経験を積むための配置転換である[41]。第3に、補論で米国系企業の事例を見たが、日本企業においても（少なくとも製造企業においては）、内部調達すなわち長期雇用・育成が中心である。第4に、他方で、求められる人材像については、企業によって多様であると考えられる[42]。

それでは、労働政策の観点から、これらグローバル人材の選抜と育成において何が問題となるのか。まず、選抜のタイミングが入社して10年後ぐら

いとなると、グローバル人材として育成されることを希望する20代の社員が、かなり熾烈な競争を繰り広げることになると考えられる。労働時間の問題も含め、このことが若年社員の働き方にどのような影響を与えるかを注視する必要がある。

また、第4章では、女性の管理職昇進において転勤の存在が障壁となっていることが指摘され、それゆえ管理職昇進できる勤務地限定正社員制度の導入や、転勤制度そのものの見直しが提言されていた。他方、グローバル人材の育成に際しては、配置転換（当然転勤を伴うと考えてよい）がほぼ不可欠と考えられているようであり、その点だけ見るならば、女性の活躍推進と齟齬する可能性がある[43]。グローバル人材の育成、選抜と女性の活躍推進とを両立する上で具体的に何が必要になるのか、引き続き議論が欠かせない。

さらに、労働政策の課題とは言い切れないにせよ、選抜に漏れた30歳前後の社員がモチベーションを低下させずに働き続けることができるのか、その後どのようなキャリアを歩むことになるのかも、研究課題として忘れられてはならない。

いずれにせよ、グローバル人材については、先進企業のエリート社員という性質上、その働き方および働き方のイメージが後続世代の仕事観、キャリア意識に与える影響が大きい。仮に労働政策としてその働き方を直接コントロールすることが難しいとしても、実態調査を怠ってはならないと考えられる。

【注】

1　序章でも述べたように、労働政策研究・研修機構（以下、JILPT）は、「我が国経済社会の環境・構造が変化する中で、日本の雇用システムが現在どうなっているのか、今後どうなっていくのか考えること」を研究の「幹」としている（2013年9月、JILPT内申し合わせより）。

2　第1章第8節を参照。なお、日本的雇用システムのうち、OJTを中心とした幅広い教育訓練については、データの制約から明確に結論づけることができなかった。

3　なお、補論においては、日本的雇用システムそのものを研究対象とはせず、日米企業の高度専門人材の人事管理の実態を分析することで、日本的雇用システムのゆくえにかかわる含意を間接的に導いている。

4　なお、協調的労使関係については、各論にて追加的な知見は得られていないため、ここでは言及しない。

5　これに関連して、2015年に成立した「若者雇用促進法（青少年の雇用の促進等に関す

る法律）」も、新卒者に質の高い情報を提供することにより、新卒就職・採用時のマッチングの向上を図っている。

6 外資系企業の長期雇用維持の方針の弱さに関しては、補論にて日本企業と外資系企業の高度専門職の雇用保障の程度を比較したところ、後者の方が低かったこととも整合する。

7 これに「どちらかというと長期雇用を維持」を足し合わせると、88.8％となる。

8 ただし、資本市場との関係（いわゆるコーポレート・ガバナンスのあり方も含む）が雇用システムにどのような影響を与えるかについては、序章にて議論の枠組として設定したものの、JILPTでの調査研究の不足から、上述した外資系企業における雇用保障の（相対的な）弱さという点を除いては、はっきりとした結論を得られなかったのが実情である。それゆえ、今後の調査研究の中で、資本市場との関係が雇用システムに大きな影響を与えるという結論が得られる可能性は残されている。

9 ただし、米国系グローバル企業の事例では、中核人材が長期雇用・育成の対象であるのに対し、特殊な資格を持っている人材や専門性の高い人材であっても、企業の長期的な戦略に基づく職務に従事しない場合には、長期雇用・育成の対象にならず、従業員の側からみれば雇用の安定が得られないことが窺える。

10 労働政策研究・研修機構編（2016a）によれば、有期雇用から無期雇用へ転換する社員の基本賃金の水準が、従来の正社員と同じかそれ以上であるとする企業の割合は、フルタイムの場合で43.0％、パートタイムの場合で18.6％にとどまっている。

11 健康寿命の伸長と年金財政の逼迫、そして若年労働者の減少に鑑みるならば、たとえば70歳など、さらなる定年・継続雇用年齢の引上げの可能性がないわけではない。

12 ちなみに、第4章では、女性の勤続年数が伸びている企業においては、年功制と昇進格差の関連性は薄いと考察されている。

13 厚生労働省「能力開発基本調査」を用いて、企業が「労働者全体の能力レベルを高める教育訓練を重視する」程度（スコア）を分析したところ、999人以下の企業では上昇していること、1,000人以上の大企業では高位安定的であることが示された。

14 このことは、定年延長や定年後の雇用継続が進む中での中堅・中年期のキャリアを考える上でも当てはまる。第3章の「付論」を参照。

15 もちろん、ここで問題となっているのは長期雇用のメリットの相対的な低下であって、すぐさま長期雇用を見直すべきとの結論に至らないことは言うまでもない。

16 しかし現状では、転職希望者への支援は必ずしも十分ではない。例えば、労働政策研究・研修機構編（2017a）によれば、「転職を希望するこの年代層（30歳前後）に対するキャリアコンサルティング施策の側からの政策的な介入支援は従来あまり意識されておらず、今後は、より一層『30歳前後の転職を希望する就労者』に対するキャリアコンサルティングのあり方、アプローチを考える必要がある」という（同：23）。

17 労働契約法改正を視野に入れて開催された有期労働契約研究会が、その報告書において「平成20年末以降、雇用情勢が急激に悪化する過程で、いわゆる『非正規切り』など有期契約労働者の雇用不安が大きな問題となった」と記していることからも、リーマン・ショック後の非正規雇用者の失業が、法改正のきっかけのひとつとなったことが窺える。厚生労働省（2010：4）を参照。

18 労働契約法改正への企業の対応方針については、第5章を参照。また、労働政策研究・研修機構編（2016a）での試算によれば、そのような方針通りに無期雇用への転換が進めば、（調査対象企業の）労働者に占める有期契約労働者の割合は、24.2％から19.6％に減少するという。

19 より正確に言うならば、①有期雇用の者、②有期雇用から無期雇用に転換した者、③

終章　結論と次の研究課題

有期雇用から限定正社員に転換した者、④従来の正社員の4種の社員区分があり、②③は④とは異なるが、しかし（無期雇用である以上）雇用のバッファーとはなり得ない、ということになる。

20　経営危機の際の雇用量の調整については、一般に、解雇に焦点があたることが多いが、企業再編という形で実質的な対応がなされている場合も多い。企業再編に伴い実際にどのような雇用問題が発生しているかについては、労働政策研究・研修機構編（2017b）を参照。なお、雇用のバッファーという点では、正社員の恒常的な長時間労働も一定の機能を果たしてきたと考えられるが、いわゆる「働き方改革」の流れの中で、その余地が狭められていることは言うまでもない。

21　なお、言うまでもなく、正社員同士の処遇の公正性よりも、正社員と非正規雇用者の処遇の公正性の確保の方が重要な問題である。しかし、この問題に関しては、本書の総論、各論において直接的に扱ってこなかったこと、すでに政府において「同一労働同一賃金」の実現に向けた議論が急ピッチで進められていることから、ここでは論じないこととする。

22　これらは、あくまで本書での分析から浮かび上がってくる研究課題であって、必ずしも前節で指摘した新たな問題に対応して設定された研究課題ではない。ただし、結果として両者は少なからず関係している。

23　稲上（1999：6）は、「日本型雇用システムには2つの編成原理が働いている。成員にたいする(1)長期的生活保障と(2)長期的能力開発である。いずれもその時間の地平が長い」と述べる。菅野（2004：1）は、「わが国の雇用社会において長く中心的システムとなってきたのは、『長期雇用システム』である」と述べる。

24　このことは、全就業者ベースで見ても、1,000人以上の大企業一般労働者ベースで見ても当てはまる。前者は総務省「労働力調査」、後者は厚生労働省「賃金構造基本統計

調査」を参照。

25　労働政策研究・研修機構編（2016b：第2章）によれば、医療・福祉は、非正規雇用から正社員への内部転換、外部転換を、最も積極的に受け入れている産業である。同様に、厚生労働省「雇用動向調査」からは、やはりこの産業において有期雇用から無期雇用への切り替え者数が多いことが読み取れる。

26　日本経済再生本部（2016）「日本再興戦略2016――第4次産業革命に向けて」（http://www.kantei.go.jp/jp/singi/keizaisaisei/）を参照。

27　JILPT「企業における資格・検定等の活用、大学院・大学等の受講支援に関する調査」（2014年）によれば、「正社員の新卒採用」にあたって「資格・検定の所持」を重視する企業の割合は、医療・福祉、情報通信業でそれぞれ75.6％、20.4％、「責任感・達成意欲」はそれぞれ51.2％、71.4％、「コミュニケーション能力」はそれぞれ65.9％、95.9％である。同様に、正社員登用の際に「仕事に関する資格・検定を取得していること」を重視する割合は、それぞれ81.8％、20.8％である。労働政策研究・研修機構編（2015a）を参照。

28　JILPT「人材（人手）不足の現状等に関する調査」（2016年）によれば、従業員に対する教育訓練（能力開発）として、「担当する職種や職務内容に応じた研修」を実施している企業の割合は、医療・福祉業、情報通信業でそれぞれ68.8％、42.3％、「社内資格・技能評価制度による動機づけ」を実施している割合は、それぞれ21.9％、44.9％である。労働政策研究・研修機構編（2016c）を参照。

29　JILPT「構造変化の中での企業経営と人材のあり方に関する調査」（2013年）によれば、職種限定正社員を現在導入しており（かつ）引き続き活用予定である企業の割合は、医療・福祉業、情報通信業でそれぞれ51.3％、34.2％である。労働政策研究・研修機構編（2013b）を参照。

30　このことは、長期雇用のメリットが低下し

317

たことによる非効率への対処、特に転職希望者や転職先企業への支援を考える上で、重要な作業となる。

31　前節では、日本的雇用システムが、その持続と変化の先において直面する問題に焦点をあてたため、非正規雇用でキャリアをスタートさせる若者の問題は取り上げなかった。しかし、第2章で論じられたように、若者のキャリアを取り巻く環境がかつて（バブル経済崩壊前）のように戻ることは考えにくく、労働政策の観点からこれらの若者への支援が引き続き必要であることは論を待たない。

32　医療・福祉業における労働負荷の大きさについては、労働政策研究・研修機構編（2013a）を参照。情報通信業は、厚生労働省「毎月勤労統計調査」にて、2010年代にほぼ一貫して、「運輸業、郵便業」に次いで所定外労働時間が長い産業となっている。また、情報通信業における残業（所定外労働）の特徴として、業務量の多さに起因する部分が大きいこと、残業量がメンタルヘルス不調に繋がりやすいことなどが分かっている（労働政策研究・研修機構編 2016b：第6章）。

33　労働組合の発言が改革を促した事例としては、労働政策研究・研修機構編（2010）の「運輸A社」を参照。

34　JILPT「改正労働契約法とその特例への対応状況及び多様な正社員の活用状況に関する調査」（2015年）によれば、正社員の雇用区分として働き方にかかわる何らかの限定がある区分を持つ企業の割合は、製造業で28.4％、非製造業で38.6％である（労働政策研究・研修機構 2016a）。事業所を対象にした調査であるJILPT「多様な就業形態に関する実態調査」（2010年）に基づく集計でも、職種限定正社員、勤務地限定正社員が事業所に1名以上いる割合は、産業計でそれぞれ23.6％、12.4％であるのに対し、製造業ではそれぞれ9.8％、11.4％と低い（労働政策研究・研修機構 2013c：第2章）。

35　労働政策研究・研修機構編（2016b：第3章）によれば、非正規雇用から正社員へと転換した人々に占める限定正社員の割合は、新卒で正社員として働いている人々、（他社の正社員から）転職して正社員となった人々に占めるそれより高い。このことは、内部転換者、外部転換者のいずれについても当てはまる。

36　第5章では、地域に根を張り、地域密着型の業務を展開する企業で、限定正社員区分の必要性が増していることに言及している。

37　なお、実態調査をする際には、3層構造の雇用システムの多様性、すなわち限定の種類による違い、産業や職業による違い、中間区分の導入目的による違い、いわゆる「一般職」制度との違いなどにも注意を払う必要がある。このうち、限定の種類による違いについては高橋（2013a）、職業による違いについては池田（2016）、中間区分の導入目的による違いについては労働政策研究・研修機構編（2013c：第2章）、いわゆる「一般職」制度との違いについては西村（2014）を参照。しかし、これらの研究は必ずしも体系的に展開されていないことから、3層構造の雇用システムの全体像を描くには至っていないのが現状である。

38　厚生労働省では、ここで言う限定正社員と限定のない正社員との間の「均衡処遇」の必要性に言及しているが（厚生労働省 2014）、それに先立って重要なのは、処遇の実態を明らかにすることであろう。

39　第6章では、「経営層（役員・本部長等）の育成」、「一部の従業員を対象とする選抜的な教育訓練（選抜型研修等）」、「海外で活躍できる人材の育成」のいずれも、集計産業の中で製造業において最も実施率が高いことが示されている。また、JILPT「人材マネジメントのあり方に関する調査」（2014年）においても、「将来の管理職や経営幹部の育成を目的にした『早期選抜』」を実施している企業の割合は、産業計で15.4％であるのに対し、製造業では20.3％（産業大分類別で最高）である。労働政策研究・研修機構編（2015b）を参照。

40 JILPT「大卒新人採用の多様化に関する実態調査」（2014年）によれば、東京証券取引所第一部上場企業のうち、「将来の管理職候補の別枠での採用」を実施している企業は3.8％に過ぎないのに対し、「入社10年以内の社員の一定数を管理職候補として選抜し、研修や計画的な異動を行う」を実施している企業は22.6％である（労働政策研究・研修機構編2015c）。JILPT「人材マネジメントのあり方に関する調査」（2014年）においても、早期選抜実施企業における対象者の選定時期は、「採用時点」が9.7％、「入社から5年未満」が22.7％、「入社から5年以上10年未満」が31.2％、「入社から10年以上」が28.6％となっている（労働政策研究・研修機構編2015b）。

41 労働政策研究・研修機構編（2015b, 2017c）を参照。

42 労働政策研究・研修機構編（2017c）では、外国人材も含め自社グループのグローバル人材を育成するにあたり、「現地人材を本国の人材に寄せていく」という考え方を持つ企業と、「自社の色に染まりきらない異質性を持った人材」を育てようとしている企業があることが示されている。日本経済団体連合会（2014）でも、その多様性が強調されている。

43 実際、第6章によれば、海外展開企業は、国内展開企業と比べて「ダイバーシティ・マネジメントの取り組み」に力を入れている割合は高いが（22.8％＞11.6％）、「女性管理職の育成・登用」に力を入れている割合は低い（24.6％＜28.0％）。

【参考文献】 ※50音順

池田心豪（2016）「基幹労働力としての限定正社員の可能性——事業所調査データの分析から——」労働政策研究・研修機構編『働き方の二極化と正社員——JILPTアンケート調査二次分析結果——』（労働政策研究報告書No.185）労働政策研究・研修機構,

pp.214-228.

稲上毅（1999）「総論・日本の産業社会と労働」稲上毅・川喜多喬編『講座社会学［6］労働』東京大学出版会, pp.1-31

厚生労働省（2010）「有期労働契約研究会報告書」（http://www.mhlw.go.jp/stf/houdou/2r9852000000q2tz.html）.

厚生労働省（2014）「『多様な正社員』の普及・拡大のための有識者懇談会報告書」（http://www.mhlw.go.jp/file/05-Shingikai-11201000-Roudoukijunkyoku-Soumuka/0000052523.pdf）.

菅野和夫（2004）『新・雇用社会の法［補訂版］』有斐閣.

高橋康二（2013a）「限定正社員のタイプ別にみた人事管理上の課題」『日本労働研究雑誌』No.636, pp.48-62

西村純（2014）「タイプ別に見た限定正社員の人事管理の特徴——正社員の人事管理や働き方に変化をもたらすのか？——」『日本労働研究雑誌』No.650, pp.16-29.

日本経済団体連合会（2014）「グローバルに活躍できるマネージャーの確保・育成に向けた取り組み」（http://www.keidanren.or.jp/policy/2014/044.html）.

労働政策研究・研修機構編（2010）『契約社員の人事管理——企業ヒアリング調査から——』（JILPT資料シリーズNo.65）労働政策研究・研修機構.

労働政策研究・研修機構編（2013a）『医療従事者の働き方とキャリアに関する調査——A大学病院の悉皆調査から——』（JILPT国内労働情報2013）労働政策研究・研修機構.

労働政策研究・研修機構編（2013b）「『構造変化の中での企業経営と人材のあり方に関する調査』結果——事業展開の変化に伴い、企業における人材の採用・活用、育成戦略は今、どう変わろうとしているのか——」（JILPT調査シリーズNo.111）労働政策研究・研修機構.

労働政策研究・研修機構編（2013c）『「多様な正社員」の人事管理に関する研究』（労働政

策研究報告書No.158）労働政策研究・研修機構.

労働政策研究・研修機構編（2015a）『企業における資格・検定等の活用、大学院・大学等の受講支援に関する調査』（JILPT調査シリーズNo.142）労働政策研究・研修機構.

労働政策研究・研修機構編（2015b）『「人材マネジメントのあり方に関する調査」および「職業キャリア形成に関する調査」結果──就労意欲や定着率を高める人材マネジメントとはどのようなものか──』（JILPT調査シリーズNo.128）労働政策研究・研修機構.

労働政策研究・研修機構編（2015c）『企業の地方拠点における採用活動に関する調査』（JILPT調査シリーズNo.137）労働政策研究・研修機構.

労働政策研究・研修機構編（2016a）『改正労働契約法とその特例に、企業はどう対応しようとしているのか／多様な正社員の活用状況・見通しは、どうなっているのか──「改正労働契約法とその特例への対応状況及び多様な正社員の活用状況に関する調査」結果──』（JILPT調査シリーズNo.151）労働政策研究・研修機構.

労働政策研究・研修機構編（2016b）『働き方の二極化と正社員──JILPTアンケート調査二次分析結果──』（労働政策研究報告書No.185）労働政策研究・研修機構.

労働政策研究・研修機構編（2016c）『「人材（人手）不足の現状等に関する調査」（企業調査）結果及び「働き方のあり方等に関する調査」（労働者調査）結果』（JILPT調査シリーズNo.162）労働政策研究・研修機構.

労働政策研究・研修機構編（2017a）『キャリアコンサルティングの実態、効果および潜在的ニーズ──相談経験者1,117名等の調査結果より──』（労働政策研究報告書No.191）労働政策研究・研修機構.

労働政策研究・研修機構編（2017b）『組織変動に伴う労働関係上の諸問題に関する調査──企業アンケート調査・労働組合アンケート調査編──』（JILPT調査シリーズNo.163）労働政策研究・研修機構.

労働政策研究・研修機構編（2017c）『次世代幹部人材の発掘と育成に関する研究──事業をグローバルに展開する製造企業を中心に──』（労働政策研究報告書No.194）労働政策研究・研修機構.

索　引

［あ］

ＯＪＴ　5, 50-52, 54-56, 89-90, 117, 199, 204-205, 221-222, 225, 230-231, 253, 277, 296, 306

遅い選抜　146, 160, 207

Off-JT　52

［か］

会社人間　79-80, 86, 90

関係調整・対話促進　259-261

管理職　16, 146-147, 149-151, 155-164, 166-174, 188, 198, 205, 207-208, 210, 212, 214-216, 218, 220-233, 261, 267, 298, 303, 310

企業別組合　56

企業連携　269, 278-279, 281, 295-296

規範意識　73, 76-77, 79, 85, 90

キャリア

　　——カンバセーション　257

　　——管理　204-206, 208, 210-215, 217-220, 222, 228-232

　　——センター　253

　　——ディスカッション　257

キャリアコンサルティング（キャリア・コンサルティング）　235-245, 247, 249-256, 258-264

　　——協議会　238, 240, 263

　　——研究会　242, 245, 247-248

　　企業内——　235, 238-240, 242-244, 246, 248-249, 257, 259, 264

　　中小企業における——　239, 254

教育訓練　5, 8, 50-51, 53-56, 89, 95, 204, 253, 275, 294, 306

協調的労使関係　56, 62, 86-87, 89

勤務地　192, 210, 274, 313

　　——限定正社員（地域限定正社員）　151, 169, 171, 195, 310

グローバル人材　314-315, 319

経営環境　176-178, 200, 202

経営戦略　176, 179-182, 200, 202

限定正社員　151, 169, 190, 192, 194, 199-201, 305, 309

高度専門職　269-279, 295-296, 298-299, 301

高度専門人材　267-269, 281, 293, 295-296, 298

個別キャリア支援　235, 246, 249-251, 253-256, 258-260, 262

雇用社会　1, 2, 16, 20

雇用方針　176, 179, 200

雇用ポートフォリオ　176, 190, 192, 200-201

［さ］

3層構造の雇用システム　313, 318

資本市場　20, 24, 29

終身雇用　74, 80-84, 86, 90, 92

昇進　204-210, 221, 232

職能資格制度　148, 182, 274, 277, 296

職場　6, 8, 16, 80, 89, 204-205, 215, 221-223, 226-231, 233, 235, 306

　　——集団　89, 306-307, 310-311

　　——のいじめ　250

職務

　　——記述書　289-291, 293-294, 297

　　——グレード　288-290, 294

321

――限定正社員　273-274
女性　146-154, 156-175
　――活躍　146-147, 149, 151, 153, 158,
　　162, 164, 173-174
　――管理職　146, 151-154, 159, 168-169,
　　174
ジョブ・ローテーション　272, 275, 287,
　293
新規学卒一括採用　98, 101
新卒（一括）採用　29, 31, 95, 148, 154,
　196, 275
成員　1, 32, 45, 63, 73, 88, 304
正社員転換（正社員登用）　155, 158,
　190-191
選抜　53, 116, 141, 211
　――的育成　305-307, 309
戦略的人的資源管理　281
職業能力開発基本計画
　第7次――（第7次計画）　236-237
　第6次――（第6次計画）　236-237

［た］

タレントマネジメント　281
中間団体・中間組織　256
長期安定雇用　204
長期雇用　2, 5, 16, 74, 80, 90, 115, 146-150,
　154-156, 158-159, 176, 179, 200, 254,
　298, 302-309, 311-312, 314, 316-317
　――慣行　29-30, 38, 40-41, 73, 75, 85-
　　87, 89, 91
　――システム　98, 115-121, 128-129,
　　131-132, 134-135, 137-139, 141-145
　――の持続　302-303, 307-308, 311
賃金体系　176, 182-184, 187-190, 201
転勤　146, 151, 169-175, 196, 273, 315
転職入職率　30, 32-34, 40-41, 87

［な］

内部昇進　146-147, 162, 277-278, 296-298
日本的雇用システム　1-17, 20, 95, 115,
　146-149, 153-156, 158, 162, 169,
　173-174, 176, 182, 201, 204-205,
　211, 221, 235, 249, 267, 302
入職率　30-31, 40, 86
人間関係　258-261, 264
年功（的）（制）　42, 74, 98, 120, 146,
　148, 155, 182, 188, 208, 283, 305
　――賃金　41-42, 50, 73-76, 80-81, 83-
　　86, 89-92
　――昇進　41-42, 47, 204
能力開発　1, 51-55, 91, 98, 117, 167, 204-
　206, 210-233, 235, 306, 310
　――基本調査　241, 244, 246, 248, 263

［は］

配置　205-207, 210, 221, 232
バッファー　305, 309, 317
ハラスメント　250
非成員　6, 63, 79, 88, 309
非正規（雇用）（社員）　58-59, 62-72,
　78-79, 83, 85-86, 88, 90-92, 112, 190,
　281
非正社員　102, 154, 162, 174, 176, 192,
　222
ブロードバンド　289, 294
プロジェクトマネジメント　267, 270,
　278, 285, 293, 295-296
平均勤続年数　30, 34-37, 41, 87

［ま］

無期転換　192-196, 199
メンタリング　257-258

索　引

[や]

抑うつ　250

[ら]

離職率　29-30, 38-39, 41, 78, 87, 91

両立支援　150-151, 164, 167-169, 173

労使協議　56, 59-62, 87, 90

労使紛争　56, 60-62, 87, 90

労働組合　56-60, 62, 76, 78, 87-88

——組織率　56-58, 87-88

※索引語のページ番号は、各章執筆者が挙げた語については原則として当該章におけるすべての出現箇所を、編集責任者が挙げた語についてはすべての章における主な使用箇所を示している。

323

執筆者略歴

高橋　康二（たかはし・こうじ）：序章、第1章、第5章、終章
　　労働政策研究・研修機構　副主任研究員。
　　主な著作に、「有期社員と企業内賃金格差」『日本労働研究雑誌』No.670、75-89頁（2016年）などがある。
　　産業社会学専攻。

堀　有喜衣（ほり・ゆきえ）：第2章
　　労働政策研究・研修機構　主任研究員。博士（社会科学）。
　　主な著作に、『高校就職指導の社会学——「日本型」移行を再考する』（勁草書房、2016年）などがある。
　　教育社会学専攻。

浅尾　裕（あさお・ゆたか）：第3章
　　労働政策研究・研修機構　特任研究員。
　　主な著作に、「60代後半以降の雇用・就業と転職」労働政策研究報告書No.186『労働力不足時代における高年齢者雇用』（労働政策研究・研修機構、2016年）などがある。
　　専門分野は、労働経済を通じた労働政策研究。

池田　心豪（いけだ・しんごう）：第4章
　　労働政策研究・研修機構　主任研究員。
　　主な著作に、「勤務先の育児休業取得実績が出産退職に及ぼす影響」『日本労務学会誌』Vol.15、No.2、4-19頁（2014年）などがある。
　　職業社会学専攻。

荻野　登（おぎの・のぼる）：第5章
　　労働政策研究・研修機構　研究所副所長。
　　主な著作に、労働政策研究報告書No.34『パートタイマーと正社員の均衡処遇』（労働政策研究・研修機構、2005年）、JILPT資料シリーズNo.148『雇用ポートフォリオの動向と非正規の正規雇用化に関する暫定レポート』（労働政策研究・研修機構、2015年）などがある。

藤本　真（ふじもと・まこと）：第6章

　労働政策研究・研修機構　主任研究員。

　主な著作に、労働政策研究報告書No.196『日本企業における人材育成・能力開発・キャリア管理』（労働政策研究・研修機構、2017年）、「『キャリア自律』はどんな企業で進められるのか――経営活動・人事管理と『キャリア自律』の関係」（『日本労働研究雑誌』2018年2・3月号［予定］）などがある。

　産業社会学・人的資源管理論専攻。

下村　英雄（しもむら・ひでお）：第7章

　労働政策研究・研修機構　主任研究員。博士（心理学）。

　主な著作に、『成人キャリア発達とキャリアガイダンス――成人キャリア・コンサルティングの理論的・実践的・政策的基盤』（労働政策研究・研修機構、2013年）などがある。

　キャリア心理学専攻。

山崎　憲（やまざき・けん）：補論

　労働政策研究・研修機構　主任調査員。博士（経営学）。

　主な著作に、『働くことを問い直す』（岩波書店、2014年）、『デトロイトウェイの破綻――日米自動車産業の明暗』（旬報社、2010年）などがある。

　労使関係論、人事労務管理論専攻。

奥田　栄二（おくだ・えいじ）：補論

　労働政策研究・研修機構　主任調査員補佐。

　主な著作に、「雇用終了の際の手続き――『従業員の採用と退職に関する実態調査』から」『日本労働研究雑誌』No.647、19-31頁（2014年、共著）などがある。

JILPT 第3期プロジェクト研究シリーズ No.4

日本的雇用システムのゆくえ

2017年12月22日　第1刷発行
2019年３月18日　第2刷発行

編　集　（独）労働政策研究・研修機構

発行者　理事長　樋口美雄

発行所　（独）労働政策研究・研修機構

　　　　　〒177-8502　東京都練馬区上石神井4-8-23

　　　　　電話 03-5903-6263

制　作　株式会社 ディグ

印刷所　有限会社 太平印刷

ⓒ2017 JILPT　ISBN 978-4-538-52004-9　Printed in Japan